Tim Allen lebte in Denver, bis er dreizehn war, und zog dann mit seiner Mutter, seiner Schwester und fünf Brüdern nach Detroit. Nach dem Studium an der Western Michigan University arbeitete er als Creative Director in einer Werbeagentur. 1979 trat er zum ersten Mal als Stand-up-Comedian auf; daran schlossen sich Auftritte auf Konzerten und im Kabelfernsehen an. Für die Rolle in seiner Fernsehshow »Der Heimwerker« (»Home Improvement«) wurde er 1991, 1992 und 1993 in den USA mit dem People's Choice Award ausgezeichnet. Zweimal wurde er für einen Emmy nominiert. Sein erster Kinofilm, *Santa Clause*, war ein Kassenschlager in den USA und in Deutschland. *Wer hat Angst vorm nackten Mann?* war mit weit über einer Million verkauften Exemplaren ein Bestseller in Amerika. Tim Allen lebt mit seiner Frau und seiner Tochter in Michigan und in Los Angeles.

W0040825

Dieses Buch wurde auf chlor- und säurefreiem Papier gedruckt.

Deutsche Erstausgabe Juni 1996
Copyright © 1996 für die deutschsprachige Ausgabe
Droemersche Verlagsanstalt Th. Knaur Nachf., München
Das Werk einschließlich aller seiner Teile ist urheberrechtlich
geschützt. Jede Verwertung außerhalb der engen Grenzen des
Urheberrechtsgesetzes ist ohne Zustimmung des Verlages unzulässig
und strafbar. Das gilt insbesondere für Vervielfältigungen,
Übersetzungen, Mikroverfilmungen und die Einspeicherung
und Verarbeitung in elektronischen Systemen.
Titel der Originalausgabe: »Don't Stand Too Close to a Naked Man«
Copyright © 1994 Boxing Cat Productions, Inc.
Originalverlag: Hyperion, New York
Umschlaggestaltung: Angela Dobrick, Hamburg
Umschlagabbildung: Deborah Feingold
Satz: Ventura Publisher im Verlag
Druck und Bindung: Clausen & Bosse, Leck
Printed in Germany
ISBN 3-426-73050-2

5 4 3 2 1

Tim Allen

Wer hat Angst vorm nackten Mann?

Aus dem Amerikanischen von
Gordon H. Price unter Mitarbeit von
Margrit Salazar

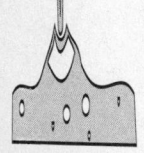

Inhalt

Einführung:
Die nackte Wahrheit

In diesem Buch möchte ich Ihnen erzählen, was es bedeutet, ein Mann zu sein. Wenn Sie mich in einer Komödie, in einer meiner Fernsehshows oder unter der Dusche gesehen haben, dann wissen Sie, warum ich Ihnen nichts darüber sagen möchte, was es bedeutet, eine Frau zu sein.

Zunächst wollte ich all das gar nicht schreiben. Verstehen Sie mich nicht falsch: Ich liebe Bücher, ich lese eine ganze Menge. Ich kenne viele Namen von großen Schriftstellern. Ich weiß, wie man »Camille Paglia« schreibt. Aber wenn man im Fernsehen, in der Filmindustrie und auf der Bühne arbeitet, möchte man seine Freizeit einfach mit wichtigeren Dingen als mit dem Schreiben verbringen. Spontan fällt mir dazu zum Beispiel ein, daß ich meine Frau und mein Kind mehr als zweimal im Jahr sehen möchte. Außerdem fand ich es nicht fair, das Buch nicht selbst zu schreiben. Also schob ich das Ganze lange auf.

Der Verleger überzeugte mich schließlich mit drastischen Maßnahmen, daß es meinen Lebenslauf äußerst sinnvoll ergänzen würde, mich Schriftsteller nennen zu können. Und deshalb änderte ich meine Meinung über das Buch.

Der Verlag Hyperion gehört Disney, dem auch meine Fernsehshow gehört. Disneyland und Disneyworld gehörten Disney ebenso wie Euro-Disney, Tokio-Disney und der Disney-Shop in jeder Groß- und Kleinstadt und jedem Marktflecken dieser Welt. *Auch meine Katze gehört Disney.*

Um, wie es sich gehört, mit dem Anfang anzufangen, brauchten wir einen Titel. Mir fiel ein: »Wer hat Angst vorm nackten Mann?«. Ich weiß nicht genau, was das bedeuten soll – vielleicht möchte ich noch nicht einmal genau wissen, was es bedeutet –, aber als bei der bloßen Erwähnung dieses Titels mehrere Leute teures Mineralwasser durch die Nase prusteten, wußte ich, daß ich einen Hit gelandet hatte.

Man kann dieses Buch mit einer rasanten Fahrt in meinem 575-PS-Mustang vergleichen, zu der ich Sie einlade. Wir fahren dahin, wo ich will, und schauen uns an, was mir gefällt. Wenn es erst einmal so richtig losgeht, brauchen Sie Vertrauen in mich, denn ich fahre dieses Ding zum ersten Mal. Außerdem bin ich ein sehr zielorientierter Typ. Also hoffe ich, daß Sie am Ende dieses Buches etwas mehr über die Männer und über das, was sie ausmacht, nachgedacht haben, ebenso über die Beziehung zwischen Mann und Frau; ganz nebenbei werden Sie auch gelernt haben, Spanisch zu sprechen, ein Soufflé zuzubereiten, einen Hemi wieder aufzubauen und Blutflecken aus weißen Hemden zu entfernen.

Schreiben ist in Wahrheit eine Herausforderung. Es ist einfach toll, wenn man seine Ergüsse gedruckt vor sich sieht. Außerdem wollte ich unbedingt die Worte »einen Furz anzünden« und »Sack« auf einer Seite stehen sehen.

Alles in allem und unterm Strich – wir nähern uns ja jetzt den unteren Regionen, nicht wahr? – ich bin ein Mann und habe jetzt einen Lebensabschnitt erreicht, in dem es Zeit wird, mitzuteilen, was man erlebt hat. Es war eine interessante Reise. Teufel noch eins, sie hat vierzig Jahre gedauert. Männern passiert heutzutage so viel, angefangen von der Frauenbewegung bis hin zur Veränderung der gesellschaftlichen Wertordnung und der Abschaffung des Sears-Katalogs. Dieses Buch handelt davon, wie ich es zu dem gebracht habe, was ich heute bin, bevor dieses Buch meine Karriere beendet hat. Und es wird den Damen Gelegenheit geben, in die geheimen Winkel der Seele zu spähen, über die Männer nur selten sprechen und die sie noch viel seltener ausfegen.

Und wenn alles gutgeht und Sie viele, viele Exemplare dieses Buches kaufen, gibt mir Disney vielleicht sogar meine Katze zurück.

Meinem Namen
verdanke ich alles

Obwohl wir uns noch nie begegnet sind, sollen Sie *sofort* wissen, wie sehr ich Sie bewundere. Sie sind einfach wundervoll.

»Sie bewundern *mich?*« fragen Sie. »Danke. Aber warum?«

Ganz einfach. In einer Zeit, in der der Analphabetismus stetig zunimmt, lesen Sie ein Buch. Sie lesen *tatsächlich* ein Buch. Ich bin tief beeindruckt.

Aber gerade die Tatsache, daß Sie *mein* Buch lesen, macht Sie *wirklich* zu etwas Besonderem. Schließlich bin ich vor allem bekannt dafür, daß ich grunze und Toaster in die Luft fliegen lasse, aber nicht dafür, daß ich schreibe. *Ich* weiß, daß noch mehr in mir steckt als das, aber *Sie* sind das Risiko eingegangen. Sie haben mir vertraut.

Also werde ich *Ihnen* vertrauen.

Sie sehen, ich habe Ihnen etwas zu sagen. Ich muß es herauslassen, loswerden, Ballast abladen, Geständnisse machen, beichten. Ich kann mich einfach nicht länger zurückhalten …

Ich bin ein Pimmel. Jawohl, ich *bin* ein Pimmel. Meine engsten Freunde wissen, daß ich ein Pimmel bin. Auch alle meine Brüder sind Pimmel, ebenso meine Cousins. Auch meine Schwester war – vor ihrer Eheschließung – eine Pimmel. Mein Vater? Ein unglaublicher Pimmel, und zwar der, der dafür verantwortlich ist, daß auch *ich* ein Pimmel bin. Timothy Allen Pimmel.* Das

---

* Tim Allen heißt natürlich *nicht* mit richtigem Namen Tim Pimmel. Das haben wir nur so übersetzt. In Wirklichkeit heißt er Timothy Allen Dick. Dummerweise heißt »Dick« im Englischen »Pimmel«. So ganz falsch liegen wir also nicht. *(Anm. d. Ü.)*

ist der Familienname, den ich mitbekommen habe, ein Geschenk, das ich mein Leben lang in hohen Ehren halten muß. Es gibt einfach Leute, die als Glückspilze geboren werden.

Einmal flog ich aufgrund meines Namens fast aus einem Restaurant. Nachdem ich der Platzanweiserin höflich mitgeteilt hatte: »Pimmel, sechs Personen«, sagte sie: »Wie bitte?«, ganz so, als habe ich sie beleidigt. Ich fragte: »Wo liegt das Problem? Ich bin Herr Pimmel und habe sechs Personen bei mir.« Sie verzog verächtlich ihr Gesicht und sagte: »Also wirklich, mein Herr, das muß ich mir nicht bieten lassen.« – »Was bieten lassen?« Ich wurde langsam ärgerlich: »Liebes Fräulein, haben Sie ein Problem mit den Pimmeln? Ich bin schon mein ganzes Leben lang ein Pimmel. Und Sie möchte ich nur für einen einzigen Tag als Pimmel erleben!« Die Platzanweiserin wollte gerade dem Geschäftsführer ein Zeichen geben, als meine Frau das Wort ergriff: »Entschuldigen Sie, Fräulein«, sagte sie in süßlichem Tonfall. »Mein Mann hat recht. Er ist ein Pimmel. Was auch aus mir wohl eine Pimmel macht.« Sie ließ das, einen Moment lang im Raum stehen, um dann hinzuzufügen: »Wie war das mit dem Tisch?«

Die Platzanweiserin schnappte sich sechs Speisekarten und gab uns einen Tisch in der Raucherecke. Es war noch nie einfach, ein Pimmel zu sein.

Ich weiß, was Sie sich jetzt fragen: Wie, wann und wo und vor allem warum hat er sich bloß seines Pimmels entledigt? Wurde es vielleicht ambulant gemacht? Nie werde ich diesen Augenblick vergessen. Bei meiner ersten Fernsehtalkshow meinten die Produzenten, es sei ihnen ganz einfach unangenehm, wenn mein richtiger Name auf dem Bildschirm erschiene. »Das verstehen Sie doch sicher, Tim? – Pimmel? Die Leute werden denken, Sie hätten das erfunden, nur um komisch zu wirken.« Ich wünschte, es wäre so gewesen. Ich wollte doch so gerne Komiker sein. Aber ich gab den Pimmel schließlich auf, damit ich in ihrer Show bleiben konnte. Die Trennung schmerzte weniger, als ich gedacht hatte. Und so begann die Karriere von Tim Allen.

Aber warum erzähle ich Ihnen das überhaupt? Dafür gibt es einige Gründe.

Erstens glaube ich, daß mein Name mein Leben geprägt hat. Da ich mich von Kindesbeinen an mit der Reaktion der Leute auseinandersetzen mußte, entwickelte sich daraus die Grundlage meines Humors im Hinblick auf die Männer und die Unterschiede zwischen Mann und Frau. Während meines ganzen Lebens hat nie jemand eine Gelegenheit ungenützt verstreichen lassen, mich daran zu erinnern, daß mein Name ein derbes Synonym für Penis ist. Kein Wunder, daß meine Selbsteinschätzung so eng mit diesem Organ verbunden ist.

Zweitens, und das ist das wichtigste, wollte ich immer schon den Satz »Ich bin ein Pimmel« gedruckt sehen. Aber wollten wir das nicht alle schon einmal?

(Aus irgendeinem Grund habe ich jetzt das Gefühl, …, oh, vergessen Sie's. Es ist albern. Na ja – okay, ich fühle mich Ihnen jetzt eng verbunden und trotzdem etwas verletzlich.)

Zu Experimentierzwecken werde ich Wörter wie »Pimmel« und »Penis« ab und zu einstreuen. Das ist weder unhöflich noch unflätig. Es sind ja nur Wörter. Die Symbolik und die Bedeutungen – positiv, negativ, erhebend, beleidigend – sitzen in unseren Köpfen. Und so hat die Macht einiger Worte eine Menge zu tun mit den ganzen sozialen und sexuellen Funktionsstörungen in diesem Land. Beim Heranwachsen habe ich gelernt, daß wir die Macht über die Worte haben und nicht umgekehrt. Man hat sich Tag für Tag über meinen Namen mokiert, aber ich habe gelernt, damit umzugehen. Ich habe mich abgehärtet. Vielleicht kann ich meine Immunität an Sie weitergeben.

Es ist schon in Ordnung. Ich war schließlich auf dem Prüfstand.

Was steckt in einem Namen? Eine interessante Frage, deren Beantwortung vom jeweiligen Standpunkt abhängt. Ein Akademiker sagt vielleicht, daß Worte oder Wortgruppen unsere Identität definieren. Der Chef eines erfolgreichen Unternehmens sagt vielleicht, daß einem Namen die Macht innewohnt, Assoziationen hervorzurufen und einen Ruf zu festigen. Ich habe eigentlich noch nicht weiter darüber nachgedacht. Also wollen wir mal sehen – was steckt hinter einem Namen? Möglicherweise eine nicht endende furchtbare Folter, die einem kleinen Jungen schreckliche Schmerzen und Pein beschert, ihn immer wieder zu Boden wirft und ihm die Hölle auf Erden bereitet – und all das nur, weil er an einen Namen gefesselt ist, der, wenn er ausgesprochen wird, allgemein das Bild der männlichen Genitalien heraufbeschwört (insbesondere des Penis), was zu Gekicher und Gejohle bei den anderen kleinen Kindern führt, die Grausamkeit leicht erheiternd finden und sich an der Seelenqual, der Scham und der Erniedrigung des armen Jungen dermaßen weiden, daß ihm nichts anderes übrigbleibt, als immer wieder die Worte »Charakterbildung? Charakterbildung, leck mich doch am Arsch« vor sich hin zu murmeln wie ein entsprungener Irrer.

Vielleicht ist ein Name ja auch nur eine Ansammlung von Vokalen und Konsonanten.

Nicht, daß es mir jemals etwas ausgemacht hätte, aber ich mußte als Kind nur sagen: »Hallo, ich bin Tim Pimmel«, und schon wußte ich, daß mich die Leute als wandelnden Penis betrachteten.

Bis zum heutigen Tag bin ich mir nicht ganz sicher, *warum* das alle so lustig finden. Wenn man bedenkt, welch wichtige Rolle die männlichen Geschlechtsorgane in der Gesellschaft spielen und wieviel Zuneigung Männer und Frauen ihnen entgegenbringen, hätte ich doch eigentlich eher verehrt als gehänselt werden müssen. Die Carnegies aus Pittsburgh. Die Rockefellers aus New York. Die Pimmels aus Denver. Ich hätte in der High-School ein Gott sein, die Mädchen hätten meinen Rat suchen und Schlange stehen müssen, um sich mit mir zu verabreden. Man hätte mir den Goldenen Stadtschlüssel überreichen müssen. (Dafür ist es übrigens noch nicht zu spät.)

Tim Pimmel. Nimm-Pimmel. Schwimm-Pimmel. Und dann ist da noch mein Onkel Richard – ein sogenannter Doppelpimmel.* Er hat seinen Sohn Peter genannt. Hübscher Gedanke: Peter Pimmel.

In der Grundschule kicherten die Kinder über meinen Namen genauso, wie sie kicherten, wenn sie das Wort »Busen« in der »Battle Hymn of the Republic« singen mußten.

Als ich dann älter war, machten meine Sportlehrer – die offenbar bedauerten, nicht mehr bei der Marine zu sein – *immer* eine Pause nach meinem Namen.

In der Klasse konnte ich das Alphabet stets besser als alle anderen. Und ich fürchtete den Namen dessen, der vor mir kam, besonders am ersten Schultag. Noch bis zum heutigen Tag spüre ich das Brennen im Herzen und die Furcht. »Nelson, Norwood, Olson, Osmond, Patricks, Peterson, PIMMEL!« Es war, als würde der Typ durch ein Megaphon brüllen. Die ganze Klasse pflegte das Schwätzen einzustellen und mich anzustarren, als sähe ich meinem Namen tatsächlich ähnlich.

Die Typen in der High-School waren gnadenlos.

»Wie heißt du denn?«

»Tim Pimmel.«

---

* Auweia, das ist jetzt etwas schwieriger. Die Kurzform für »Richard« ist »Dick«. Der Onkel heißt also »Dick Dick«. Oder, auf deutsch, »Pimmel Pimmel«. Alles klar? *(Anm. d. Ü.)*

»Pimmel! Hahaha! Wie Penis? Hahaha!« Ich wollte nicht einfach so herumstehen und mir das gefallenlassen, also mußte ich
routinemäßig eine Zeremonie daraus machen, um die Situation
zu entschärfen. Wenn sie sagten: »Dein Vater hätte dich Harry
nennen sollen«,[*] äffte ich meine Quälgeister nach und sagte:
»Oh, wow, Harry. Du solltest Komiker werden. Harry. Das ist
ja wirklich originell! Das habe ich noch nie gehört. Wie wär's
mit Lang? Das ist ein schöner irischer Name! Viele Typen
heißen Lang. Und wie ist's mit Riesen? Du bist vielleicht ein
Witzbold!«
Eine Zeitlang haßte ich alle, und die Neckereien bereiteten mir
unnötigen Kummer. Aber rückblickend gesehen machten sie
einen besseren Menschen aus mir. Jetzt muß ich meinem Namen geradezu *dankbar* sein, daß er mir ein so außergewöhnli-
ches Leben beschert hat. Als Tim Pommel oder oder Tim
Pummel oder Tim Peinlich wäre mir das nicht passiert.
Vielleicht noch als Tim Schwanz.
Nach meinem Schulabschluß, als ich gerade dachte, jetzt sei
alles überstanden, begegnete ich in dem Sportfachgeschäft, wo
ich arbeitete, einer reifen Frau, die sechs Kinder hatte. Aus
heiterem Himmel sagte sie: »Zu schade, daß Sie keine Schwester
haben, die Anita heißt.«
Anita (I need a – ich brauche einen) Pimmel. Also *das* ist ja nun
wirklich lustig.

---

[*] Ziemlich raffiniert. Wortspiel über Bande. Im Englischen gibt's die Redewen-
dung »every Tom, Dick, and Harry« (»Dick« steht hier natürlich für »Richard«
und nicht für »Pimmel«, also kein Grund zum Grinsen). Und das bedeutet soviel
wie »Hinz und Kunz«, also praktisch jedermann, weil »Tom, Dick und Harry«
nämlich die häufigsten und einfallslosesten Namen sind. »Harry Dick« zu
heißen wäre also etwa so, als hieße jemand Hinz Kunz. Wirklich spaßig also.
(Anm. d. Ü.)

Als Kind nennt man das, was man hat, nie wirklich bei seinem richtigen Namen. Man verwendet alle möglichen anderen Ausdrücke. Pimmel waren in meiner Familie natürlich groß. Außerdem hießen sie Schwanz, Nudel, Rute, Schwengel, Geläut, Gemächt, Wasserhahn und »er«. Es gibt Millionen von Synonymen. Mein erklärter Lieblingsausdruck ist Big Sam und die Zwillinge. Warum das so ist, überlasse ich Ihrer Vorstellungskraft.

Frauen haben auch Namen dafür.

Aber die sagen sie uns nicht.

Vor seinen Eltern kann man »Penis« sagen. Ansonsten benutzt man das Wort nur in medizinischem Zusammenhang. Ärzte sagen: »Ich muß einen Blick auf Ihren Penis werfen«, was so klingt, als müßte etwas aufgestochen werden. Mein Arzt nennt es eine »Einheit«. Ich widerspreche nicht. Ich habe gesehen, wie er seinen Golfschläger hält.

Für einen kleinen Buben ist der Penis vor allem ein Maßstab, an dem er sein Größenwachstum mißt.

Ich erinnere mich an das erste Mal, als ich den von meinem Vater sah. Er, meine Brüder und ich waren im Badezimmer versammelt, und ich sah ihn an. Ich weiß nicht, warum – vielleicht weil ich nur eben in Hüfthöhe war –, aber es war das Schockierendste, was ich jemals gesehen hatte. Es war so furchterregend, daß ich mir schwor, ich möchte niemals in meinem ganzen Leben so etwas haben. Inzwischen weiß ich, daß man mit seinen Wünschen vorsichtig sein muß.

»Vagina« ist ein fast ebenso lustiges Wort wie »Penis«. Ich stolpere immer darüber – über das Wort, meine ich. Va – gi – na. Frauen verwenden es nicht einmal. Ich kenne eine Frau, die statt dessen »Ginnie« sagt, wohl einfach deshalb, weil es persönlicher klingt.

Sie verstehen hoffentlich, daß ich das alles mit dem größten Respekt sage. Da ich eine Tochter habe, muß ich ihr beibringen, was sie dazu sagen soll. Sie kann schließlich nicht ihr ganzes Leben lang bei der Bezeichnung »da unten« bleiben, die ich mir so schlau ausgedacht habe. Ich glaube, wir werden deshalb so meschugge, weil wir die Dinge nicht beim Namen nennen.

Also: Ein Mann hat einen Penis. Eine Frau hat eine Boom-Ba. Okay, ich will ehrlich sein, sie hat ein Gu-Gu. Ich weiß gar nicht, warum das so schwer ist. Meine Tochter nennt es schon Popochen. Ich sagte: »Du hast, wie du sehr wohl weißt, ein Popochen.« Andererseits nennt sie aber alles in dieser Gegend ein Popochen.

Bitte sagen Sie mir, daß das vorübergehen wird.

Meine Tochter stellt auch tiefschürfende Fragen darüber, warum ich im Stehen pinkeln kann. Sie nimmt automatisch an, das sei besser. Von *mir* hat sie das nicht, aber weiß der Himmel, was sie in der Schule hört. Also sage ich: »Nein, du bist der Glückspilz. Du darfst dich dabei hinsetzen.« Sie antwortet: »Wenn ich groß bin, kann ich auch im Stehen Pipi machen.« Das kann ja heiter werden, dachte ich mir. Frauen tun mir leid. Sie müssen so ein Theater machen, um aufs Klo gehen zu können. Außerdem können sie nicht einmal ohne große Verrenkungen ihren Namen in den Schnee schreiben.

Bevor wir die Doktorspiele entdecken, sind wir auf Filme zur Sexualerziehung, wissenschaftliche Bücher und das alte Standardwerk »National Geographic« angewiesen, um herauszufinden, was wir haben – da unten ...

Sind diese medizinischen Abbildungen nicht komisch? Der Mann ist in der Mitte durchgeschnitten, so daß man eine schlaffe Seitenansicht bekommt. Die Frauen sind zwischen Vorder- und Rückseite geteilt, was ihren Fortpflanzungsorganen das Aussehen eines Wasserbüffels gibt, der in der Falle sitzt. Oder das eines nach innen gestülpten Penis. Nachdem ich diese Zeichnungen gesehen hatte, glaubte ich allen Ernstes, aus einer Frau würde einfach herausplatzen, was ich hatte, wenn sie nur fest genug in ihren Daumen bliese.

Als Kind fand ich das alles sehr verwirrend. Mein Vater starb, als ich noch klein war. Meine Mutter war zwar sehr gut im Erklären von Bienen und Schmetterlingen, aber irgendwie war immer Essenszeit, wenn meine Brüder oder ich fragten, wie denn Mann und Frau tatsächlich zusammenkommen. Seit dieser Zeit bekomme ich bei häuslichem Essensgeruch stets alberne und erotische Gefühle.

Der Penis ist ein emotionales Organ. Wie Hunger und Angst wirkt er tief unter der Lebensoberfläche. Er ist ein Barometer für etwas anderes, ein Meßgerät. Deswegen ist es ein bißchen furchterregend, einen Steifen zu bekommen, wenn man ihn nicht haben will. Es ist ein kleines bißchen entmutigend, ein kleines bißchen ungewöhnlich und ein kleines bißchen gruselig. Aber auch ganz aufregend. Wenn ich eine Zeitschrift anschaue, kann ich einen bekommen, ein gutaussehendes Auto, eine scharfe Frau, einen *richtigen* Mann (war nur Spaß). Einmal bekam ich eine Erektion, als ich nackt in einem eiskalten See badete.

Bestimmte Aktivitäten – wie zum Beispiel Tanzen – werden dadurch so schwierig. Während der langsamen Tänze in der High-School fragte ich mich immer, ob ein Mädchen eigentlich merkte, daß ich sie mochte. Sie merken es doch, oder? Oder etwa nicht?

Bei den Frauen wissen es die Männer hingegen nicht. Es gibt kein sichtbares Zeichen. Wenn wir mit einer Frau in jenem eiskalten See nackt baden, können wir nur sicher sagen, daß es ihr *kalt* ist. Ist das dasselbe wie erregt? Es sollte etwas geben, das uns signalisiert, wann wir uns lächerlich machen.

Im allgemeinen machen die Männer kein großes Aufheben von dem, was sie haben, solange die Frauen es nicht tun. Bevor das sexuelle Bewußtsein plötzlich erwacht, ist der Penis lediglich etwas, das eine nützliche Funktion erfüllt. Dann entwickelt er plötzlich ein Eigenleben. Männern wird erst dann richtig klar, was sie da zwischen den Beinen haben, wenn sie Notiz von den Frauen nehmen. Und dann sind die Frauen ihr *einziger* Bezugspunkt.

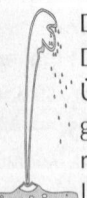 Der Penisneid existiert eigentlich nur unter Männern. Das wurde mir klar, als ich als kleiner Junge in der Übergangsstufe von der Grundschule zum Gymnasium gezwungen war, mit den Jungens aus dem Sportunterricht der Junior-High-School zu duschen. Es war gruselig, aber mit Sex hatte es nicht das geringste zu tun.

Mehrere Jungen weigerten sich, in der Öffentlichkeit zu duschen, obwohl sie keineswegs etwas zu verbergen hatten. Sie wollten nur ganz einfach vor Typen wie Tommy Rodriguez nicht nackt dastehen.

Sie können mir glauben, daß Sie nicht wissen, was Neid ist, wenn Sie nicht Tommy Rodriguez unter der Dusche gesehen haben. Das war echter Neid! Er war erst in der siebten Klasse und sah schon aus wie Burt Reynolds! (Eigentlich sollte ich die beiden nicht miteinander vergleichen. Tommy Rodriguez ist nämlich, soweit ich weiß, *seit* der siebten Klasse mit der gleichen Frau verheiratet). Sogar der von meinem Vater sah nicht so aus wie *der* von Tommy Rodriguez. Mir schien, hier könne etwas nicht stimmen. Eine ganze Zeit lang trug ich dieses furchterregende Bild mit mir herum. Vielleicht weil ich immer wieder verstohlen versuchte, einen Blick darauf zu werfen. Und dabei möchte man sich nicht gerne erwischen lassen.

Wo man auch hingerät, es gibt immer einen Typen wie Tommy Rodriguez. Ich habe mir »Playgirl« angeschaut. *Diese* Typen sollten Pimmel heißen. Wenn die in Erregung geraten, müssen sie doch fast an Blutverlust sterben. Und selbst wenn es dem Körper irgendwie gelingt, sich anzupassen, muß es doch zumindest zu Taubheitsgefühlen in der Schulter kommen.

Aber all das liegt weit hinter mir. Seit ich ein Mann bin, fühle ich mich endlich wohl mit dem, was ich habe.

Das ist jetzt schon eine Stunde her.

Können wir kurz über … äh, Hoden sprechen? Ich verspreche, daß das nur ein paar Sekunden dauern wird, weil schon das bloße Wort Männern Angst macht. Wir sprechen sehr selten darüber. Sogar Gott wollte nicht weiter darüber nachdenken. Er sagte: »Wir haben noch Ellbogenhaut übrig? Okay, die nehmen wir.« Diese Abneigung beginnt bereits in der Juniorliga, wo man lernt, diesen kostbaren Bereich mit Penishalter und Hodenschutz zu protegieren. Deswegen habe ich auch nie verstanden, warum die Eier immer mit Mut gleichgesetzt werden. Wären sie tatsächlich so mutig, würden sie den Hodenschutz zum Teufel schicken! Statt dessen schrumpfen sie als erste, wenn man vor Schreck erstarrt.

Ich habe auch nie begriffen, warum Männer selbst daran herumgrapschen und sagen: »Hier! Das ist es, genau hier!« Springt man in einen kalten Teich, versuchen sie, sich in einem zu verstecken. Das sind keine mutigen Organe. Mut besteht darin zu wissen, wann man aus dem Wasser heraus muß.

Aber wäre es nicht großartig, wenn der Mut und das Nervenkostüm der Frauen mit ihren Eierstöcken in Verbindung stünden? »Du da, schau mal her! Genau her! Koch dir daraus was. Deine Schweinshaxe mit Kraut habe ich hier!« Dabei klopfen sich die Frauen leicht auf den Bauch, genau dort, wo sich die Eierstöcke befinden: »Okay? Genau hier! Genau hier habe ich deine Wäsche! Auch ich arbeite, weißte.«

Die Eier sind ein Grund, warum Männer vorsichtig sein müssen, wenn sie andere Männer schlagen. In einem bestimmten Alter schlägt man andere Jungens nur dahin, weil man, selbst wenn man noch sehr klein ist, weiß, daß es dort am meisten wehtut. Wenn man mit anderen Jungen balgt, zielen sie immer auf die Eier. Ich balge mich mit Jungens auf der Bühne, und schneller als du »uff« sagen kannst, gehen sie ans Eingemachte.

Aber das ist nichts gegen die neckischen Spielchen, die man als Kind immer mit anderen Jungens treibt. Einmal habe ich mir einen Zahn in der Badewanne angeschlagen, als mein Bruder nach meinem grapschte – und das ist erst vier oder fünf Jahre her.

Es ist wichtig zu wissen, wann man mit diesen neckischen

Spielen unter Freunden aufhören muß. Normalerweise ist der Zeitpunkt gekommen, wenn die Frauen das übernehmen.

Es gibt jedoch Typen, die nie damit aufhören wollen. Sie würden einem gern ein paar Schläge versetzen, einem nur ein *bißchen* anfassen – aber Berührungen eines anderen Mannes an dieser Stelle sind zu sehr stigmatisiert. Man kann einen Schlag andeuten, darf aber keinen Körperkontakt herstellen. Je schneller der Schlag, desto besser, ausdehnen darf man das nicht.

Als ich einmal in unserem Hinterhof mit meinem Bruder David und Sam Hobson – einem älteren Freund von David – campte, waren wir aus irgendeinem Grund alle miteinander nackt. Es handelte sich um unschuldige Nacktheit. Ich war vielleicht zehn Jahre alt. Dieser Sam Hobson hatte einen Steifen, was immer eine großartige Angelegenheit war, obwohl man zu der Zeit noch nicht wußte, warum man einen bekam. Er plazierte ihn auf seinem Schlafsack und sagte: »Traut sich jemand, da draufzuhauen?«, weil er wußte, daß er größer war als alle anderen. Ich war immer schon stolz darauf, was mein Bruder David tat. Wie der Blitz sprang er aus seinem Schlafsack und schlug drauf. Fest. So fest, daß ich vor Angst zu lachen anfing. David dagegen rannte so schnell weg, wie er nur konnte. Nackt. Und Sam Hobson – ebenfalls nackt – rannte ihm nach.

Der Große Sam und die Zwillinge.

Leider endete es damit, daß Sam meinen Bruder umbrachte.

Ein Mann kann seinen Penis als Körperteil nur schwer ignorieren, während es relativ einfach ist, seine Leber oder die Bauchspeicheldrüse nicht zur Kenntnis zu nehmen. Sie erfüllen in aller Stille ihre Funktion, und man bemerkt sie eigentlich erst, wenn eine Störung vorliegt. Der Penis macht einem immer deutlich, daß er da ist. Er verlagert, bewegt und erhebt sich, schwillt an und verfängt sich in der Unterwäsche – und wehe, man zieht seinen Reißverschluß zu schnell hoch! Er muß berührt, in die richtige Position gebracht, zurechtgerückt, irgendwo hineingesteckt oder -gestopft, herausgezogen und hineingetan werden – und vergiß ja nicht, dir danach die Hände zu waschen!

Er ist ständig in Gebrauch.

Manche Frauen behaupten, das sei unser Hauptproblem; wir seien davon besessen. Außerdem behaupten sie, männliches Verhalten – ja sogar unsere Autos – seien nichts weiter als eine Erweiterung dieses unseres Organs. Das arme Ding wird mit Tonnen von Schuldzuweisungen überhäuft. Das nehme ich den Frauen übel. Was ist dann die Erweiterung der Vagina? Eine Handtasche? Als ich mir einst eine rote Corvette kaufte, verfolgte mich meine Tante mit dieser Erweiterungsthese. Ich sagte: »Tatsächlich? Finde ich gut. Wer hätte nicht gerne zwei Tonnen Männlichkeit?«

Sie können es glauben oder nicht, aber ich war eigentlich immer davon überzeugt, Frauen würden diese ganzen negativen Dinge über Männer nur zum Spaß sagen und es in Wirklichkeit nicht so meinen. (Nachdem sie nicht dasselbe haben wie wir, verstehen sie ja auch nichts davon, oder? Sollen sie sich doch statt dessen lieber mit ihren Eierstöcken und ihrer Periode beschäftigen!) Ich weiß, daß ihre feindselige Haltung lediglich eine Reaktion auf viele Jahre Ausbeutung durch die Männer und die Gesellschaft ist. Sie haben Myriaden von Problemen, die wir nicht haben. Wir müssen begreifen, daß Frauen den Penis vor allem deshalb herabsetzen, weil sie gerne ein ebenso einfaches Leben hätten wie wir. Wie es in einem Comic einmal hieß: »Frauen haben Babys, Krämpfe und Menstruationszyklen. Wir müssen uns rasieren? Prima!«

Prima! Ganz klar sind die Frauen immer im Nachteil, egal, was sie anstellen.

Über diesen Punkt sollten wir uns hinwegsetzen. Für mich ist der Penis eine ganz einfache Sache, die niemandes Zorn verdient hat. Er trägt keinerlei Schuld. Er hat sich seine Form nicht ausgesucht. Er ist sehr verletzlich in seiner exponierten Lage. Er hat die gleichen Probleme wie jedes andere Organ auch: Er altert, er erkrankt, er stirbt.

Oje.

Trotz allem, was ich als Kind durchgemacht habe, habe ich Glück, daß mein richtiger Name Tim Pimmel lautet. Dadurch war ich gezwungen, mich damit zu befassen, was an mir männlich ist. Ein großer Teil meines Verhaltens und meines Humors hängt von diesen drüsengesteuerten Gefühlen und Assoziationen ab. Aber nur bis zu einem gewissen Grad. Frauen sagen scherzhaft, Männer hätten zwei Gehirne. Lassen Sie mich Ihnen eines sagen: Ich kontrolliere ihn und nicht umgekehrt. Er führt kein Eigenleben. Er braucht mich zum Überleben. Ich ernähre ihn. Ich kümmere mich um ihn. Ohne mich ist er nichts. Er macht genau das, was ich ihm sage.

Es sei denn, ich bin in Gesellschaft von Frauen. Was mich an eine Geschichte erinnert:

Einmal war ich Veranstalter für Sexy Flexy, einen der ersten männlichen Stripper überhaupt.

Achthundert Frauen waren in einem Club mitten in Michigan versammelt, um Flex und seine schmierige, aufgeblasene Crew zu sehen.

Bei dieser Gelegenheit erfuhr ich endlich, daß Frauen – insbesondere in größeren Gruppen ab zwei Personen – ein Nein als Antwort nicht akzeptieren können. Das war sehr aufschlußreich. Vielleicht lag es daran, daß für sie der Genuß, Männern beim Strippen zuzusehen, noch neu war, jedenfalls waren sie einfach unaussprechlich ordinär und grob. Sie grapschten so nach den Typen, daß die Leibwächter sie wegscheuchen mußten. Würde man das in einem Club probieren, in dem Frauen strippen – man bekäme den Arm abgeschnitten. Währenddessen hatte ich ins Mikrophon gebrüllt: »Hey, Lady, das ist aber keine Rolle Zehner, nach der Sie da greifen!«

Nach vier oder fünf Stunden waren die Frauen gelangweilt von Flexys Typen und fingen an, auf mich zu zeigen. Ich sagte: »Nein.« Sie antworteten: »Doch.« Ich sagte wieder: »Nein.« Sie wollten, daß ich tanzte und dabei blöd aussähe. Tanzen ist ganz einfach nichts für Männer. Für die meisten Männer ist es verlorene Zeit. »Können wir jetzt nach Hause gehen? Kommt, wir gehen, äh … Liebe machen oder so was.«

Aber die Frauen ließen nicht locker. Also fing ich an, mich in den Hüften zu drehen und fand mich so irgendwie hinein. (Ich war ganz schön geschmeichelt!) Zum Schluß hatte man mir 96 Dollar in die Hosen gesteckt. Plötzlich zerrte mich eine Gruppe von Damen von der Bühne und riß mir die Uhr herunter. Sie zerfetzten das ganze Vorderteil meiner Hose und zogen mir die Anzugjacke so nach hinten, daß ich die Arme nicht bewegen konnte. Wie in den Mafiafilmen, die ich gesehen hatte. Dann schrie eine ältere Frau – etwa im Alter meiner Mutter: »Ich habe seine Zehner! Ich habe seine Zehner!«

»Gnädige Frau, ich sage Ihnen nochmals« – inzwischen überschlug sich meine Stimme, und heraus kam nur noch ein hohes Quietschen –, »was Sie da grapschen, sind keine Zehner!« Sie beachtete mich nicht. Irgendwie bekam ich meine Arme frei und schlug die Frau so fest mit meinem Ellbogen, daß sie rückwärts mit großem Krach in einem Stuhl landete.

Jetzt mußte sie loslassen. Sie fiel in sich zusammen. Mir war gar nicht klargewesen, daß ich sie so fest geschlagen hatte. Ich war schockiert. Ich fühlte mich elend – bis sie wieder aufstand, einen Schluck braunen Alkohols hinuntergoß und sagte: »So leicht wirst du mich nicht los, Süßer!«

Heutzutage wollen die Frauen haben, wonach ihnen der Sinn steht. Und warum auch nicht, wenn sie sich einen Ellbogen vor den Kopf knallen lassen, nur um sich dann wieder zu erheben und ihr Ziel weiter zu verfolgen. Frauen können sich ruhig den ganzen Tag darüber beklagen, daß es die Männer sind, die die Macht haben. Ich kenne eine Großmutter in Michigan, die ihnen ein paar Tricks beibringen könnte.

Die Welt ist voller dynamischer Elemente. Aber für mich ist keines von ihnen bedeutender als der Fortpflanzungstrieb. Lassen sie mich einmal einen Absatz aus Margulis' und Dorion Sagans »Mikrokosmos«, einem Buch über Bakterien, paraphrasieren: Es gibt keine größere Dynamik im Leben als das Leben selbst. Die Chancen für die Entstehung des Lebens sind gering, aber wenn es erst einmal begonnen hat, ist es nur schwer wieder aufzuhalten. Und wir sind Teil dieses dynamischen Lebensprozesses: Zellen teilen sich und finden neue Wege, den unvorhergesehenen Widrigkeiten zu trotzen. Das ganze Universum ist angeblich schwarz und kalt und leer. Neunundneunzig Prozent des Universums sind für uns eine unbekannte Größe. Und nur ein winziger Bruchteil dieses einen Prozents, das übrigbleibt, ist das Leben. Soweit wir wissen, sind wir die einzigen Lebewesen. Für alles andere gibt es weder Beweise noch Anzeichen. Die Erde beherbergt möglicherweise das einzige Leben der Schöpfung. Vielleicht haben wir weit mehr Bedeutung, aber eben auch weit mehr experimentellen Charakter, als wir glauben.

Wie auch immer, Männer und Frauen kämpfen auf ihrem Weg viel zu sehr, um die Wahrheit herauszufinden. Sie sind dazu verurteilt, sich zu vereinigen und ein Kind zu machen. Es tut mir leid, aber wir sind nicht erschaffen worden, um uns mit dem Sex angenehm die Zeit zu vertreiben. Er macht vielmehr deswegen Spaß, damit wir uns trotz der ganzen Schwierigkeiten, die uns auf unserem Lebensweg begegnen, fortpflanzen. (Dann darf er uns ja Spaß machen, oder?) Und am Ende häufen sich alle möglichen metaphysischen Einstellungen und soziologischen Theorien an, mit denen wir zu erklären versuchen, warum zwei sich so unähnliche und sich so oft verabscheuende Arten unbedingt zusammenkommen müssen. Alles in allem gesehen ist es so wie mit dem Essen: Man kann einfach nicht anders. Deshalb fühlt sich die Mehrheit der Bevölkerung vom anderen Geschlecht angezogen.

Einige Gesellschaftsformen trennen Männer und Frauen, weil Männer besser mit Männern und Frauen besser mit Frauen zurechtkommen. Aber nach meinem Aufenthalt im Gefängnis weiß ich jetzt, daß das nicht für immer sein kann, weil dadurch Männer – und ich kann nur für die Männer sprechen – in äußerst gewalttätige Wesen verwandelt werden. Ohne Frauen um uns herum werden wir sehr aggressiv und sehr traurig, sehr uninspiriert und sehr einseitig.

Das gleiche passiert, wenn man im Fernsehen zuviel Sport anschaut.

Es gehört zu meiner Lebensphilosophie, daß ich die meisten Dinge, die ich in meinem Leben getan habe, wegen der Frauen getan habe – und das um so mehr aufgrund meines hervorstechenden Namens, der mich schon sehr früh mit der Wirklichkeit konfrontiert hat. Er macht die Hälfte meines Lebensimperativs aus. Ich mußte also eine Frau finden und mich fortpflanzen. Ich bin nicht der einzige, der das sagt: Camille Paglia sagt es, Dr. Joyce Brothers sagt es, und sogar Warren Beatty *tat* es schließlich.

Als Kind kann man so glücklich sein. Dann entdeckt man die Frauen und wird so unglücklich. Später ist man glücklich, dann wieder unglücklich und wieder glücklich. Diese Unterschiede, dieser Rhythmus, liegen allem zugrunde, was ich über das Mannsein und über das Geformtwerden und nach dem Bild, das sich von mir in den Augen der Frauen widerspiegelt, sagen kann. Als Tim Pimmel habe ich nur einfach mehr darüber nachgedacht als die meisten anderen, denn alles nimmt seinen Anfang »da unten«.

Wow ... ich glaube, ich brauche sofort eine Frau!

Schätzchen? Ich muß dir was zeigen!

Und nimm ein paar Mark aus der Plätzchendose. Ich habe Lust zu tanzen.

Das Tier im Jungen

Kleine Buben sind Tiere. Sie sind nicht kaputtzukriegende Wesen, die aus Stöcken und Steinen und Kugellagern bestehen. Ihre Aufgabe ist ganz klar: Sie besteht ausschließlich darin, die Grenzen so weit wie möglich auszudehnen. Dabei sind zu diesem Zeitpunkt weder weibliche Teenager noch rebellierende Hormone im Spiel.

Ach ja … Unwissenheit ist ein wahrer Segen.

Ich bin in der Marion Street in Denver, Colorado, aufgewachsen. 1953 wurde ich geboren. Faszinierend, nicht wahr? (Nun ja, in meinem Alter ist es wichtig, das Gedächtnis zu überprüfen, wo immer es nur geht.) Ich war Mitglied einer tollen Bande aus unserem Viertel. Erinnern Sie sich? Sie waren doch auch in einer. Wenn sich unsere Jungengruppe traf, waren wir wie kleine Affen – wenn man einmal von der Körperbehaarung absieht. Wir hatten, wie die Gruppe in William Goldings *Herr der Fliegen*, unsere eigene Hierarchie, wenn sie auch etwas freundlicher war. Sämtliche Persönlichkeitstypen waren vertreten. Es ist schon seltsam, daß wir als Erwachsene auch nicht viel anders sind als zu Kinderzeiten. Denken Sie mal darüber nach.

In jeder Gruppe streiten sich ein paar Kinder um die Führung. Der eine ist größer, der andere klüger, beide kommen in Frage.

Barry Phillips und ich hatten alle beide Führungsqualitäten, obwohl er ein Jahr älter war.

In der Bande meines großen Bruders Steve war Barrys älterer Bruder John der Anführer. Ich weiß nicht, ob er klüger war, aber weil er ein Riese war, hatten alle Angst vor ihm – und deswegen *wirkte* er klüger. John und Barrys älterer Bruder Howard liebten es, andere Leute zu quälen. (In dem Alter nannten sie es »necken«: »Ich habe die Katze/den kleinen Bruder/die Oma nur geneckt.«) Wie Sie sich vielleicht schon gedacht haben, sind die älteren Phillips-Jungens jetzt in der Politik. Jedenfalls verhauten sie ständig Barry, was sie »Herumschubsen« nannten, so wie erwachsene Männer das Lügen »Verarschen« nennen. Barry machte keine großen Worte. Er nannte es »Schmerz«. Dann zeigte Howard stets mit dem Finger auf mich und fragte: »Hey, Pimmel, willst du auch was abkriegen?« Und ich antwortete: »Nein, du Riesenidiot, aber soll ich dir vielleicht die Schnauze polieren?«

Offenbar hörte Howard meine schlauen Antworten selten, wahrscheinlich, weil ich sie leise vor mich hin murmelte und mit voller Kraft voraus in die entgegengesetzte Richtung davonrannte. Vielleicht war der fette Idiot auch ganz einfach taub! (Kleiner Scherz, Senator!)

Zwar bleibt die Körpergröße für Männer auch mit dem Erwachsenwerden wichtig, aber darüber, wer der Anführer ist, entscheidet dann mehr die Größe des Bankkontos. Gut ist es auch, klug zu sein. Und die körperliche Präsenz zählt ebenfalls nach wie vor. Deshalb ist ein großer, reicher, kluger Typ der schlimmste aller Alpträume. Der große, reiche, *dumme* Typ erbt im allgemeinen eine Autohandlung. Ach, übrigens, wenn Sie sich von dieser Kategoriebildung irgendwie angesprochen fühlen, ignorieren Sie doch bitte die vorhergehenden Sätze. Es ist ja nur eine Theorie.

In jeder Gruppe gab es ein Kind, das alles machte. Bonbons

klauen? Welche Sorte? Abwasser trinken? Gib mir mal ein Glas. Es lebte außerhalb jeder Regeln, und man wußte nie genau, was man zu erwarten hatte. Dieses Kind war respektiert und gefürchtet.

Jetzt ist es tot.

Ein Kind ist lustig, das andere gut im Sport, wieder ein anderes fährt echt gut Fahrrad. Und es gibt immer einen Typen, den man manipulieren kann. So einer war Dennis. Damals war ich grausam zu ihm, heute bin ich nett. Von all unseren Freunden sind wir als einzige noch in Verbindung, weil die Kontrolle, die ich über ihn habe, für mich ein Reiz ist, den ich ganz einfach nicht aufgeben kann. In Ordnung, in Ordnung. Er ist schließlich daran gewöhnt. Seine Eltern haben ihn während seiner ganzen Kindheit herumgeschubst, und jetzt macht das seine Frau.

Und natürlich gibt es immer den Jungen, den man loszuwerden versucht. Dieses ungeschriebene Gesetz der Kindheit hat Gültigkeit in der ganzen Welt. Und das Beste daran ist, daß dieser Junge immer wieder zur Bande zurückkommt und man ihn willkommen heißt – damit man ihn später wieder loswerden kann.

Unser Hauptverkehrsmittel war das Fahrrad. Soviel zum Thema Ausdehnung der Grenzen – man kam damit wirklich herum. Sechs Häuserblocks. *Sechzehn* Häuserblöcke! In jeder Richtung.

Ich hatte Spaß daran, neue Kinder kennenzulernen oder den eigenartigen Jungen aus dem seltsamen Stadtteil, der mich eingeladen hatte, nach der Schule zu ihm zu kommen, zu Hause zu besuchen. Ich mußte mit dem Fahrrad dorthin fahren. Obwohl es ganz in Ordnung war, mit ihm zu spielen, hatte ich immer noch ein komisches Gefühl. Was hieß denn überhaupt »Spielen«? Wir hingen in seinem Zimmer herum, setzten uns aufs Bett, dann ans Bettende, dann unters Bett, redeten über nichts, spielten mit seinem Zeug, ich merkte, daß er kein wirklich cooles Spielzeug hatte – na ja, vielleicht doch ein oder zwei Dinge.

Das Schlimmste war, daß die Häuser von eigenartigen Leuten immer komisch rochen. Sofort dachte ich bei mir: »Wow, hier liegt irgendwas Totes rum. Es ist der Teppich. Nein, die alte Lampe. Vielleicht beides. Nein, es ist diese Frau. Ach, sie ist seine *Mutter*. Nein, seine Großmutter. Ihre Beine sind komisch. Was für ein eigenartiger Hund. Was kochen die denn da? Ich will nach Hause. Hier gefällt's mir nicht mehr.«

Also stieg ich auf mein Fahrrad und fuhr weg. Ich trat wie ein Wilder in die Pedale, bis ich zu einer vertrauten Straße kam, und erst auf diesem sicheren Terrain atmete ich plötzlich wieder freier. Aber ich wußte, daß ich eine Grenze überschritten hatte. Fahrräder waren auch cool.

Das reiche Kind hatte immer das neueste Fahrradmodell, stimmt's? Als ich klein war, war das ein Stingray: bananenförmiger Sattel und ein Zahnrad so groß wie ein Markstück. Man konnte damit herumfahren, wollte aber keine größeren Strecken zurücklegen, weil man wegen des kleinen Zahnrades in die Pedale treten mußte wie ein kleiner Zirkusclown. Ich bat meine Mama, mir ein Stingray zu kaufen. Das wollte sie nicht, und so bastelte ich mir mein eigenes. Ich beschaffte mir einen Stingray-Rahmen und einen Stingray-Lenker. Dann kaufte ich mir einen Bananensattel. Wirklich cool. Dann spritzte ich es purpurrot. Da hörte es auf, cool zu sein. Mit einer Lackierung von Schwinn konnte ich nicht konkurrieren. Die kannten sich aus.

Barry Phillips hatte ein Bendix mit einer Zweigangschaltung am Hinterrad. Man mußte die Pedale wie zum Bremsen rasch rückwärts treten, um den Gang zu wechseln. Eine wunderbar einfache Maschine. Eigentlich braucht man gar keine fünfzehn Gänge: »Oje, da kommt ein Hügel. Ich glaube, dafür brauche ich den achten. Nein, den sechsten.« Man könnte meinen, es ginge um Tonya Hardings Kürbewertung!

Heutzutage übertreibt man bei der Ausstattung der Autos genauso. Ich habe eine Autostereoanlage, die Nachrichten hinterläßt, und dafür ein mehrere Zentimeter dickes Handbuch. Die Gebrauchsanweisung für meine Frau ist handlicher.

Was die Fahrräder anbetrifft, so habe ich nie verstanden, warum Bubenfahrräder eine Stange zwischen dem Sattel und dem Lenker haben und Mädchenfahrräder dieses V. umgekehrt wäre es doch viel einleuchtender. Wenn man von den Pedalen rutscht, während man über einen Hügel fährt, würden die Eier wenigstens nicht unmittelbare Bekanntschaft mit dem Metall machen. (Und das ist uns doch allen schon einmal passiert, oder?)

Wenn natürlich andererseits ein Junge von einem Mädchenfahrrad herunterfällt, ohne daß ihn eine Stange aufhält – hmmmm –, na ja, wahrscheinlich würde er herunterfallen, sich die Eier auf den Pedalen zerquetschen und das Gesicht auf dem Gehsteig aufschrammen. Vielleicht ist das mit der Stange doch keine so schlechte Idee.

Wenn ein Mädchenfahrrad dagegen eine Stange hätte, müßte das Mädchen darübersteigen, und jeder gesunde Jugendliche würde wahrscheinlich das Taschengeld einer ganzen Woche dafür geben, hinter ihr stehen und einen ordentlichen Blick auf ihre Anatomie werfen zu können. Ich weiß, daß ich damit richtig liege.

Das erklärt die Sache mit den Fahrrädern. Aber es bleiben noch viele Geheimnisse zwischen Jungen und Mädchen offen. Zum Beispiel Buben- und Mädchenhemden, die auf verschiedenen Seiten geknöpft werden. Aber warum? Damit man weiß, wann man Mädchenkleidung anhat? »Sieh dir das bloß an. Ich habe schon wieder die Bluse von meiner Frau angezogen.« Man könnte es auch am Blumenmuster merken. Aber es sieht witzig aus. Sommerlich.

Es gibt etwas, das man nie von Jungen – oder auch von Männern – hört: »Charlie, das Hemd ist aber super. Ein witziges Teil. Und in dieser Hose sieht dein Hintern so knackig aus. Kann ich mir die mal ausleihen?«

Für kleine Buben ist Essen ganz einfach Brennstoff. Wenn er ausgeht, kann man nicht mehr so gut rennen. Gegen halb vier wurden wir jeden Nachmittag hungrig. Aufladezeit. Wir machten uns an die Hauptenergiequelle: Zucker. Zwei große Cola, Snickers, Mars und Gebäck. An Schultagen tranken wir eine große Cola, aßen ein paar Schokoladenriegel, ein Snickers und Gummibärchen, um unsere Münder zu beschäftigen, bis wir nach Hause kamen.

Für einen Erwachsenen oder einen Arzt ist Zucker gleich Zucker, aber ich war da wesentlich differenzierter. Ich wußte, wie nützlich es war, etwas von jedem Hauptnahrungsmittel der verschiedenen Zuckerarten zu konsumieren. Sukrose, Fructose, Glukose. Zucker in jeder Verarbeitungsform. Kuchen, Kaugummi, Zucker mit Koffein (wie Sie wissen, enthält die gesamte Schokoladenfamilie Koffein).

Es gibt jedoch Zuckersorten, die man nicht miteinander verbinden darf: Beispielsweise Mars und Kräuterlimonade, Pez und Honigsmacks. Zum Kuchen schmeckt Kakao zwar besser, aber wenn man hartgesotten ist, kann man Schokoladenkuchen auch mit Cola hinunterspülen. Das entspricht beim erwachsenen

Mann Scotch mit Erdnüssen. Es paßt zusammen, aber nicht besonders gut. Kuchen mit Bier ist ein weiteres Beispiel. Deshalb mögen Erwachsene keine Geburtstagsfeten. Die Rosen auf dem Zuckerguß kombiniert mit Rosé-Wein – das ist weitaus schlimmer als das Älterwerden.

Meine Mutter kochte nicht gerne, und mein Vater hielt nichts vom Grillen. Das wäre ein guter Text für ein Lied von Johnny Cash, außerdem ist es wahr. Aber nachdem mein kleiner Bruder verhungert war, riß sich meine Mutter zusammen und fing an, für uns zu kochen. Dieser edle Versuch endete leider damit, daß noch drei von uns verendeten. Ich mach' nur Spaß …

Wenn meine Mutter dann doch einmal kochte, tat sie wirklich alles, um uns Gaumenfreuden zu bescheren. Kann mich zum Beispiel einmal jemand über gedünstete Tomaten aufklären? Worum geht es bei *denen*?

Und was ist ein Steak mit Gittermuster? Mama bereitete es jeden Samstagabend zu. »Oh, wie toll für uns, es ist Samstag!« Das zähe Stück Fleisch mit Muster sah aus, als hätte man es mit einem Schraubenschlüssel bearbeitet. Mama unterlegte das Steak liebevoll mit …, Sie haben es erraten: gedünsteten Tomaten. Blutiges Hirn mit Schuhsohle nannten wir diesen Leckerbissen. »O bitte, Mama, darf ich nicht einen Schulfreund zum Essen einladen?«

Um fair zu sein – Mama machte ausgezeichnete Sloppy Joes,[*] aber nicht oft genug. Wir wären glücklich gewesen, hätten wir unser ganzes Leben lang Hamburgers und Hot dogs essen dürfen. Aber nein! Das liefert den stichhaltigen Beweis dafür, daß bei den Erwachsenen etwas nicht stimmt: Sie bilden sich ein, man wäre nicht glücklich, wenn man jeden Tag dasselbe zu essen bekäme. Sagen Sie das einmal meiner Tochter, wenn

---

[*] Sloppy Joes: ein weiches Brötchen (»bun«), belegt mit Hackfleisch und Tomatensauce, sehr saftig; eine Art »flüssiger Hamburger«. *(Anm. d. Ü.)*

sie versucht, sich zwischen Makkaroni und Makkaroni zum Abendessen zu entscheiden.

Meine Frau ist übrigens eine ausgezeichnete Köchin. Aber nach langen Ehejahren entspricht sie nur selten meinen Essenswünschen. Am Anfang unserer Beziehung fragte sie mich doch *tatsächlich*, was ich gerne zu essen hätte. Kommt Ihnen das bekannt vor? Wenn man eine Beziehung zu einer Frau aufnimmt, bekommt man vieles, was man später nie mehr erhält. Einmal machte sie mir doppelt gebackene Kartoffeln. So etwas hatte ich noch nie gegessen. Man kratzt das Innere aus einer Kartoffel, brät es und füllt es wieder ein. Ich aß sechs davon. Ich sagte: »Wenn du weiterhin so gute Sachen kochst, heirate ich dich.« Ich habe sie geheiratet. Seitdem habe ich keine mehr bekommen.

Als Kind ist man von einer Frau abhängig, und zwar von der Mutter. Sie sorgt für einen, tröstet einen und pflegt einen, wenn man verletzt ist. Denkt einmal darüber nach, ihr Männer. Wenn diese wesentlichen Dinge abgedeckt sind, kann man nach draußen gehen und sich amüsieren. Das ist bis heute so geblieben.

Wenn man sich das Knie aufschlug, geriet Mama niemals in Panik. Das tat man selbst – in höchster Lautstärke, sobald man das Jod oder Merkurochrom sah. »Mama, ebensogut könntest du mir die Brust mit einem Küchenmesser aufschneiden!«

Und dann gab es noch die Pflaster, in allen möglichen Formen und Größen. Die großen waren für die echt coolen Verletzungen, die man sich normalerweise bei irgendeiner tollen Geschichte zugezogen hatte. Dann gab es die Standardpflaster in

Hautfarbe, die niemals zu irgendeiner natürlichen Hautfarbe paßten. Übrigens: Sind fleischfarbene Pflaster und fleischfarbene Stifte nicht ein bißchen rassistisch? Und für was zum Teufel waren diese kleinen runden Pflaster gedacht? Mit so etwas konnte man sich doch bei seinen Freunden nicht sehen lassen! Sehr schlecht für das Image. (Tip für das spätere Leben: Tu niemals ein rundes Pflaster auf einen Pickel. Sonst weiß jeder, was los ist.) Und dann die Geschichte mit dem Pflasterabziehen. Ein Drama! Meine Schwester schwor auf das langsame Entfernen, aber mir war die populäre Methode lieber: eins, zwei, drei … ratsch!

Wenn man krank war, war Mama immer da. Manchmal konnte man sie sogar glauben machen, man sei krank. Wer kann schon sagen, ob einem der Bauch wirklich weh tut oder nicht? Ich erzählte meiner Mutter immer, ich hätte Halsweh. Sie schaute mir in den Hals und sagte: »Okay«, und ich war jedesmal überrascht, wenn ich damit durchkam. Jetzt weiß ich, daß mein Hals *immer* rot aussah, weil das Halsinnere einfach rot *ist*. Ich habe meiner Tochter in den Hals geschaut und feststellen müssen: »Gott, ist das rot!«

Mütter. Sie sind so überraschend. Sie sind unglaublich aufopfernd. Sie haben uns unter den schlimmsten Schmerzen ihres Lebens durch eine lächerlich kleine Öffnung in die Welt gesetzt, haben uns, klein und hilfsbedürftig, wie wir waren, unsere ganze entzückende Kindheit und unsere ganzen weniger entzückenden Teenagerjahre lang geliebt und ernährt bis hinein in unser besserwisserisches Erwachsenenalter. Die ganze Zeit über haben sie uns dabei geholfen, unsere Grenzen immer wieder neu zu definieren.

Andererseits: Was hätten sie auch sonst schon mit ihrem Leben anfangen sollen?

Wenn wir erst einmal wieder Zucker aufgetankt und unsere Fahrräder in der Nähe abgestellt hatten, lagen wir an herrlichen Sommertagen mit Grashalmen im Mundwinkel herum und schmiedeten Schlachtpläne für unsere nächsten Unternehmungen. Das taten wir in aller Unschuld, aber das Potential für Schwierigkeiten blieb erhalten. Wir waren schließlich kleine Neandertaler. Aber im Gegensatz zu unseren flachstirnigen Vorfahren konnten wir nicht auf die Jagd nach Fleisch gehen; sondern nur Unruhe stiften. Zum Beispiel, indem wir Mrs. Campbells Fenster mit unseren Luftgewehren zerschossen. Heute würde man dafür wahrscheinlich ein Maschinengewehr benutzen. Das erinnert mich an eine Aussage Bob Talberts, eines Journalisten der Detroiter »Free Press«, der die heutigen Probleme mit Kindern mit denen vor zwanzig Jahren verglich. Damals: Sie sind nicht anständig angezogen, benehmen sich in der Cafeteria daneben, essen nicht auf. Heute: Schwangerschaft, Waffen und Barbiturate.

Nennt man das sozialen Fortschritt?

Am meisten trifft es mich jedoch, daß heutige Kinder nicht mehr das gleiche kindliche Erstaunen an den Tag legen wie wir damals. Wann haben Sie zum letzten Mal die Nachbarskinder »Ochs am Berg« oder Brennball spielen sehen? Haben wir diese Generation einfach im Stich gelassen? Ist sie nicht mehr in Sicherheit? Sind wir nicht großzügig genug, unseren Kindern diese Dinge beizubringen?

Als ich klein war, wünschte ich mir ein Luftgewehr. Mein Vater und meine Mutter schauten mich an, als ob ich verrückt geworden sei. »Du machst wohl Scherze?«

Hörte ich mich etwa so an, als würde ich scherzen? Es ging um ein echt cooles Daisy-Handgewehr. »Könnt ihr mir nicht einfach das Geld geben?« fragte ich.

Leider kostete es 24 Dollar, und sie waren nicht bereit, mir meinen kapriziösen Wunsch zu erfüllen. Also wendete ich die uralte Kindertaktik an und quengelte ein paar Stunden lang, bis sie schließlich sagten: »Warte bis zu deinem Geburtstag.« Für Kinder gibt es keinen verheerenderen Satz als diesen. Außerdem mußte ich noch neun Monate warten.

Zum Glück fand ich an diesem Abend meine Rettung auf der Rückseite eines Comics. Eine Anzeige versprach mir tolle Preise für das Verkaufen von … Samen.

Ich bestellte eine Schachtel, und sie schickten sie mir tatsächlich, und zwar *kostenlos*. Damals lernte ich, daß mit dem Vertrauen auch der Druck kommt. Ich mußte die Samen verkaufen und später bezahlen. Bis zum heutigen Tag bin ich mir sicher, daß ich ihnen noch Geld schulde. Jetzt wissen Sie den wahren Grund, warum ich meinen Namen geändert habe: für den Fall nämlich, daß die Samenleute zum Geldeintreiben kommen. Aber sie müssen jetzt schon ziemlich alt sein.

Meine Familie kaufte den Großteil der Samen und bezahlte so dennoch das Luftgewehr. Ich lief weiter von Tür zu Tür, was sich als gute Vorübung für später herausstellte, wenn ich mir schnell mal 300 Dollar als selbständiger Vertreter verdiente und dann den Rest des Sommers frei hatte. Ein kleiner Rat: Haushaltwaren, Münzen und Zeitschriftenabonnements sind das Schlimmste. Samen sind okay.

Natürlich verriet ich meinen Kunden nicht, warum ich Samen verkaufte. »Guten Tag, gnädige Frau. Ich verkaufe diese herrlichen Samen, damit ich mir ein Luftgewehr kaufen und wiederkommen kann, um Ihre Fenster zu beschießen und Ihre Tiere zu ärgern.«

Als ich das Gewehr erst einmal hatte, war ich nicht mehr zu bremsen. Bewegliche Ziele waren eine unwiderstehliche Herausforderung. Ich schoß ein Eichhörnchen, dann einen Vogel. Danach schoß ich nicht mehr auf Lebewesen. Sie gefielen mir doch besser, wenn sie sich bewegten.

Statt dessen konzentrierte ich mich auf harmlose Dinge wie Verkehrsampeln, Fensterscheiben, Dosen, meine kleinen Brüder und ähnliches. Aus der Entfernung meint man, man habe gar keinen Schaden angerichtet. Aber wenn man näherkommt, sieht man die kleinen Löcher in den Fensterscheiben. Ich schoß auf das Fenster unserer Nachbarin: »Ding, ding, ding.« Schließlich sagte sie zu meiner Mutter: »Jemand hat mein Fenster zerschossen.« Sie tat so, als sei es das größte Rätsel der Woche, dabei war ziemlich eindeutig, wer es gewesen war. Denn bevor ich es zerschoß, lag das Fenster meinem Zimmer *genau* gegenüber.

Erst im letzten Jahr beichtete ich meiner Mutter, daß ich es getan hatte. Sie antwortete: »Nein, das warst du nicht.«

»Doch.«

Sie wurde sehr böse auf mich. Ich versuchte, sie zu beruhigen. »Vielleicht sollte ich rübergehen und ihr anbieten, es zu ersetzen oder so.«

»Dafür ist es jetzt zu spät«, sagte meine Mutter. »Sie ist tot!«

»Oh. Dann brauche ich mir ja keine Gedanken mehr zu machen.«

Meine Mutter wollte wissen, warum ich so etwas getan hatte, worauf ich nur antworten konnte: »Mama, Buben tun eine Menge, ohne genau zu wissen, warum.« (Wenn es Ihnen gelingt, diesen Satz zu verstehen, dann haben Sie die Männer verstanden.)

Zum Beispiel das Schießen auf meine Großmutter. Sie war alt

44

und beklagte sich nie. Ich glaube nicht, daß sie es wirklich spürte. Wenn wir uns auf ein Bein konzentrierten, brachten wir sie tatsächlich dazu, ein bißchen zu wackeln. Wir sagten ihr, Teppichmilben hätten sie hinten in die Waden gebissen. Luftgewehre durchschlagen die Haut nicht, aber sie hinterlassen schöne Schrammen.

Schon gut. Ich habe niemals wirklich auf meine Großmutter geschossen – Sie wissen von nichts.

Luftgewehre machen viel Spaß, aber leider Gottes sind sie nicht sehr laut und richten keinen großen Schaden an. Und Buben lieben nun einmal geräuschvolle Explosionen und den kreativen Zerstörungsakt. Buben zerstören, weil sie feindlich eingestellt sind. Wir tragen die Feindseligkeit in uns.

Dinge in die Luft zu jagen ist ein Bubenritual, das bis ins Erwachsenenalter betrieben wird. Wir sind Baumeister *und* Soldaten, weil man nur zerstören kann, was man vorher aufgebaut hat. Darin sind wir sehr gut: Warum sonst wären die Vereinigten Staaten die Heimat der Raupenbagger *und* der Seawolf-Unterseeboote.

Diese Dynamik ist sehr elementar. Was mit Wunderkerzen und Rauchbomben beginnt, entwickelt sich später zu röhrenden Auspuffen, zweirädrigen Maschinen, Raketen und Dieselmotoren.

Dabei dreht sich alles um die Verbrennung.

Meine Großmutter half uns bei der Beschaffung unseres Sprengstoffs, natürlich ohne sich darüber im klaren zu sein – sie hatte noch nie eine rasche Auffassungsgabe. Sie nahm uns mit an die Ecke 54. und Federal-Straße, wo das Zeug verkauft wurde.

Damit man in den Laden hineinkam, mußte ein Erwachsener eine Erklärung unterschreiben, daß er über den Verkauf von Feuerwerkskörpern informiert war. Wir sagten ihr, wir würden nur Wunderkerzen kaufen. Sie unterschrieb und wartete im Auto, während wir unser kleines Arsenal aufstockten.

Krach, bumm!

Zwei M80 ergaben ein KKK. Aus vier KKKs wurde eine Stange Dynamit. Das reichte, um sich den Arm wegzusprengen. Wir machten einen Großeinkauf. Dann zündeten wir einen der Sprengkörper, und er machte so viel Krach, daß wir den Rest bis zum nächsten Jahr aufsparen mußten – wir hätten nicht weitermachen können, ohne daß die Polizei aufgetaucht wäre.

Knaller waren unser Lieblingsspielzeug. Man zündete sie an, und sie rauchten. Vier Sekunden, nachdem sie aufgehört hatten zu rauchen, gab es einen lauten Knall. Wir schmuggelten sie den Leuten in die Tasche, die sie ihnen dann glatt herausrissen.

Krach, bumm!

Auch mit Feuer beschäftigten wir uns.

Wir verbrannten einfach alles.

Wir bauten Modellflugzeuge und setzten sie während gespielter Schlachten in Brand. Nichts ist wirklichkeitsgetreuer als ein brennendes Modell. Am besten war der B-17-Bomber »Fliegende Festung«, weil man jede der vier Maschinen anzünden und sie dann beim Absturz beobachten konnte. Der schwarze Rauch. Der Geruch nach brennendem Polystyrol. Es war eine wahre Freude.

Einmal zündete ich die Maschinen an, um aus der Luft Deckung zu geben, während mein Freund Chris mit den Panzern auf dem Boden beschäftigt war. Da gab es ein Problem. Ein ganzer Batzen Plastik fiel ihm genau auf seine Hand. Er hüpfte so toll auf der Straße herum, daß seine Knie fast seine Brust berührten. Ich wette, er hat die Narbe immer noch.

Das Zeug war wirklich gefährlich. So riß ich mir einmal den

Daumennagel ab, als ich einen Feuerwerkskörper zünden, hochwerfen und in der Luft explodieren lassen wollte. Ich hielt den Kracher fest, während mein Bruder ihn anstatt an der Zündschnur am unteren Ende anzündete. Ich konnte ihn nicht einmal mehr loslassen und kann von Glück sagen, daß ich dabei nicht meine Hand verlor. Als mein Vater sah, was passiert war, meinte er nur: »Du solltest die Dinger nicht so lange in der Hand behalten!« Zumindest ist das alles, was ich verstand, denn in meinen Ohren dröhnte es, als käme ich von einem einwöchigen Black-Sabbath-Konzert.

Aber mehr sagte er tatsächlich nicht. Mein Vater machte nicht viele Worte. Das mochte ich an ihm. Es stellte sich heraus, daß er in bezug auf Sprengstoff unglaublich cool war. Einmal zeigte er mir und meinen Freunden sogar, wie man einen Mörser baut, was ich aus der Perspektive des Erwachsenen, der ich jetzt bin, gut und schlecht zugleich finde. Väter sollten ihren Kindern nicht zeigen, wie man Terrorist wird, aber wahrscheinlich wußte er, daß wir es ohnehin auf eigene Faust probieren würden, und dachte deshalb, wir könnten es ebensogut gleich richtig lernen. Das nötigte mir Respekt ab.

Besonders gerne jagte ich die Fische in dem im Winter ausgetrockneten Fluß in die Luft. Wenn sich im Frühling das Flußbett mit Wasser füllte, waren die Fische so hungrig, daß sie einfach alles fraßen. Also wickelten wir eine kleine Bombe in feuchtes Kleenex, bedeckten sie mit Lachseiern, zündeten sie an und warfen sie einem verzweifelten Fisch zu, der sie verschlang und glatt aus dem Wasser geblasen wurde. Der Kadaver flog durch die Gegend, und dann mußte man den Kopf finden und den in die Luft jagen.

Sie sollten jedoch wissen, daß ich als Erwachsener nicht mehr aktiv Dinge zerstöre. Der Impuls ist zwar noch da, wird aber mit zunehmendem Alter durch Selbstkontrolle und die Angst vor Anzeigen gebremst. Ich habe gelernt, diese zerstörerische Energie in die positive Überzeugung umzuleiten, daß mir die Tatsache, ein Mann zu sein, die Kraft gibt, Dinge zu *reparieren*.

Wenn Sie an die Worte »das kann jeder« oder »wie im Fernsehen gezeigt« oder »mit wenigen Werkzeugen/Handgriffen« glauben, haben Sie wahrscheinlich auch heftig in die Zukunft der Nerzölindustrie investiert. Wegen *einer* einzigen Reparatur bin ich schon acht- oder neunmal in den Baumarkt gerannt.

Vor kurzem dachte ich, ich müßte den Schwimmer in der Toilette auswechseln, weil die Spülung ununterbrochen lief. Aber nachdem ich den Schwimmer ersetzt hatte, leckte sie immer noch. Offensichtlich hatte ich ihn nicht gut genug abgedichtet. Also mußte ich wieder in den Baumarkt und die Dichtung besorgen. Inzwischen fragte meine Frau schon: »Wann reparierst du denn endlich die Toilette?«

»Ich bin dabei.«

»Hol doch einen Klempner. Wir können es uns leisten.«

Nicht mit mir. Ich bin ein Mann. Aber als ich die Dichtung anbrachte, drehte ich aus welchem Grund auch immer zu fest an irgend etwas und zerbrach die Dichtungsscheibe. In dem Laden hatten sie das Teil, das ich gebraucht hätte, nicht vorrätig, und so mußte ich es in Messing nehmen. Das saß wieder nicht richtig und beschädigte das Wasserrohr. Als ich das herauszog, verbog es das Rohr, das aus der Wand herauskommt.

Jetzt *mußte* ich den Klempner anrufen, damit er mir mein Rohr wieder in der Wand befestigte. Er behauptete, die Toilette sei leck gewesen, weil die Montage von Grund auf fehlerhaft gewesen sei. Habe ich schon erwähnt, daß ich daran auch schon gedacht hatte?

Die Sache endete schließlich damit, daß ich eine neue Toilette kaufte.

Damals kam ich zu dem Schluß, daß am Anfang so mancher »Do-it-yourself«-Projekte die Worte »Gelbe Seiten« stehen sollten.

Wir gingen häufig in den Crestmoor-Schwimmclub, um dort den Swimmingpool zu benutzen. Meine Mutter bestand auf der Halbstundenregel: Schwimmen durfte man erst, wenn nach dem Essen dreißig Minuten vergangen waren. Nicht fünfundzwanzig, sechsundzwanzig, siebenundzwanzig, achtundzwanzig oder neunundzwanzig. Es mußten dreißig sein. Sonst würde man sterben.

An meine Tochter habe ich diese Regel nicht weitergegeben. Ich bin ein fortschrittlicher Wissenschaftler. Ich stopfe ihr mit Gewalt zuviel hinein und zwinge sie dann, schwimmen zu gehen. Nicht fünf oder drei oder eine Minute nach dem Essen. Unmittelbar danach. Ich vergewissere mich, daß sie noch kaut, wenn sie auf dem Wasser aufschlägt! Natürlich bin ich bei ihr, wenn sie schwimmt. Ich beaufsichtige sie. Ich glaube einfach nicht, daß es diese Krämpfe wirklich gibt.

Soweit ich das beurteilen kann, hat sich *noch nie* jemand im Wasser verkrampft und ist untergegangen. »O Gott, hätte ich doch noch zwei Minuten abgewartet!«

Selbst wenn die Theorie stimmt und man tatsächlich erstarrt und auf den Grund sinkt, ist es dann nicht denkbar, daß einer der siebentausend anderen Badegäste im Schwimmbecken bemerkt, daß da ein Kind in höchster Gefahr schwebt? Oder wird sich ein sonnengebräunter Clan von selbstgerechten Müttern am Beckenrand versammeln, die Bademeister zurückhalten und sagen: »Lassen Sie dieses Kind untergehen als abschreckendes Beispiel für all die anderen Schlaumeier, die nicht auf ihre Mütter hören.«

»Bobby, schau dir mal den kleinen Tommy dort unten an, dort auf dem Grund. Er hat keine halbe Stunde abgewartet, wie es ihm seine Mutter gesagt hat.«

Ich frage mich, wie lange sie mich da unten liegenlassen würden? Würden sie, nachdem man mich herausgezogen hätte, die Kreideumrisse unter Wasser stehenlassen, um die anderen Kinder daran zu erinnern?

Wie wir sehr wohl wissen, sind kleine Mädchen ihren Müttern gegenüber nicht ungehorsam. Sie benehmen sich vielmehr, wann immer sie dazu Gelegenheit haben, ihren kleinen Brüdern gegenüber wie ihre Mütter. »Mama hat gesagt, dreißig Minuten.« Sie nehmen diese Art ausgesprochen schnell an. Und wenn sie erst einmal älter werden, tun sie, was sie wollen, weil sie glauben, daß *ihre* Regeln nicht für jene gelten, die bereits vollkommen sind. Und meinen damit sich selbst. Regeln gelten für die Männer.

Der erste Aufenthalt im Ferienlager ist wie Gefängnis. Ich weiß das. Ich war schon in beiden.

Das Schlimmste am Ferienlager ist, daß man seinen Eltern und seinem normalen Leben entrissen ist. Plötzlich sieht man sich selbst als Solo-Einheit. Man findet sich in einem Zellentrakt – o pardon, in einer Hütte – mit dem Namen Potawatamie oder etwas ähnlich Indianischem wieder, zusammen mit einem großen Koffer, einem Schlafsack, ein paar Comics und einem Bild von Mama und Papa. Es gibt gleichaltrige Jungs, einen älteren, der einen neckt, einen sehr strengen Betreuer und den Lagerdirektor, dessen bloße Gegenwart und seine Angewohnheit, unerwartet aufzutauchen, einem kalte Schauer den Rücken hinunterjagen. Man muß sofort mit den Leuten um einen herum Bekanntschaft schließen, was sehr unangenehm ist. Weil man so eine Angst hat, kotzt man sich selbst und das Kind in der Koje daneben voll. Weil man keine Wäsche waschen kann, schickt einem die Mutter Unterwäsche in einem Paket.

Genauso ist es im Gefängnis. Auch dort ist man zum ersten Mal allein. Wirklich allein. Dann kommt das Kotzstadium. Und dann die Zeit der Indoktrination – nämlich an dem Tag, an dem sich die meisten anderen ein Bild davon gemacht haben, wer man ist. Wenn man rasch von Begriff ist, wird einem klar, daß es den anderen während den Indoktrinationsphase genauso geht. Die Typen, die schon eine Zeitlang da sind und gut Bescheid wissen, pfeifen und rufen: »Hey, Kleiner, du bist in *meiner* Zelle!«

Ich bin mir sicher, daß die Ferienlagerleitungen nicht allzu glücklich sind, daß ich die Erfahrung in einem Kinderferienlager mit der in einem staatlichen Gefängnis vergleiche, aber sie war schlicht und einfach sehr ähnlich. Denken Sie nur an den seltsamen Typen im Ferienlager, der einen anstarrt und dann von einem verlangt, man solle sein enger Freund, sein ganz *besonderer* Freund werden. Jahre später ist es ein komischer Typ im Gefängnis, der einen anstarrt und dann von einem verlangt, man solle seine Frau werden.

Während das Ferienlager furchterregend war, war das Austragen von Zeitungen einfach blöde. Trotzdem tat es jeder Junge. Ich tat es, obwohl ich es haßte. Man mußte früh aufstehen, die Zeitungen falten, Gummibänder um sie herumschlingen und sie in eine schwere Fahrradtasche stecken. Dann mußte man sie den Leuten auf die Haustürtreppe werfen. Manchmal platzte dabei der Gummi, und die Zeitung flog herum wie ein Schmetterling. Man mußte sie wieder aufheben, und wenn sie ganz naß geworden war und man keine Ersatzzeitungen hatte, mußte man auch noch zurückfahren und eine neue Zeitung holen.

Ich muß zugeben, daß ich zu jener Zeit kein echter Geschäftsmann war. Wahrscheinlich muß ich mich noch bei ein paar Leuten entschuldigen, denn ich kann mich nicht daran erinnern, meinen Dienst offiziell *quittiert* zu haben. Die Leute bekamen einfach eines Tages keine Zeitungen mehr, und ich ging zum Samenverkauf über.

Beim Kriegspielen sind alle Elemente vereint, die die Bubenzeit ausmachen. Krieg war einfach großartig. Größer als groß. Mädchen spielten dabei nie mit, und falls sie es doch taten, dann wollten sie immer nur Krankenschwestern sein.
Mein Leben und das meiner vier Brüder war voll und ganz vom Krieg bestimmt. Im Keller hatten wir ein Waffenarsenal. Wir hatten Spielzeugsoldaten. Wenn wir mit Bauklötzen spielten, bauten wir Festungen.
Ich glaube, Krieg gibt es – für Buben und Männer – nur deshalb, weil diese Spielsachen soviel Spaß machen. Wer würde denn nicht gerne ein Maschinengewehr abfeuern? Oder mit sechzig Meilen in der Stunde in einem Zwölftonnenpanzer fahren? Kann man es den großen Häuptlingen verdenken, daß sie Unmengen von Waffen kaufen, selbst wenn diese dann gar nicht zum Einsatz kommen? Sie wissen ja, man zeigt diesen Generalen Filme über wirklich tolle neue Waffen, und sie sitzen in einem dunklen Vorführraum, ihre Brust schwer mit Abzeichen und Orden behängt, und rufen: »Sauber, sag' ich!«
Als wir Kinder waren, stellte die Marx-Spielzeuggesellschaft fast originalgetreue Spielzeuggewehre her. Jedes Jahr brachten sie ein neues Modell heraus, das einem echten immer ähnlicher wurde. Keine rosa Blumen oder Bilder von Elefanten, nein,

genaue tarnfarbene Kopien der Gewehre, die Vic Morrow in »Combat« benutzte.

Vic agierte in »Combat« wie ein Gott in seinem Himmel. Ich lebte mit dieser Show mit und wäre auch gerne in seiner Truppe gewesen. Also stellten wir unsere eigene Truppe auf, die gegen andere Gruppen kämpfte. Unser Lieblingsausdruck war: »Da-da-du, tot bist du.«

»Nein, du hast mich nur gestreift.«

»Nein, du bist tot.«

»Sehe ich etwa tot aus?«

»Wart nur, bis ich rüberkomme …«

Wir stritten uns. Wir wurden furchtbar wütend. Es war toll!

Ich kaufte die Waffen für die Truppe ein. »Nein, nein, es muß eine Fünfzigkalibrige sein.« Warum? Weil Büsche als »Deckung« galten und man deshalb niemanden durch einen Busch hindurch erschießen konnte, selbst wenn man ihn sah. Aber … *aber* … fünfziger Kaliber konnten *durch* einen Busch *hindurch*treffen. Ich habe Ihnen ja gesagt, daß es toll war.

Ich glaube, die Erinnerung daran erregt mich tatsächlich.

Ein Kind hatte sich aus Schachteln vor seinem Haus einen Bunker gebaut. Er war uneinnehmbar. Also nahm ich eine Mattel-Panzerfaust, die eigentlich nur kleine rote Plastikteilchen abfeuerte, mit denen man niemanden verletzen konnte, steckte eine Wunderkerze hinein und schoß auf den Bunker. Die Wunderkerze blieb in der Seitenwand stecken und setzte alles in Flammen. Mehrere Kinder stolperten heraus, und ich war der Held des Tages, weil es mir doch tatsächlich gelungen war, einen Bunker in die Luft zu jagen – und dabei fast vier Kinder zu verbrennen und zu erschießen.

Ich schwöre, es handelte sich um einen Unfall.

Ich baute eine Menge Modellflugzeuge. Für den Faulkwolf entwickelte ich Respekt. Ich liebte es, wenn die beiden Seiten über die Flugzeuge ihres Gegners mit Respekt sprachen; noch immer macht mich das an. »Er war der Beste, gegen den ich je gekämpft habe.« Das ist wie das Händeschütteln nach einem Hockeyspiel oder nach dem Superbowl. Es beweist, daß man größer ist als der Konflikt.

Als Mann ist man gezwungen, Konflikte auszutragen, aber man geht gestärkt daraus hervor. Diesen Sinn für die sportliche Seite eines Kampfes haben wir inzwischen jedoch verloren. Wir sind der Ideologie zum Opfer gefallen. Nach der Verwüstung treffen sich die letzten beiden Soldaten nicht mehr, um einander zu grüßen.

Heute geht man statt dessen saufen.

Es ist schon erstaunlich, wie schnell die Kindheit vorüberging. Aber manchmal schnappe ich ein Parfüm, einen Geruch oder einen Geschmack auf – und die Gefühle, Emotionen, Schauplätze und Klänge der Kindheit kommen unvermittelt zurück.

Bob Hope hat einmal gefragt: »Wenn Sie nicht wüßten, wie alt Sie sind, wie alt wären Sie dann?«

Für mich würde die Antwort »dreizehn« lauten. Da bin ich stehengeblieben. Auch wenn ich wie ein Erwachsener aussehe, ist da innerlich ein gerade im Erwachen begriffener Teenager am Werke. Das mag alarmierend erscheinen, ist aber eigentlich ganz in Ordnung. In mir (und in allen Männern – man kann das unsere animalische Seite nennen) schlummert ein Irrer, der, erlegte man ihm keine Schranken auf, Dinge verüben könnte wie zum Beispiel … einen Mord, die Ehefrau betrügen, das Kind mißhandeln, den Job hinschmeißen, in eine Gruppe Passanten auf dem Gehsteig hineinfahren. Immer noch sagt mir eine innere

Stimme: »Ich kann gar nicht glauben, daß es so etwas gibt. Cool. Toll. Wow.« Im tiefsten Inneren bin ich noch immer das Kind, das ich an jenem Tag war, als mir bewußt wurde, daß ich ab jetzt für mich selbst verantwortlich war. Für jeden spielt sich das anders ab. Für mich kristallisierte es sich am Todestag meines Vaters heraus, dem 23. November 1964. Mir wurde klar, daß uns niemand beschützt; daß uns das Leben jederzeit genommen werden kann. Das Leben ist ein großes Geschenk, und man muß Gott sowohl lieben als auch ausgesprochen fürchten. Das Gleichgewicht zwischen beidem zu halten, das ist das, worauf es ankommt.

Es war ein sonniger Novembertag. Mein Vater, meine Mutter und meine Brüder fuhren von einem College-Fußballspiel nach Hause, als ihnen ein betrunkener Fahrer in den Wagen fuhr. Und ich, wo war ich? Ich kickte Dosen mit einem Nachbarsjungen. Aus irgendeinem Grund hatte ich nicht mit zu dem Spiel gehen wollen.

Meine Mutter und meine Brüder kamen durch. Mein Vater nicht. Ich war elfeinhalb.

Dieser Verlust sprengte alle mir bekannten Grenzen. Ich war nicht mehr König meines Universums. Ich fühlte mich hilflos, nutzlos und jämmerlich. Ich hatte keinerlei Kontrolle mehr, und mein Ringen darum, sie wiederzuerlangen, ließ mich sehr schnell erwachsen werden.

Heutzutage erinnert mich der Tod meines Vaters an ein Erdbeben – ein Ereignis, das einen in den Grundfesten erschüttert. Ich werde niemals den 17. Januar 1994 in Südkalifornien vergessen. Mit dem ersten Poltern und Schütteln ging ein Messer durch mich hindurch, traf meine Seele und machte mir psychisch angst. Manchmal höre ich ein Knirschen und erwarte sofort den großen Knall. Der Schmerz beim Tod meines Vaters war genauso. Plötzlich und über Nacht veränderte sich meine Welt. Am einen Tag war er noch da, am nächsten war er weg.

Meine Mutter war stärker, als wir erwartet hatten. Sie heiratete wieder – eine alte Flamme –, und ihre Liebe rettete uns alle. Meine Brüder, meine Schwester und ich brauchten eine Zeitlang, um uns zu erholen. Ich glaube, ich nahm mir die Zeit zum Trauern erst viel später, als mir klar wurde, wie sehr ich diesen Typ vermißte.

Ich hätte ihn gerne jetzt gekannt, da ich ein Mann bin.

Das Zimmer von Gilbert
Dennisons großem Bruder

Es war ein kalter, stürmischer Herbsttag. Das Fußballtraining war vorbei, und ich war unterwegs zu meinem Freund Gilbert Dennison. Ich war zehn Jahre alt. Es hieß, dort sei etwas, was ich mir *unbedingt* ansehen müßte. Ich konnte noch nicht ahnen, daß dies mein Leben für alle Zeit verändern würde.

Gilbert und ich gingen hinein. Im Flur war der neue Gewehrschrank seines Vaters, im Eßzimmer die neue Vitrine seiner Mutter. Schön, aber das konnte es kaum sein, worüber die Jungens erregt flüsterten.

In seinem Zimmer öffnete Gilbert den Schrank und zog einen neuen Flugzeugmodellbaukasten heraus. Das konnte es auch nicht sein. Ich hatte schon viele P-51-Mustang-Baukästen gesehen.

»Also, nun ja, Gilbert …«, stotterte ich. Aber Gilbert wußte schon, was ich wollte.

»Es ist in Bobs Zimmer«, sagte er nonchalant, als ob es sich um ein alltägliches Ereignis handelte. Bob war Gilberts großer Bruder, der gerade aufs College gekommen war. »Du kannst mal schauen gehen«, sagte Gilbert. »Aber wenn du meine Mutter kommen hörst, mach, daß du schnell wieder hier hereinkommst.«

Ich schoß in Richtung von Bobs Zimmer, öffnete die Tür und trat ein. Ich sah es sofort. Da hing es. An der Pinnwand über dem Bett. Groß und deutlich zu sehen. Ein Weihnachtsbild. Ein Weihnachtsbild?

Nun ja, es war ein Weihnachtsbild, wie ich es noch nie gesehen hatte: ein Playboyposter von einer jungen Frau, die Mistelzweige aufhängte. Und sie war barbusig!

Darauf war ich nicht vorbereitet gewesen!

Peng. Ich hatte zum ersten Mal eine Erektion. Unabsichtlich. Unkontrollierbar. Ich wußte bis dahin nicht einmal, was ein Playboyposter war. Ich wußte nicht, was eine Erektion war. Hätte ich die Bedeutung dieses Tages gleich begriffen, hätte ich eine Dusche genommen, ein frisches Hemd angezogen und mir ein paar Limonadedosen gegriffen, um dieses große Ereignis zu feiern. Ich machte die Erfahrung meines sexuellen Erwachens. Irgend etwas in mir hatte sich gerührt und war zum Leben erwacht.

Natürlich hatte ich meine Mutter schon gesehen, aber sie war eben meine *Mutter*.

Im nachhinein wundere ich mich, daß Gilberts Familie dieses Poster in ihrem Haus duldete. Ich werfe mir heute heftig vor, sie nicht gefragt zu haben, ob sie nicht gerne ein Pflegekind hätten. Auf jeden Fall schulde ich ihnen, Bob und Gilbert wohl meinen verspäteten Dank.

Von diesem Zeitpunkt an war mein Leben nicht mehr dasselbe.

Ich weiß schon, was Sie jetzt denken: Ein Bild von einer nackten Frau hat sein Leben verändert? Es mag ja aufregend, vielleicht sogar wichtig sein. Aber derart umwälzend? Na also, ich weiß nicht.

Doch, doch.

Lassen Sie mich Ihnen das Bild beschreiben:

Die junge Frau drapierte Misteln. Sie hatte ein Doris-Day-Gesicht, ein Make-up von Technicolor, trug hochhackige rote

Schuhe und dicke Unterhosen, die ihr bis über den Nabel reichten und die ich als »Liebestöter« bezeichnen würde. Ihre Fußstellung war auf sehr mannequinartige Weise gespreizt. Ansonsten war sie ziemlich nackt. Das heißt, sie hatte nicht viel am Leib. Wie ich schon sagte: Sie hatte kein Hemd an! Und da stand sie nun und lächelte – mich an.

Persönlich.

Sie sah aus wie eine nette junge Frau, wie das typische Mädchen von nebenan. Drei Jahrzehnte später, als ich in einem modernen Buchhandelsantiquariat herumstöberte, fand ich ihr Poster in einer alten Playboy-Ausgabe wieder. Sie hieß Ellen Stratton und war das Playmate vom Dezember 1959. Sofort fühlte ich mich wieder so wie damals im Zimmer von Gilberts Bruder.

»Hey, Ellen, Baby, wie geht's? Laß mich dich mal so richtig anschauen. Weißt du, es ist schon erstaunlich. Du bist kein bißchen älter geworden. Erinnerst du dich noch an mich? An den kleinen Timmy. Ich habe immer … nein, *das* war Bob. Ja, richtig, Timmy. Ich bin ein bißchen älter geworden, aber immer noch verrückt nach dir. Schön, daß wir endlich mal miteinander reden können.«

Auf dem Poster stand Ellen in einem kitschigen Wohnzimmer, das aussah wie die Karikatur eines Möbelprospekts aus den fünfziger Jahren. Es hatte sogar einen von diesen großen orangefarbenen Skihüttenkaminen. Ein perfektes Beispiel für den damaligen Geschmack. Es beschwört Erinnerungen an Cocktails und das brillantineglänzende Haar David Nivens herauf. Fast erwartete ich, im Hintergrund Männer in doppelreihig geknöpften Gabardineanzügen und Frauen in aufreizenden Cocktailkleidern zu sehen, die Martini trinken und mit Hugh Hefner plaudern.

Hätte ich andererseits um die Ecke in ein anderes Zimmer sehen können, wäre dort wahrscheinlich ihre Familie – Mama, Papa, Oma, Opa, Bruder Billy, Schwester Jane und möglicherweise auch noch ihr Hund – um den Eßzimmertisch herum versammelt gewesen und hätte ungeduldig darauf gewartet, mit dem Weihnachtsessen beginnen zu können.

»Ellen! Ellen, Liebling? Dein Papa schneidet gleich den Truthahn an.«

»Ich komm' schon, Mutter. Ich muß nur noch die Misteln aufhängen.«

(Und das macht sie in der Unterwäsche, Frau Stratton.)

Vielleicht war Ellen ja auch eine junge Hausfrau, deren Mann im Schlafzimmer darauf wartete, sie am Weihnachtsabend zu Bett bringen zu können.

»Schätzchen, der Weihnachtsmann kann jeden Augenblick kommen.«

»Okay. Tim möchte mich nur noch ein paar Minuten anschauen. Es macht dir doch nichts aus, oder?«

»Kein Problem, laß dir nur Zeit.«

Was für ein toller Typ!

Immer wenn ich zu Gilbert ging, starrte ich das Bild an. Ich ging aus dem Zimmer heraus und gleich wieder hinein. Ich ging in die Küche hinunter und erfand dann einen blödsinnigen Vorwand, um wieder nach oben gehen zu können: zum Beispiel, daß ich etwas in meiner Jacke oben vergessen hätte. Wahrscheinlich hatte ich die Jacke sogar an, als ich das sagte. Mir war einfach jede Ausrede recht.

Aber es sollte mir niemand dabei zusehen, wenn ich sie anschaute. Das war das erste Anzeichen dafür, daß ich mein Angesicht vor Gott verbarg, wie man zu sagen pflegt. Die Hitze in meinen Wangen machte mich verlegen. Vielleicht hatte ich Fieber? Ich wußte nur, daß ich mir das Bild genauestens ansehen mußte. Ich mußte diesem inneren Aufruhr Rechnung tragen. Schließlich hatte ich niemals in meinem Leben ähnliches verspürt. Ich war mir nicht ganz im klaren darüber, was los war. Ich wußte nicht, was ich damit anfangen sollte, aber ich wollte mich auch nicht mit Erklärungen aufhalten. Ich wollte einfach mehr davon erleben, denn Ellen Stratton war das Wunderbarste, was mir bisher im Leben begegnet war.

Es war wie die Erfindung der Wasserstoffbombe. Wie die Entdeckung der Elektrizität. Wie die Erfindung von Rad und Feuer auf einen Schlag.

Und besser als das Fischesprengen im Fluß.

Diese Frau hatte kein Oberteil an!

In gewissem Sinn war dieses Bild sowohl erschreckend als auch beruhigend. So dumm es auch klingen mag, mir wurde zum ersten Mal klar, daß *alle Frauen unter ihren Kleidern nackt sind.*

Jede Frau ist unter ihren Kleidern nackt! Lassen Sie es mich nochmals sagen: Sie sind alle nackt! Natürlich machte mich diese Entdeckung allen Frauen gegenüber für alle Zeiten mißtrauisch: Sie verbargen es! Sie verfügten über diese Macht, und ich wußte nichts davon! Sie versteckten sie unter ihren Kleidern! Die Mädchen meines Alters gehörten nicht zu dieser Gattung. Dieses Bild hatte nichts mit ihnen zu tun. Auch nicht mit den Mädchen in der Schule. Ich verband ihr Bild mit der Sportlehrerin, der Französischlehrerin, der Kassiererin in der Cafeteria – natürlich ohne ihr Haarnetz – und mit jeder Frau, die größer war als ich. Es ist schon seltsam, wie sich kleine Buben in lüsterne Irre verwandeln können. Sie bekommen dieselben glasigen Augen wie die Inhaber von Striptease-Bars, weil sie jede Frau, die sie zu Gesicht bekommen, im Geiste ausziehen. Das war Sex, obwohl mir nicht ganz klar war, was Sex bedeutete. Einmal war ich so aufgeregt über das, was ich erfahren hatte, daß ich das Mädchen, das in der Schule neben mir saß, fragte: »Kannst du dir die Sache mit dem Sex vorstellen?«

Dann fiel mir blitzschnell ein: »Moment mal! Sie ist eine von *ihnen*!«

Die Mädchen, die ich kannte, wünschten sich Barbiepuppenromantik, Blumen zum Valentinstag und Liebesbeteuerungen. Zwischen ihnen und Ellen war ein gewaltiger Unterschied. Ellen repräsentierte den männlichen Sexualtrieb, der in mir erwachte. Daß es sich dabei um einen schlafenden Riesen handelte, entdeckte ich schon bald. Eine nackte Frau im »National Geographic« war etwas anderes, diese hier dachte sich etwas bei ihrer Nacktheit. In ihrer Nacktheit lag Macht, und das ist der springende Punkt.

Natürlich verhielt sich Ellen so nonchalant bei ihrer Weihnachtsdekoration, als sei sie gar nicht nackt.

Der Ehemann: »Der Weihnachtsmann kommt nicht durch den Kamin, solange du noch wach bist. Ist Tim schon mit dem Anstarren fertig?«

Oder die Mutter: »Ellen, die Oma fängt schon zu schnarchen an. Vielleicht sollten wir mit dem Essen beginnen.« Ellen Stratton wird für alle Zeiten in dem seltsamen Alter bleiben, in dem ich aus irgendeinem Grund niemals war. Sie ist eine junge Frau, die in eine für Ältere passende Situation gesteckt wurde. Ich war immer entweder jünger als sie oder, später dann, älter. Ich hatte nie das Gefühl, ich könnte beim Ausgehen eine Frau wie Ellen finden, die in meinem Alter ist, und mit ihr eine persönliche Beziehung beginnen. Es blieb immer eine Distanz zwischen uns.

Eigentlich war die ganze Situation irreal. Ich weiß das, weil ich einen Großteil meines Lebens damit verbracht habe, eine Frau in der gleichen Situation zu finden, und feststellen mußte, daß es sie nicht gibt. Ich habe nie eine Frau kennengelernt, die in der Unterwäsche Mistelzweige aufhängt. Und ich war auch niemals im Nebenzimmer, während so etwas geschah ... soweit mir bekannt ist, jedenfalls.

Ich saß immer am Weihnachtstisch und wartete auf das Essen.

Um ganz ehrlich zu sein, wenn ich jetzt so an den Tag zurückdenke, der mein Leben verändert hat, weiß ich nicht genau, warum ich das Bild nicht von der Wand und mit nach Hause nahm. Schließlich konnte ich einfach nicht aufhören, daran zu denken. Zum Teufel noch mal, ich bin einundvierzig Jahre alt und denke *immer noch* daran!

Ellen Stratton ist inzwischen wahrscheinlich sechzig.

Ellen, wo du auch bist, du wirst immer einen ganz besonderen Platz in meinem Herzen einnehmen.

Früher oder später dreht sich alles um Mädchen und Sex. Aus vielerlei Quellen erfahren Jungen alles über Sex und darüber, wie Mädchen unter ihren Kleidern aussehen. Zu meiner Zeit war es Raquel Welch in »Eine Million Jahre vor unserer Zeit«, die uns in ihrem knappen Gewand aus der neuesten Höhlenmädchen-Kollektion Wesentliches zeigte. Eigentlich war vor allem das Poster informativ, der Film selbst war fürchterlich. Ann-Margret brachte uns ebenfalls einiges bei, als sie sich allein auf der Leinwand in einem engen blauen Kleid im Tanze schüttelte und »Bye, bye, Birdie« trillerte. Weitere Kenntnisse erwarben wir uns durch verstohlene Blicke in Männermagazine und durch das Badezimmerfenster auf die Collegestudentin, der meine Eltern ein Jahr ein Zimmer vermietet hatten. Außerdem sammelten wir Geschichten von den Typen, die zu wissen schienen, worum es ging.

Auch wenn sie überhaupt nichts wußten. Eine Menge Quatsch hält oft lange vor, auch heute noch.

Nach meinem sexuellen Erwachen betrachtete ich alles mit anderen Augen. Die Perspektive hatte sich verändert. Sogar die Comics sah ich jetzt anders. Plötzlich verstand ich einigermaßen, was Archie von Veronica wollte. Aber ich versuche immer noch herauszufinden, was Jughead von Reggie wollte.

Veronica hatte bei mir einen Stein im Brett. Betty hatte mehr Sex-Appeal, aber Veronica hatte Geld. Betty hätte eine bessere Ehefrau abgegeben und besser zu Archie gepaßt, aber er mochte immer die Art von Veronica lieber. Sowohl Betty als auch Veronica hatten einen tollen Busen. Ich wünschte, ich hätte Archie von meiner großartigen Entdeckung berichten können: Wenn man sich ihre Köpfe wegdenkt, haben sie denselben Körper. Schwarzes Haar mit großen Titten, blondes Haar mit großen Titten. Sehr attraktiv. Jetzt, wo ich so an Veronica denke, habe ich doch glatt einen Steifen.

Natürlich war James Bond für mich der männliche Mann schlechthin. Ich liebte seine gefährlichen Spielzeuge und den Aston Martin. Als ich schließlich auf die Mädchen aufmerksam wurde, verschmolzen die Welt der Technik und die der Frauen. James-Bond-Filme ließen meine Wünsche ansteigen wie auf einer Fieberkurve. Dekolletés, Stärke, Männlichkeit, Mut und kleine glänzende Teile, die tickten und explodierten. Diese Filme waren purer Sex, und zwar in solchem Maße, daß sie schon fast etwas Animalisches hatten. Das Playmate Ellen Stratton war eine einzelne Frau. James Bond jedoch zeigte mir, wie man eine Frau bekommt und was man dann mit ihr anstellt. Er war so unglaublich cool und elegant. Für ihn war es ganz offensichtlich ein Kinderspiel, das Kleid der schönen russischen Spionin zu öffnen, so daß ihr üppiges Fleisch lustvoll heraus-quoll. Oder sich gerade dann am Strand aufzuhalten und sich hinter einem Felsen zu verstecken, wenn Ursula Andress in ihrem Pseudobikini aus dem Wasser stieg. Das nenne ich glückliches Timing. Jahrelang dachte ich, Bonds Art und Weise, mit Frauen umzugehen, sei die einzig richtige. Das erklärt natürlich, warum ich sehr lange keine Verabredungen mit Mädchen hatte. Ich konnte sie schließlich nicht mit einem Gewehr in mein Auto lotsen. Oder kennen Sie vielleicht eine Frau namens Pussy Galore? Eine Verabredung hieß für mich, in einem Bastelladen eine Dose Goldspray kaufen.

»Erwarten Sie, daß ich rede, Goldfinger? Nein, Mr. Bond, ich erwarte, daß Sie sterben.«

Einen neuen Bond-Film gab es nur einmal im Jahr. Männermagazine lagen immer herum, meistens beim Friseur. Sie waren voll beunruhigender Bilder von vollbusigen Frauen, drapiert über die Kadaver von toten Schafen, oder von Typen mit Gewehren und Frauen mit großem Busen und zerrissenen Kleidern. Die typische Geschichte lautete ungefähr so: »Ich fraß einen Bären, nachdem ich ihn mit bloßen Händen getötet hatte.« Auf den Photos waren immer alle wütend: Der Typ war böse auf sie, sie war böse auf ihn, der Bär war böse auf alle beide. Vielleicht hatten der Bär und das Mädchen heimlich etwas miteinander und wurden dabei von dem Typen auf einer Waldlichtung überrascht – das würde zumindest erklären, warum alle sauer waren.

Es waren Geschichten für Männer, voll von wilden, unrasierten bulligen Typen mit gewaltiger Brustmuskulatur. Wenn ein Schwanz ein Mann sein könnte, würde er so aussehen. Man konnte förmlich den Sex und den Schweiß zwischen den Seiten riechen. Ich wußte natürlich nicht, was diese Typen mit den Frauen *machten*. Ich war der Meinung, sie würden nur ihre Brust an ihnen reiben.

Ich glaube, Hugh Hefner hat aus diesen Zeitschriften die Idee für den Playboy genommen. Er hat die illustrierten Macho-schundhefte gesehen und gedacht: »Ich wette, Männer würden statt Bären lieber echte nackte *Frauen* sehen. Und dafür bezahlen.«

Nach dem Genuß einer Überdosis James Bond und anderer sexueller Phantastereien kamen wir Jungens im Clubhaus mit ziemlich verrückten Ideen darüber heraus, was man mit Mädchen machte, wenn man sie erst einmal »soweit hatte« – was auch immer das bedeuten sollte.

Wir kamen zu dem Ergebnis, daß es mit dem Küssen losgehen müsse. Küssen auf die *Lippen*.

»Na ja, man küßt sie, aber nicht so, wie man seine Mutter küßt – so wie ein paar von uns –, äh, immer noch ihre Mütter küssen.« Selbst diejenigen unter uns, die das noch taten, sagten: »Nein, ich küsse sie nicht. Sie geht auf mich los, aber ich … ich ducke mich.«

Das ist eine ehrliche, wenn auch besorgniserregende Beschreibung von dem, was Männer tun. Unser ganzes Leben dreht sich um die Frage, wie man die Frauen »herumkriegt«. Haben wir sie dann soweit, ducken wir uns.

Wir hatten immer gesagt: »Mädchen, igitt.« Aber wenn sich in unserem Inneren erst einmal etwas gerührt hatte, änderte sich das für die meisten von uns sofort. Manche Jungen kommen natürlich nicht so schnell in dieses Stadium. Es gibt immer einen mit einem komischen Namen wie Augie, der sagt: »Also wirklich, Jungens, wieso reden wir denn über so was? Kommt, wir bauen ein Fort!«

Es gibt sogar erwachsene Männer, die lieber mit anderen Männern herumhängen und sich fragen, was Frauen mit den wichtigen Dingen des Lebens wie dem Geschäft und dem Krieg zu tun haben.

Schließlich sind Frauen nicht viel anders als Golf. Bei beiden enthüllt sich das Geheimnis niemals. Immer, wenn man glaubt, daß man dahintergekommen ist, fühlt man sich plötzlich wieder wie ein Anfänger. Die *Illusion* jedoch bleibt, wir könnten das Rätsel Frau eines Tages lösen.

Für uns bedeutete Küssen damals soviel wie Sex. Ich übte, indem ich meine Hand küßte. Manchmal stundenlang. Ich küßte sie im Bett. Ich stellte mir vor, ich sei ein verwundeter Soldat und eine schöne Krankenschwester sei gekommen, um nach mir zu sehen. Nachdem ich verletzt war, hatte sie schließlich keinen Grund, mir den Kuß zu verweigern. Wahrscheinlich war das eine naheliegende Fortsetzung des Kriegsspiels. Vorher war es darum gegangen, eine Verwundung zu vermeiden. Das galt zwar immer noch, aber wenn es einen zufällig getroffen hatte, war wenigstens nicht alles verloren. Ungefähr zu dieser Zeit begann es mir leid zu tun, daß sich die Mädchen nicht für »Combat« interessierten.

Ich hörte mit dem Handküssen auf, als mein Bruder mich dabei ertappte. Wir hatten ein gemeinsames Zimmer. Sogar in diesem Alter mußte man bescheiden sein.

Ich sollte an dieser Stelle klarstellen, daß ich weder damals noch zu irgendeinem anderen Zeitpunkt die Zunge in meine Hand steckte. Nein, nein und nochmals nein. Wir hatten ja gar keine Ahnung, daß es so etwas gab. Es war schon der Gedanke gräßlich genug, mit seinem Mund den Mund eines Mädchens zu berühren. Und dann kam ein Junge aus den Ferien in Europa zurück und erzählte, wie es die Franzosen machen. Wir waren drauf und dran, lieber wieder Krieg zu spielen. »Keinesfalls. Bloß nicht. Bevor ich meine Zunge in den Mund von jemandem anderen stecke, lasse ich mich lieber erschießen.«

Wie man sich doch irren kann.

Ich wüßte gern, ob es bei Frauen genauso ist. Es muß so sein. Der einzige sichtbare Unterschied bestand darin, daß sie das Küssen oft mit- und aneinander erprobten. (Ich habe in der sechsten Klasse bei unseren Ausflügen ins Planetarium scharf aufgepaßt.) Heute würde ich viel dafür geben, das noch einmal sehen zu können. Warum ist das bloß so? Es ist doch eigentlich albern, daß es Männern gefällt, wenn Frauen Frauen küssen. Ich kann mir nicht vorstellen, daß eine Frau es anregend findet, wenn sich zwei Männer küssen. Wieder einmal muß ich feststellen, daß Männer und Frauen sehr verschieden sind.

Ich glaube, da irre ich mich nicht.

Beim Handküssen kommt man schnell zu einem sehr wichtigen Punkt: Man muß sich mit dem Nasenproblem auseinandersetzen. Das ist unumgänglich. Man kann sich nicht einfach der Person nähern, die man küssen möchte. Der Standardkuß ist direkt, geradeaus, ohne Verrenkungen. Man spitzt den Mund, unvermeidlich stoßen Nasen zusammen. Der einzige Unterschied zwischen dem Kuß, den man der Mama oder der Oma, und dem, den man einem Mädchen gibt, ist der Winkel, in dem die Nase gehalten wird. Wenn man erst einmal anfängt, sich über die Plazierung der Nase Gedanken zu machen, weiß man, daß es ernst wird. Und dann bekommt man schließlich doch heraus, wie man seine eigenen Lippen mit denen eines Mädchens vereint.

In der Tat besteht die ganze sexuelle Verwirrung aus Winkeln. Als Kind erhält man viel zuviel Informationen. Du hast gerade erst die Sache mit dem Küssen begriffen, und dann sagt dir plötzlich ein älterer Junge, wo dein Penis beim Sex hinkommt. Das mit dem Kußwinkel war schon schwierig genug, da mochte man sich den Rest gar nicht erst vorstellen.

Man wußte damals mit Sicherheit, daß man keinen richtigen Sex haben wollte. Ungefähr so wie: »Ich werde nie Brokkoli essen.« Man sollte immer aufpassen, wenn man »nie« sagt. Aber zugeschüttet mit all diesen Informationen – oder besser Fehlinformationen – gaben die meisten Jungen zunächst einmal auf. Es war leichter, Fische in die Luft zu jagen.

Was nicht heißt, daß uns der Gedanke zu irgendeiner Tages- oder Nachtzeit losgelassen hätte.

Manche Jungen – und sie waren die glücklichen Naturen – gingen das Ganze direkt an. Das Wichtigste war, diesen ersten Kuß hinter sich zu bringen. Und sobald man auch nur mit einem Hauch von Selbstsicherheit küssen konnte, fragte man sich: »Und wie war das jetzt noch mal mit dem Penis?«

Mit dem Flaschendrehen wollten wir etwas über das Küssen lernen. Leider drückte sich immer einer. Sobald wir zum entscheidenden Punkt kamen, wollte irgend jemand nicht mehr mitspielen. Das ist genauso, wie wenn man sich beim Poker vor einer Wette drückt: Auf einmal macht das ganze Spiel

keinen Sinn mehr. Jeder Junge, der schon einmal die Enttäu-
schung über einen Kuß-Drückeberger erlebt hat, hat sicherlich
großen Respekt vor der ehrenwerten Tradition, zu seinen Wet-
ten zu stehen. (Oder tut man das nur, weil man weiß, daß einem
sonst die Beine gebrochen werden?)

Flaschendrehen erinnert Männer wahrscheinlich mehr als alles
andere an Kellerräume. Deswegen lieben sie sie bis zum heutigen Tag. Im Keller zu *essen* ist wirklich etwas Tolles.

Wenn ein junger Mann erst einmal erwacht ist
und ein bißchen Erfahrung gesammelt hat, wird er gefährlich.
Er will herausfinden, was er mit der Hormonsuppe anfangen
soll, die in ihm vor sich hin blubbert. Und wie kontrolliert der
junge Mann seine Fleischeslust für alles Weibliche, seinen
Wunsch, die Frau seinem Willen zu unterwerfen, so daß sie …?
Hey, hey, hey! Es ist typisch männlich, daß wir übers Ziel
hinausschießen. Kein Wunder, daß die Frauen uns bremsen.

Die meisten Jungen haben irgendein Mädchen, das ihnen ein
paar Grundbegriffe beibringt. Das heißt zu diesem Zeitpunkt
noch nicht viel: mit dem Mädchen reden, das man mag, Körperkontakt herstellen, indem man Händchen hält und Küsse
austauscht, die eigene Ungeschicklichkeit dabei verbergen.
Dieser letzte Punkt ist der wichtigste.

Am verwirrendsten ist die Entscheidung, *welches* Mädchen man
möchte.

Für die meisten Jungen gibt es drei Kategorien.

Die erste Kategorie *weiß* etwas. In ihren Augen, in ihrem Gesicht
steht etwas geschrieben, von dem man zwar nicht weiß, was es
ist, das man aber unbedingt aus erster Hand erfahren will. Daß

sie die anderen Mädchen wahnsinnig macht, bringt sie einem nur noch näher. Der Typ, der andere verrückt macht, hält etwas zurück, was sie haben wollen. Das ist das Mädchen, das schon etwas Erfahrung hat und bereit ist, weiterzumachen, um noch mehr davon zu sammeln. Sie geht gern mit dir in den Keller. Sie kommt am Samstag vorbei, um deine Familie kennenzulernen, und spielt dann mit dir im Dunklen. Es endet für sie schließlich damit, daß sie ihren Namen mit dem Beiwort »Schlampe« versehen an irgendeiner Wand stehen sieht. Es ist der Irre in dir, der sie haben will. Sie macht sich gar nicht wirklich etwas aus dir. Sie hat wahrscheinlich ein Auge auf einen Älteren geworfen, und damit sie weiß, was sie mit ihm anstellen soll, übt sie an all ihren unerfahrenen Freiwilligen. »Komm doch mal bei mir vorbei, weil ich es anfassen will.« Und wie hechelnde Hunde rennen wir hin.

In die zweite Kategorie Mädchen ist man verliebt. Sie weiß nichts von den geheimen Sehnsüchten, jedenfalls läßt sie sich nichts anmerken. Sie stellt mit Begeisterung Jubiläumskarten her, auf denen jede einzelne Woche vermerkt ist, die ihr schon zusammen seid. Man darf ihre Hand halten. Vielleicht sogar zusammen Krieg spielen. Sie gibt eine wunderbar keusche Krankenschwester ab. Leider bekommt man sie deshalb nur zu sehen, wenn Krieg ausbricht. Die Beziehung hat fast etwas Altmodisches, fast wie die von alten Leuten.

Der dritte Typ ist eine Mischung aus den beiden ersten. Sie wird tatsächlich deine Freundin. Für mich wurde unser erster Kontakt ein viel menschlicheres Erlebnis, als ich mir hätte träumen lassen.

Meine erste Freundin war wirklich sexy, aber im dunklen Keller lief nichts. Irgendwie mußte ich ihr etwas entlocken und im Gegenzug auch etwas geben. Es existierte ein unausgesprochenes Tauschsystem – eine gute frühe Lektion über Frauen und Beziehungen. Wir saßen stundenlang auf dem Sofa. Sie wartete darauf, daß ich etwas *unternahm*. Ich wartete darauf, daß sie *ja* dazu sagte. Aber damit sie hätte antworten können, hätte ich erst einmal etwas *tun müssen*. Ich dagegen konnte meinen Schachzug ja nicht ausführen, bevor sie ja gesagt hatte. Und auf keinen Fall wollte ich fragen: »Äh, entschuldige, aber darf ich dich jetzt küssen?« Das ist so uncool. Also wußte keiner von uns, wie es weitergehen sollte. Ein paar Jahre später erfuhr ich, daß ein älterer Typ dahergekommen, einmal mit ihr ausgegangen war und sie »herumgekriegt« hatte. So war es immer. Ein anderer bekam, was ich wollte. Schweinehunde. Alle miteinander.

Leider war ich bei *keinem* Mädchen je der Ältere. Und jetzt ist es wahrscheinlich zu spät dafür, wenn ich nicht vor der High School Aufstellung nehmen und fragen will: »Hey, willst du in meinem Cabriolet mitfahren?« Aber das würde ich nie tun.

Meine erste Freundin war natürlich das erste Mädchen, das ich küßte. Wir warteten eine Ewigkeit darauf, daß ihre Eltern das Haus verließen oder ins Bett gingen oder einen Herzinfarkt erlitten. Was auch immer, wenn sie nur endlich abhauten. Als es dann endlich soweit war, war der Kuß zwar voll Wärme und Feuer, aber ungeschickt und hastig. So etwas hatte ich noch nie zuvor erlebt. Gott sei Dank hatte es nichts mit einem Kuß von meiner Mutter zu tun. Eigentlich erinnerte es mich daran, wie mich mein Bruder zu Boden zwang, um mir das Gesicht abzulecken.

Nachdem es vorbei war, war ich ziemlich sicher, daß wir es nicht richtig gemacht hatten. Aber wir waren beide froh, den ersten Schritt getan zu haben. Ein kleiner Schritt für Tim, ein großer Schritt für sein Ungeheuer. Schließlich wurde es besser, und jedesmal, wenn wir auseinandergingen, wußten wir, daß der Moment nahe war, unsere Herzen schlugen wild, und ich dachte bei mir: »Wow, das ist etwas Wunderbares.«

Männer betrachten Frauen auf die gleiche Weise wie Autos. Alle schauen wir einem Ferrari nach. Ab und zu gefällt uns auch ein Pick-up, und schließlich kriegen wir alle einen Kombi: der beste Kompromiß. Bei den Frauen entspricht das der Dame im Salon und der Hure im Schlafzimmer. Männer sind ziemlich praktisch, das stimmt. Interessant ist, daß wir oft die richtige Frau sofort finden, und dann, wegen einer Spinnerei für einen Ferrari oder einen Pick-up, den Erwerb eines Kombis so lange wie möglich hinausschieben.

Entschuldigen Sie mich einen Moment, ich muß mich ducken. Verstehen Sie mich nicht falsch. Ich weiß, daß ich die Frauen hier zum Objekt mache, aber das geschieht ohne Bosheit. Ich weiß in meinem tiefsten Inneren, daß ich keine bösen Absichten dabei habe. Ich rede über alles so. Alle Männer tun das. Wir sehen uns ein Bild im Playboy an und sagen: »Holla. Gute Figur.« Wenn wir die Frau persönlich kennen, ist sie kein Objekt mehr.

Ich frage mich, ob bei den Frauen ein ähnlicher Prozeß im umgekehrter Richtung abläuft. Aufgrund unseres Erscheinungsbildes projizieren sie alle möglichen Gefühle in uns hinein, die gar nicht da sind: »Der Typ ist so und so, das weiß ich. Er will mich haben.« Dann kriegen sie uns, und wir werden zum Objekt. »Ich habe schon immer gewußt, daß er ein Holzklotz ist.«

Es lohnt sich, einmal darüber nachzudenken.

Die Gefahr liegt darin, daß die Männer, wenn sie erst einmal angefangen haben, etwas zum Objekt zu machen – Autos zum Beispiel und Spielsachen –, nicht mehr damit aufhören. Frauen sind nicht wie Autos. Nicht im entferntesten. Zwar bezeichnen wir so manches Objekt mit »sie«, das ist jedoch reines Wunschdenken. Frauen sind keine Objekte. Aber das ist unsere angeborene Art zu denken: Wir setzen Objekte zusammen, reparieren und konstruieren sie. Also war das erste, was wir von Frauen dachten, nachdem wir diese besondere Art Felsen erobert und ein paarmal gegrunzt hatten: »Das ist ein Fels, der sich bewegt« und »Wow, Junge, so fühle ich mich sonst nur, wenn ich den Buick repariere«. Könnten wir mit unseren Autos und Booten schlafen, wäre vieles einfacher. Aber wir wären dann eine kleinere Gattung.

Junge Männer können sich untereinander relativ problemlos eingestehen, daß sich bei ihnen etwas rührt. Das ist schließlich nichts, wovor man Angst haben oder weswegen man peinlich berührt sein müßte. Es sind einfach die Hormone, die die Kontrolle übernommen haben. Männer erkennen die Tatsachen an und fühlen sich, wie bei allen anderen Dingen des Lebens, gezwungen, ihre Fähigkeiten unter Beweis zu stellen. Mit anderen Worten, sie fangen an, Geschichten über Sex und ihre reichlichen Erfahrungen damit zu erfinden. Manche Typen treiben das auf die Spitze. Und wir begreifen früh, daß man sich so einen gewissen Status in der Gruppe erwirbt, indem man den größten Quatsch erzählt, ohne dabei erwischt zu werden. Manchmal wissen alle, daß es reiner Unsinn ist, und trotzdem läßt niemand den Aufschneider hochgehen. Warum? Weil man sich damit nicht wichtig machen kann, es sei denn, man wüßte etwas, was der andere nicht weiß – und dann hätte man ja *selbst* darüber geredet.

Die spektakulärsten Geschichten erzählte immer der, der gerade aus dem Ferienlager zurückgekehrt war. Wir konnten ihm keinesfalls das Gegenteil beweisen. »Im Ferienlager hat ein Mädchen, das dort geritten ist, alle rangelassen!« Wir widersprachen nicht, denn wir wollten teilhaben an dem, was geschehen war. Ich frage mich, was Frauen zueinander sagten: »So was will man doch nicht anfassen. Das stinkt.« Ich möchte gerne wissen, woher *die* ihre Informationen hatten.

Ein Junge erzählte, seine Schwester würde es immer im Keller treiben. Wieder so ein Quatsch, dachten wir. Aber es stellte sich heraus, daß es stimmte. Eines Tages brachen wir die Tür auf, schauten hinunter und wurden Zeuge, wie zwei miteinander schliefen. Das war seltsam. Es kam uns vor wie ein Verkehrsunfall. Wir waren fasziniert. Wir konnten einfach nicht die Augen davon lassen. Auch wenn sie uns gesehen hätten, hätten wir nicht wegschauen können. Wir wußten, was sie taten – aber was zum Teufel taten sie *wirklich?* Und noch dazu an einem Schultag?

Okay, man ist also seit kurzem befangen und überlegt sich, was Mädchen anzieht. Man findet Zigaretten cool. Aber man merkt schnell, daß Jungen und Mädchen ganz unterschiedliche Dinge cool finden. Und was cool für ein Mädchen ist, ist vielleicht nicht cool für das nächste. Es ist wirklich wie beim Lottospielen.

Einmal kam ein Mädchen, in das ich verliebt war, auf den Baseballplatz, wo ich mit einer Horde Typen eine Zigarette rauchte. Wir rauchten, weil wir das einfach cool fanden. Ich war sehr aufgeregt, sie zu sehen. Das erste, was sie sagte, war: »Ich habe immer gedacht, du wärst so nett, aber du *rauchst* ja.« Ich dachte bei mir, Mensch, das hast du aber ganz schön verpatzt. Dann konterte ich brillant, indem ich unbeteiligt tat, weil ich nicht wollte, daß meine Freunde herausfanden, daß ich ihr gerade ein Geschenk zum Valentinstag gemacht hatte. In Wirklichkeit hatte ich es ihrer Mutter gegeben, aber auch nur deswegen, weil sie die Tür geöffnet hatte, bevor ich wegrennen konnte. Ich hatte die Gewohnheit angenommen, Sachen auf die Treppe zu legen, auf den Klingelknopf zu drücken und dann wegzulaufen. Sie kennen ja diese Klingelpartien an den Haustüren. Manchmal hinterließen wir Säcke voll brennender Hundescheiße, die irgendein armer Typ dann austreten mußte. Natürlich verschlimmerte sie alles, indem sie sagte: »Ich wollte dir gerade für dein Valentinsgeschenk danken, und jetzt rauchst du so eine blöde Zigarette.«

Sofort drückte ich sie aus. Ich war schließlich in sie verliebt.

So nervös sie das auch macht, Jungen wollen trotzdem, daß die Mädchen auf sie aufmerksam werden. Das Problem ist, wie man dabei vorgehen soll. Mädchen wollen von Jungen hören: »Du siehst heute hübsch aus.« Man selbst will – indirekt – sagen: »Du hast hübsche Titten.« Mädchen möchten hören, daß man sie achtet und daß sie einem gefallen. Man selbst will von ihnen hören, daß sie gerne mit einem schlafen würden. Und mit niemandem anderen. Niemals. Man will hören, daß sie der jungenhafte Charme, das brillantineglänzende Haar und Vaters Kölnisch Wasser anmacht. Frauen möchten hören, daß sie hübsch und feminin sind und daß man sie schätzt, während man selbst lediglich die Antwort auf die Frage hören will: »Möchtest du meinen Penis anfassen?«

Ich erinnere mich daran, daß alle Mädchen über Robert Redford redeten und jeder Satz über ihn anfing mit: »Oh, mein Gott …«

Bis zum heutigen Tag wünsche ich mir, ähnliche Dinge über mich sagen zu hören. »Tim bringt mich dazu, daß ich …« – »Ich bin so hingezogen zu seinem …« – »Bei Tim ist es, als ob ich flöge …«

Aber immer höre ich nur Dinge wie: »In diesem Hemd siehst du aber nett aus, Tim.« Woraufhin ich mir dann überlege:

»Schön und gut, aber willst du mich deshalb auch?« Vielleicht wollten sie das tatsächlich sagen, aber wir sprachen einfach nicht die gleiche Sprache.

Und daran hat sich nichts geändert. Wie sonst könnte man sich erklären, daß die Buchhandlungen voll sind mit Anleitungen, wie Männer und Frauen besser miteinander kommunizieren können? Es sollte ein Mann-Frau-Wörterbuch geben, ebenso wie es englisch-französische Wörterbücher gibt. Männer sagen: »Du hast einen schönen Busen.« Und meinen damit: »Du hast eine gute Figur und bist hübsch. Wir sehen nicht nur deine Brüste oder jedenfalls nur einen oder zwei Augenblicke lang.« Frauen wollen hören: »Du bist schön.« Manche Männer wissen, wie man das macht. Sie erlernen den kleinen Trick. Wenn jemand mir das beibringen möchte, kann er sich bei mir melden.

Von Bernie Broder erfuhr ich alles über Sex. Er war älter als wir, aber er hielt uns nicht zum Narren, er hatte eher Mitleid mit uns Jüngeren, weil er schließlich einmal in der gleichen Situation gewesen war. Er war unser Mentor, der sich mit uns verbündete und dem Fragen zu stellen wir uns nicht scheuten.

Eines Tages nahm er fünf von uns mit hinunter in den Obstkeller meines Vaters und fummelte wiederholt an uns herum. Nein, er nahm uns mit in den Keller, und wir fragten ihn geradeheraus: »Wie schläft man mit einer Frau?« Wir wollten nicht kichern und herumalbern, wir wollten es genau wissen.

Wenn man bei den Aufklärungsfilmen dachte, man bekäme endlich etwas wirklich Informatives zu sehen, zeigten sie plötzlich einen Samen in einer Art Weltall, der eifrig einem Ei nachpaddelte. In welcher Galaxie spielte sich das wohl ab? Wenn ich so darüber nachdenke, war das die klassisch-komische Form von Irreführung. Sie erregten erst deine Aufmerksamkeit und gingen dann von den Bildern sehr schnell zu den wissenschaftlichen Daten über, weil *sie* sich auch nicht damit befassen wollten. Kein Mensch schien enthüllen zu wollen, was wirklich vor sich ging.

Wir fünf hörten zu, während Bernie auf seine unverblümte Art unsere Frage beantwortete: »Der Mann legt sich auf das Mädchen und steckt seinen Penis zwischen ihre Beine in ihre Vagina.« Wieder einmal war das zuviel Information auf einmal. Die Sache mit den Zungenküssen war schon genug gewesen. Meine Gedanken überschlugen sich. Wie wäre es mit einem kleinen Kriegsspiel? Hat jemand Lust? Wäre es nicht Zeit, nach draußen zu gehen und ein paar Ameisen mit einem Vergrößerungsglas zu quälen?

»Halt, jetzt wart mal. Man legt sich auf sie?«

»Nein, nein, nein«, sagte Bernie. »Du spreizt nicht die Beine.« Ich kann mich nicht mehr erinnern, wie wir uns das vorstellten: sich an Frauen reiben, sie küssen. Hätten wir es wirklich nach unserer damaligen Vorstellung gemacht, würden wir heute in fünfzig Staaten eingelocht werden.

Schließlich wurde mir klar, daß es völlig egal war, was ich dachte. Wenn dein Schniedelwutz beschließt, daß der Zeitpunkt gekommen ist, wird er es dir mitteilen. Zu der Zeit war der Schniedelwutz ein so brutales Tier, daß man nicht mit ihm kommunizieren konnte.

Später fanden wir heraus, daß Bernie mit Ellen Stratton ging und sie schließlich heiratete. Sie bezogen das Haus neben Tommy Rodriguez und seiner Familie. Sie erinnern sich an Tommy? Er war in der achten Klasse, hatte eine Familie und arbeitete nachts in einer Fabrik. Fuhr mit dem Auto zur Schule.

Ich glaube, er war vierzig; er kam nur zur High-School, weil er gern duschte.

Ich *wußte* ja, daß diese Menschen, die Sex hatten, alle miteinander in Verbindung standen.

Das Eddie-Haskell-Syndrom

Typen bekommen niemals Mädchen, wenn sie sie wirklich brauchen. Wäre es anders, gerieten sie nicht in Schwierigkeiten.

Die Schwierigkeiten entstehen für die meisten jungen Männer aus unerfüllten Sehnsüchten heraus. Die Sache ist in Gang gekommen. Testosterone powern den Körper auf. Man hat sich in Schale geschmissen, aber wo findet die Party statt? Man hat keinen Job, hat nichts zu tun, der Erwartungsdruck in der Gruppe steigt und steigt, und man ist *immer noch* zu jung für die Mädchen in seinem Alter.

Also bekommt man Probleme. Wieder gibt es neue Grenzen zu erforschen, aber alles ist ganz anders als damals, als man kleiner war. Jetzt ist man mit echter Feindseligkeit, Verwirrung und Unsicherheit konfrontiert. Und die Mama kann es nicht mehr in Ordnung bringen. Sogar die Jungenclique fällt auseinander. Ein Freund trinkt zuviel und bekommt Ärger mit seiner Familie. Der Typ, der auf der anderen Seite der Straße wohnt, kann nicht mehr mit einem herumhängen, weil er sauer auf einen ist. Da fängt man an, ein einsamer Wolf zu werden, und hat Schwierigkeiten, Autorität zu respektieren.

Um mit dem Streß zurechtzukommen, entwickelten ein paar von uns eine gespaltene Persönlichkeit: halb Bilderbuchbürger, halb Rowdy.

Mit anderen Worten, wir wurden zu Eddie Haskells.*

Ich war ein Eddie Haskell. Für die Eltern meiner Freunde war

* Ein bekannter Comedian. *(Anm. d. Ü.)*

ich der Bilderbuchjunge, den sie gerne gehabt hätten. Im Vergleich zu mir machte ihre eigene Brut einen armseligen Eindruck.

»Sie sehen heute aber hübsch aus, Mrs. Cleaver. Das ist ein interessantes Werkzeug, Mr. Cleaver.«

Wenn ich mit einem dieser Jungen verreiste, schrieben später seine Eltern meinen Eltern Briefe wie: »Liebe Frau Pimmel, Tim ist einfach entzückend. Er macht sein Bett und räumt selbständig auf. Er ist uns immer willkommen.«

Aber wenn die Familie meiner Freunde weg war, wurde ich Tim, der Anstifter, der die gleichen Jungen dazu zwang, Bier zu kaufen.

»Okay, Beav, ungefähr um zehn kommen sie zurück. Verschaff mir ein Gewehr und braunen Alkohol und sieh zu, ob du zwei leichte Mädchen finden kannst. Was auch immer das sein mag.«

Es gibt viele Arten, in Schwierigkeiten zu geraten. In der Schule durften wir nicht auf dem Knabenklo rauchen. Ein Verbot ist eine Vorschrift, die gebrochen wird. Ich hätte sowieso lieber auf dem Mädchenklo geraucht. (Zurückblickend hätte ich eigentlich am liebsten überhaupt nicht geraucht. Rauchen ist nicht gut für die Gesundheit. Aber das wissen Sie ja alle.)

Wir prügelten uns auch. Manuel Lopadeca war immer mit jemandem »im Ring«. Sobald er wieder auf irgendeinen armen Typen wütend geworden war, verbreitete sich die Nachricht in der ganzen Schule. Um drei Uhr nachmittags, wenn der Unterricht vorbei war, versammelten wir uns hinter der Turnhalle. Schließlich umkreisten sich Manuel und sein neuestes Opfer. *Peng!* Ein paar Schläge ins Gesicht, ein bißchen Blut. Es war eine Katharsis. Mit Prügeleien konnte man unverbrauchte sexuelle Energie umleiten. Zumindest hatte man dabei Körperkontakt. So konnte man auf gesündere Art Aggressionen loswerden als bei den heute üblichen Messerstechereien und Schießereien aus dem fahrenden Auto.

Ich prügelte mich nur mit meinen Brüdern, außer einmal, als ich mich mit Bob Stirwood kloppte. Weil er meinen Bruder geschlagen hatte, zwang ich ihn, sich in einen Ameisenhaufen zu setzen. Das ist kreative Vergeltung. Und dann kam *sein* Bruder dazu und jagte mich auf einen Baum.

Heutzutage verstümmeln die Jungens einander, weil einer geringschätzig über die Tennisschuhe des anderen gesprochen hat. Können wir nicht wieder auf die Faustkämpfe zurückkommen, bei denen man nur Leute schlägt, die man liebt?

Manchmal waren unsere Übeltaten vorausgeplant.

Einer meiner besten Freunde griff ständig einen anderen Jungen aus unserem Naturwissenschaftsunterricht wegen seines, äh … Gemächts an. Er sagte: »Jim Kerwin hat einen kahlen Schwengel.« Er sagte es sehr laut und sehr oft, weil sich dieser Junge leicht einschüchtern ließ. Und außerdem stimmte es. Wir hatten ihn schon unter der Dusche gesehen. Das glatte Gegenteil von Tommy Rodriguez. Wahrscheinlich verbrachte er seine Freizeit damit, verzweifelt die Werbeanzeigen für Haarwuchsmittel zu durchforsten. So funktioniert das aber nicht. Man kann diese körperliche Verwandlung nur geduldig abwarten und darf keine Angst haben, daß es das schon gewesen sein könnte.

Es war nicht Jim Kerwins Schuld, daß bei ihm kein Haar sproß, aber mein Freund Gus war fest entschlossen, Kerwins Handikap mit einem Anschlag an einer massiven Betonsäule vor dem Physiksaal allgemein bekannt zu machen. »Das ist wirkungsvoller, als wenn ich es immer wieder sagen muß«, sprach er.

Und er wettete mit mir um zwanzig Dollar, daß ich es nicht machen würde.

»Ich werde es nicht nur auf die Säule schreiben, ich werde es sogar darauf *malen*«, sagte ich, unfähig, dieser Herausforderung zu widerstehen. Ich ging ins Schreibwarengeschäft und kaufte eine Schablone und schwarze Sprühfarbe. In jener Nacht malte ich unter einem heftigen Adrenalinschub ein perfektes Rechteck auf die Säule. Dann schrieb ich mit Hilfe der Schablone sorgfältig in metallischer Goldschrift:

»JIM KERWIN HAT EINEN
KAHLEN SCHWAENGEL.«

Es sah aus, als sei ein Profischildermaler am Werk gewesen.

Gus sah es und sagte: »Schwengel schreibt man nicht S-C-H-W-AE-N-G-E-L.« Aber er gab mir trotzdem die zwanzig Dollar. Danach hatte ich deswegen wahrhaftig ein schlechtes Gewissen, und Mitleid überwältigte mich. Nicht mit dem kleinen Jim Kerwin und seinem Wasserhähnchen, sondern mit dem Hausmeister, der den ganzen nächsten Tag damit verbrachte, die Säule sauberzuschrubben – und dabei ein Kunstwerk zu vernichten, wie ich hinzufügen möchte. Den Typ hatte ich schon immer bewundert, weil er seine Arbeit so ernst nahm. Jetzt fühlte ich mich erbärmlich, weil er diese schwere Farbschicht nicht abbekommen würde, egal, wie fest er auch schrubbte. Außerdem wurde mir klar, daß ich vielleicht eine künstlerische Laufbahn einschlagen sollte, nachdem ich zum Vandalen nicht geboren war.

Schließlich mußte man den ganzen Schulflügel neu erbauen,

nur um sich des Denkmals unserer Genialität zu entledigen. Bis zum heutigen Tag sind wir die einzigen, die Bescheid wissen. Eigentlich bin jetzt nur noch ich allein übrig.

Ich mußte Gus umbringen.

Unter anderem sind solche Probleme eine großartige Möglichkeit, das Verhältnis zur Polizei zu vertiefen. Das stimmt! In sieben einfachen Lektionen können auch Sie lernen, blumige Sätze zu bilden wie:

»Verdammt, das ist die Polizei.«

»Aufhören, es ist ein Bulle.«

»Still, da kommt jemand.«

Und, wenn es noch nicht Mitternacht ist, den beliebten Satz:

»Das war ich nicht, Herr Kommissar. Ich war zu Hause und habe mir das Fernsehgericht angeschaut.«

Für einen Übeltäter ist es das Schlimmste, geschnappt zu werden. Der Nervenkitzel liegt nämlich nicht sosehr in der Tat selbst, sondern darin, sich nicht dabei erwischen zu lassen. Etwas anzustellen ist ein Katz-und-Maus-Spiel, ein Guerilla-Kampf, anders als das Soldatenspielen, wo man sich in Reihen aufstellt, ins gegnerische Feuer vorwärtsmarschiert und dann brav umfällt.

Noch im Erwachsenenalter ist es für Männer das wichtigste, nicht erwischt zu werden. Deshalb lernen sie zu lügen – obwohl wir es lieber »verarschen« nennen.

»Wer hat das auf dem Waschbecken gelassen?«

»Ich nicht.«

Aber außer euch beiden ist niemand im Haus, und sie weiß genau, daß sie es *nicht* war. So etwas besitzt sie gar nicht.

»Wer hat gefurzt?«

Dieselbe Situation. Aber irgendwie befriedigt es einen zutiefst, es nicht zuzugeben.

Du denkst: »Sie hat mich nicht erwischt.«

Ach ja? Denken Sie doch noch einmal darüber nach.

Dinge, die man Frauen gegenüber nicht zugibt, würde man sofort vor der Nase eines anderen Mannes tun.

Fragen Sie mich nicht, warum, aber es ist ein Zeichen der Bewunderung, ein Symbol der Freundschaft.

Wenn man einem anderen Mann gegenüber etwas abstreitet, kauft er es einem nicht ab. Man kennt sich schließlich. Deswegen machen wir auch kein Aufheben davon, daß wir andere Männer ständig anlügen. Wir befinden uns in der Gesellschaft von Dieben. Das wird von uns erwartet. Lügen, lügen, lügen, lügen, lügen, lügen.

Männer erzählen sogar Lügen übers Lügen. Ich bin ein mathematischer Lügner: Sie wissen schon, aus zwei Lügen wird die Wahrheit. Ein Typ lügt zweimal hintereinander und denkt, das summiert sich zur Ehrlichkeit.

Heute weiß ich, daß ich wegen nichts und wieder nichts lüge. Ich belüge mich sogar selbst. Das wird wirklich allmählich furchterregend.

Und ich belüge *Sie*, und Sie merken es nicht einmal!

Oder doch? Sagen Sie mir die Wahrheit!

Es gibt viele Arten, in Schwierigkeiten zu geraten. Vorgewarnt zu sein heißt, besser dagegen gewappnet zu sein.

EIERN: Man wirft ein Ei auf ein Auto und verursacht dadurch eine große Delle. Bleibt das Ei dort lange genug kleben, ruiniert es den Lack. Man bekommt es also nie mehr ab. In unserer Kindheit hatten wir eine Eiernacht pro Jahr.

Glücklicherweise meinte bei den Elternbeiratssitzungen immer jemand: »Es sind doch nur Kinder. Laßt sie in Ruhe.« Ich glaube, ihm gehörte das Lebensmittelgeschäft. »Außerdem können Sie Ihren Kindern sagen, daß ich Birnen habe, die ich nicht loskriege, sie verrotten. Vielleicht sollten sie eine Obstnacht veranstalten.«

»PAPA, KANN ICH DIE AUTOSCHLÜSSEL HABEN?«: Wir sprechen hier nicht von ernsthaftem Diebstahl. Nur von solchen Kindereien wie das Auto der Eltern zu nehmen, bevor man sechzehn ist, ohne sie vorher zu fragen. Natürlich habe ich das nie gemacht – soweit meine Eltern wissen. Aber unter uns gesagt, habe ich ihr Auto *doch* einmal um den Block gefahren, und dabei hat mein Herz so schnell und so heftig geklopft, daß ich dachte, es würde mir aus der Brust springen und die Windschutzscheibe durchschlagen. Ich konnte nur noch daran denken und flippte beinahe aus. Wenn es mir plötzlich aus der Brust spränge, würde ich wahrscheinlich nach unten sehen und versuchen, es wieder hineinzustopfen. Und während ich hinunterschaute, würde wahrscheinlich eine Nachbarin, die gerade ihren Pudel ausführte, beschließen, über die Straße zu gehen, ich würde aufblicken – oh, mein Gott –, und würde ihr mit der Geschicklichkeit eines Rennfahrers gerade noch ausweichen können und statt dessen genau gegen einen Baum fahren. Ich raste im Leerlauf zurück nach Hause und verbrachte den Rest des Tages damit, mich wieder zu erholen.

Ein Typ, den ich kannte, fuhr doch tatsächlich mit dem Auto seiner Eltern auf Partys. Wir gingen aus, tranken und rasten mit neunzig Meilen in der Stunde mit dem Mercury-Marquis-Kombi seiner Mutter herum. Seine Eltern waren beim Essen und dachten, das Auto sei in der Garage. Rechtzeitig bevor sie nach Hause kamen, waren wir auch wieder zurück, schlossen die

Garagentür und flitzten ins Haus. Das Auto knisterte noch, und wir saßen zu sechst im Wohnzimmer, als die Eltern hereinkamen.

Sie sagten: »Na, was habt ihr Jungens denn so gemacht?«

»Oh, nichts.«

»Wollt ihr sagen, ihr seid den ganzen Abend so in euren Mänteln hier rumgesessen?«

»Es ist kalt.«

DONUTS: Wenn man mit dem »geborgten« Auto seiner Eltern unterwegs ist, ist es sehr lustig, Donuts zu machen. Hier das Rezept: Man fährt mit dem Auto auf einen frisch gemähten Rasen, schlägt das Lenkrad so weit es geht ein und hält es in dieser Position fest. In ganz kurzer Zeit hat man riesige Donuts! Durch die ständige Drehbewegung wird aus der herrlichen Mischung aus Gras und Dreck ein großartiges Bukett.

Das macht den Hausbesitzer verrückt. Also wartet man, bis der Ärmste den Schaden beseitigt hat und macht es noch einmal.

Gelegentlich legt ein zorniger Hausbesitzer kleine Fallen aus – scharfe, gutplazierte Steine – und hofft, daß man beim Kreisen auf einen davon auffährt und dabei der Reifen platzt. (Wie will man das seinen Eltern erklären?)

Das funktioniert aber nicht, denn wenn einem jemand das Recht streitig machen will, böse zu sein, findet man gleich einen Weg, noch schlimmer zu werden.

Die ausgleichende Gerechtigkeit kommt immer. Ich weiß das. Ich bin jetzt nämlich selbst Hausbesitzer.

SILBERBESTECK: Manche Typen sind wirklich erstaunlich. Ich kenne einen, der mit Taschen voll Silberbesteck in die Schule kam. Mit dem Silberbesteck anderer Leute. Im Kunstunterricht schaltete er den Schmelzofen an, warf das Erbgut handvollweise hinein und schmolz es zu Barren.

Dem Lehrer erzählte er, er sei mit Bildhauerei beschäftigt.

Was bedeutete, daß er seine Initialen in die Barren eingravierte, die er dann mit in sein Clubhaus nahm. (Ein Haus im englischen Tudorstil mit sechs Zimmern und fünf Bädern.)

Heute hat dieser Typ großen Ärger. Er brach in Häuser ein, um das Silber zu stehlen – ein schlechtes Vorzeichen, wenn man bedenkt, daß er erst in der Unterstufe war. Aber mir gefiel seine Motivation. Er hatte schon frühzeitig erkannt, daß es für ein erfolgreiches Leben wichtig ist, sich Ziele zu setzen. Und sei es hinter Gittern.

Ob Mädchen wohl auch in Schwierigkeiten geraten? Ich glaube nicht. Ich habe mich erkundigt.

Mädchen machen häufig so unnütze Sachen wie Lernen. Oder sie besuchen Veranstaltungen nach der Schule, um ihre sozialen Fähigkeiten zu fördern. Fähigkeiten, die sie nicht auf die wichtigen Dinge des Lebens vorbereiten, wie zum Beispiel Klopapier im und ums Haus herum zu verstreuen. Ich frage mich, was ihnen das bringt.

Klar, ein paar Mädchen liefen den verrufenen Typen nach, was ein weiterer guter Grund dafür war, etwas anzustellen: Als Junge lernt man schon früh, daß ein Mädchen nicht ohne Auto und/oder Vorstrafe zu kriegen ist. Ein guter Notendurchschnitt und die genaue Kenntnis von *King Lear* können sich nicht mit dem Motorradfahren messen. Wenn die Eltern eines Mädchens sagten: »Den Tim mag ich nicht; der fährt immer mit diesem Motorrad herum«, wußte man schon, daß man eine Chance hatte. Aber meistens beschränken sich die Mädchen auf Kleinigkeiten, wenn sie überhaupt Unfug machen.

Sie stehlen Zigaretten, klauen Lippenstift und Ohrringe im Warenhaus, schwänzen die Schule, um dann mit den Jungen vom

College herumzuhängen und *deren* Zigaretten zu rauchen. Nähen den Saum ihrer Kleider superkurz, verstecken sie in ihren Handtaschen und ziehen sie dann heimlich in der Schule für den Schulball an.

Und das höchste der Gefühle: Sie lesen nachts Liebesromane unter der Bettdecke.

Lesen?

Aber was lesen sie schon Großartiges? »Die Begegnung von Nancy Drew und Berry Broder«?

Folgendes Beispiel illustriert den großen Unterschied zwischen Männern und Frauen in dem Alter, in dem alle nach Taten lechzen.

Man nehme zwei gleich ausgestattete 86er-Roadrunner mit der 440er-Magnum – ach, warum nicht gleich ein Hemi mit der Schmuckkarosserie –, Vinyldach, Rallyereifen mit den entsprechenden Felgen und dem Luftansaugsystem. In den einen setzt man vier Mädchen, in den anderen vier Typen. Beide schickt man los, um ein Sechserpack Bier zu holen, und sagt ihnen, sie sollen um Mitternacht zurück sein.

Die Mädchen werden wahrscheinlich schon um elf Uhr zurück sein. Ein Bier ist halb leer und die Dose am Rand lippenstiftverschmiert. Das Auto ist sauberer als zuvor und riecht nach einer Mischung aus Chanel Nr. 5 und Tratsch. Alle schwatzen glücklich vor sich hin und schmieden Pläne für ein baldiges gemeinsames Essen.

Bei den Jungen ist es so: Wenn sie überhaupt zurückkommen, fehlt einer, überall ist Blut, und niemand spricht. Das Bier ist weg, ein zweites Sechserpack ist ebenfalls leer, auf dem Rück-

sitz liegen Schnapsflaschen, auf dem Boden leere Patronenhül-
sen, an den Fensterscheiben sind die Abdrücke von Zigaretten-
kippen zu sehen, ein Reifen ist platt, eine Stoßstange ist einge-
drückt, der Auspuff hängt herunter, und ein riesiges Tier liegt
auf dem Kühler.

Zwei Welten.

Manche Jugendliche gehen zu weit und geraten
dann eines Tages in ernsthafte Schwierigkeiten.

Man sitzt bei ihnen im Auto, und während sie auf den Parkplatz
eines Supermarktes fahren, wird einem klar, daß man im falschen Auto sitzt. Sie langweilen sich und suchen Stunk. Wenn
schon keine Frauen da sind, muß es wenigstens Action geben.
Und es ist keinesfalls »Action«, im Einkaufszentrum herumzu-
laufen. Diese Situation kann zu Fehlentscheidungen führen.

Klauereien waren nichts für mich. Mit diesen Typen gab ich
mich nicht mehr ab, sondern steckte mir meine eigenen Ziele.
Drogenhandel zum Beispiel.

Ich scherze nicht. Es steht in den Akten. Und schließlich landete
ich deswegen im Gefängnis. Niemand geht gerne ins Gefängnis.
Es beraubt einen auf eine Art und Weise seiner Freiheit, die sich
nur vorstellen kann, wer es selbst erlebt hat. Wer da behauptet,
Gefängnis sei toll, und es sei ein leichtes, es hinter sich zu
bringen, der möge mir bitte erklären, wieso alle sofort wegliefen,
wenn man die Türen öffnete. Hat man seine Freiheit einmal
verloren, will man sie in Zukunft auf alle Fälle bewahren. Das
Gefängnis war das Beste und gleichzeitig das Schlimmste, was
mir jemals passiert ist. Es lehrte mich sehr entschieden, für meine
Taten die Verantwortung zu übernehmen.

Leichten Herzens über das Gefängnis zu sprechen, ist selbst dann schwer, wenn man es, so wie ich, überstanden hat. Trotzdem fühle ich mich ein bißchen wie Audi Murphy, der mit einer Menge Geschichten aus dem Krieg zurückkehrte.

Auch heute ist es für die Leute immer noch ein großer Schock, wenn sie hören, daß ich hinter Gittern war. Sie sagen: »Das paßt doch gar nicht zu dir.«

Doch, es paßte zu mir. Halb Bilderbuchbürger, halb Rowdy. Und außerdem gab es dort, wo ich hinkam, noch jede Menge anderer Eddie Haskells.

Das Gefängnis ist voll von Typen, deren innerer Verrückter frei herumläuft. Und dieser Verrückte ist endlich da, wo er hin wollte, an einem Ort nämlich, wo man mit Verrücktheit weiterkommt. Je verrückter man ist, desto besser versteht man sich mit den anderen Verrückten. Der Ort ist deshalb so ideal für Irre, weil es schließlich der Irre in einem selbst war, der einen dorthin gebracht hat.

Im Unterschied zu dem Irren, der draußen lebt, kommt der Irre, der im Gefängnis die Zeit totschlägt, wirklich zu Wort. Er sagt: »Ich war es nicht.« Oder: »Wenn ich noch einmal die Gelegenheit hätte, dasselbe zu tun, würde ich mich bestimmt nicht dabei erwischen lassen.« Der Irre streitet immer alles ab, weil er niemals auch nur die geringste eigene Verantwortung einräumt.

»Der andere war es.«

»Wenn ihr mir von Anfang an vertraut hättet, hätte ich sie alle beide ohne Einschränkung erschossen. Und dann hätte ich die Bank niedergebrannt.«

Ein Typ, dem ich begegnete, stritt doch tatsächlich ab, die Bank ausgeraubt zu haben, obwohl man ihn mit einer Skimütze als Maske auf dem Kopf und einem Gewehr in der Hand vor dem Kassenschalter vorgefunden hatte. Ich fragte: »Warum warst du denn dann in der Bank?«

»Daran kann ich mich nicht erinnern. Ich weiß nicht, warum ich hineingegangen bin.«

»Aber du hattest doch eine Skimütze übers Gesicht gezogen!«

»Es war kalt!«

»Du hattest eine Schrotflinte in der Hand und eine Maske auf dem Kopf! Mit welcher Reaktion hast du denn gerechnet, als du diese Bank betreten hast?«

»Ich habe jedenfalls nicht geglaubt, daß sie sich alle wie die Wahnsinnigen auf mich stürzen würden!«

Wie ich schon sagte, ist das Gefängnis für den Irren ein idealer Ort. Was mich betrifft, so muß doch einmal klar und deutlich gesagt werden: Ich habe gar nichts angestellt. Ich war nicht einmal anwesend, als mich die Bullen verhaftet haben. Ich war zu Hause und habe das »Fernsehgericht« angeschaut. Man hat mich hereingelegt! Ich war es nicht!

Und ich gehörte zu denen, die mir tatsächlich glaubten.

Der einzige noch passendere Ort für Irre ist die Armee, weil die Typen (Irre?) dort sogar freiwillig hingehen und »ja« sagen. Aber beim Militär kriegt man natürlich am Wochenende Ausgang und kann sich mit Frauen treffen.

In einem Männergefängnis gibt es keine Frauen – und nichts unter der Sonne ist damit vergleichbar. Man kann Männern einfach nicht die Frauen entziehen. Das ist verheerend. Dafür gibt es keinen Ausgleich. Innerhalb dieser Mauern sieht man in den Augen dieser Männer eine solche Trauer, daß es erbarmungswürdig ist. Die Einsamkeit und der Zorn, die daraus sprachen, waren unbeschreiblich.

Mein Humor in bezug auf das Gefängnis setzte schon in der Arrestzelle ein. Das war für das Überleben unabdingbar.

Nach einem sechsstündigen Verhör durch Bullen, die zu viele Bullenfilme im Fernsehen gesehen hatten, war die Arrestzelle zuerst eine Erleichterung, dann ein schmerzliches Erlebnis. Aber so schlimm es dort auch war, es war erst ein Vorgeschmack von dem, was noch kommen sollte.

Wir waren zu zehnt in der Zelle. Die Toilette befand sich in der Mitte des Raumes. Ich weiß noch, daß ich den Lokus anschaute, dann die Zellendecke, dann wieder den Lokus, und dann all die Typen, die da um mich herum waren. Ich wollte sofort wieder weg. Wirklich.

Es stank furchtbar in diesem Raum, wirklich niederschmetternd. Mein einziger Gedanke war, daß ich an Fäkalvergiftung sterben würde. Ich wußte genau, daß ich nicht auf den Lokus würde gehen können. Ich meine, man kann doch nicht kacken, wenn zehn andere im gleichen Raum sind und einem zusehen. Pinkeln schon, aber das andere? Auf keinen Fall. An seinen Furzgeräuschen und anderen privaten Gerüchen sollte man andere nicht teilhaben lassen.

Nachdem es bei der Verdauung aber nun einmal so kommt, wie es kommen muß – mußte es irgendwie heraus. Zögernd ging ich auf den Lokus zu. Ich wandte mich wieder ab und ging zurück zu meinem Platz, aber ich wußte, es würde nichts nützen. Es mußte sein. Ich setzte mich, und plötzlich kamen alle Männer auf mich zu. Ich geriet in Panik.

Ich mußte nicht. Das verblüfft mich immer noch.

Die Männer bildeten mit dem Rücken zu mir ein Hufeisen um mich herum. Weil sie auch Männer waren. Daß sie nicht bloß

Verlierer waren wie ich, sondern *Männer*, und daß sie das taten, damit man für sich sein und von außen keiner hineinschauen konnte, war ein großartiges Erlebnis.

Bei der Gelegenheit bekam ich auch zehn bemerkenswert hübsche Hintern zu Gesicht.

Das Schlimmste war jedoch, daß ich noch etwa sechs Monate nach meiner Entlassung nicht kacken konnte, wenn nicht zehn andere Typen mit mir im Raum waren.

Die wahre Strafe im Gefängnis ist aber wie gesagt die Abwesenheit von Frauen. Das Testosteron findet keinen Ausweg – und angesichts der schmerzlichen Erinnerung, wohin es eigentlich gehört, waren die Ausbrüche sehr heftig. Diese Heftigkeit ist ganz anders als im richtigen Leben, weil das richtige Leben von Berührungen und Gefühlen bestimmt ist. Die Berührungen und Gefühle im Gefängnis – der Sex unter Männern, der ziemlich verbreitet war – waren nicht nach meinem Geschmack. Aber es gab auch noch etwas anderes. Ich kann mich an einen Typen erinnern, der mir während einer Unterhaltung die Hand auf die Schulter legte. Er war nicht schwul, aber ich lehnte mich trotzdem an ihn, weil es schon viel bedeutete, von jemandem auch nur angefaßt zu werden.

Wenn man ein einziges falsches Wort zu einem anderen sagte, konnte es geschehen, daß dieser einen umbringen wollte. Im wahrsten Sinn des Wortes.

Einmal beleidigte ich einen Typen, ohne es zu wollen. Wir gehörten dem Toastmaster-Club an, der den Gefangenen helfen sollte, sich ordentlich auszudrücken und ihre Talente zu entfalten. Der andere war der scheidende Präsident und ich sein Nachfolger. Für die Herren, die immer noch im Club sind, möchte ich hinzufügen, daß ich nie meine Präsidentennadel bekommen habe. Könnten wir dies bitte regeln?

Der scheidende Präsident hatte mir einen Schal gestrickt, den ich meiner Frau zu Weihnachten schenken sollte. Inzwischen ist das natürlich eine der Lieblingsgeschichten meiner Frau: Ich habe diesen Schal von einem Typen bekommen, der ein Mörder und Vergewaltiger hätte sein können. Es machte mir nichts aus, daß er ihn über ein Jahr lang mit seinen bloßen Händen gestrickt hatte. Und ich dachte damals, das sei ungeheuer aufregend.

Bei seiner Verabschiedungsfeier gab es Braten, und ich glaube, ich habe ihn *wirklich* schmoren lassen. Stunden später kam er in meine Zelle und sagte: »Ich bin nicht hier, weil ich ein angepaßter Mensch bin. Ich bin ein schlecht angepaßter Mann. In der Tat habe ich ein großes Problem: meine völlige Unfähigkeit, Kritik zu ertragen oder mich unterbuttern zu lassen. Und du hast mich untergebuttert. Und dafür mußt du bezahlen.«

Man konnte mich bis ins Wärterbüro schlucken hören. Im Bruchteil einer Sekunde hatte er mich gegen die Wand gedrängt. Mir wurde klar, daß ich sterben würde – und dann platzte eine Blase genau über seinem Kopf.

Wenn man in großen Schwierigkeiten steckt, kriegt man einen sehr seltsamen, verzerrten Gesichtsausdruck – so, als hätte man gerade sauer gerülpst. Wenn mein Bruder von meinem Vater verhaut werden sollte oder etwas sehr Schlimmes angestellt hatte, war das Lustigste dieser Blick. Einmal rutschte ich aus und fiel hin, als ich mit meinem Bruder beim Bergsteigen war. Und er ließ mich rutschen. Später, als ich mir den Schmutz abwischte, fragte ich: »Und was sollte das jetzt bedeuten?«

Er brüllte vor Lachen. »Dein Gesichtsausdruck, als du von dem Felsen gerutscht bist, war einfach zum Totlachen!«

In dem Augenblick also, als ich verprügelt werden und mir das Lebenslicht ausgeblasen werden sollte, erschien diese Blase mit dem Gesicht meines Bruders darin. Und ich fing an zu lachen. Mit einemmal ließ mich der Typ los und sagte: »Wieso lachst du?«

Ich antwortete: »Das Gesicht meines Bruders ist gerade über deinem Kopf erschienen, weil …« Ich versuchte, es ihm zu erklären. Ich konnte einfach nicht aufhören zu lachen.

Er sagte: »Du spinnst wohl. Du wirst verprügelt und lachst auch noch darüber?«

»Nein, nein …« Immer noch versuchte ich, es zu erklären.

»Nein, nein, mach nur weiter und verkloppe mich. Ich wollte nicht unhöflich sein.«

Er ließ mich los. Es war ein Wunder.

Noch eine Geschichte: Ein anderer muskelbestückter Schläger wollte sich ebenfalls mit mir anlegen. Einfach so, weil er es sich erlauben konnte. Weil ihm langweilig war. Aber er kam nie dazu, weil ich wußte, daß er einfach nicht mehr konnte, wenn ich anfing wie Elmer Fudd (das ist der Gegenspieler von Bugs Bunny, Sie wissen schon: der kleine, fette Farmer mit der Glatze und dem Gewehr aus den Zeichentrickfilmen) zu reden.

»Eß ißt gleich Polißeißtunde.«

Das haute ihn um.

Prügeln konnte man sich jederzeit. Aber zum Lachen kommt man im Gefängnis nicht so oft. Das erwies sich für mich als sehr nützlich.

Einmal rief ich meine Mutter an, weil man mich aus dem Zellenblock in eine Einzelzelle verlegt hatte. Wenn man keine Gewalttat begangen hat und sich gut führt, ist das eine Art von Belohnung, die ich in diesem Fall am Erntedankfest erhielt. Ich trat ein und sagte: »Wow!« Mein eigenes Zimmer, meine eigene Toilette! Und zwei Schließfächer. Obwohl es immer noch die Größe eines Badezimmers oder eines New Yorker Luxusapartments hatte, war ich im siebten Himmel. Auf dem Stockwerk gab es ein eigenes Telefon, und deshalb rief ich meine Mutter an.

Ich sagte: »Mama! Mama! Rate mal?« Sie antwortete: »Was ist passiert?«, weil ich nicht zur üblichen Zeit anrief. Aber es wollte ohnehin nie jemand so recht mit mir reden, weil meine Geschichten so interessant waren: »Also, Johnny ist abgestochen worden. Ich habe gesehen, wie zwei Typen auf dem Hof verprügelt wurden, und das Essen ist immer noch grauenhaft. Ach ja, und es steht eine Hochzeit ins Haus.«

Also sagte ich: »Rate mal! Ich habe meine eigene Zelle!«

Sie sagte: »Was?«

»Eine eigene Zelle.«

»Oh«, antwortete sie, »ich bin ja so stolz.«

Inzwischen war mir klargeworden, daß sie sich dachte: »Soll das ein Witz sein? Moment mal. Habt ihr das gehört? Es ist Tim! Davy ist in Europa, Geoff hat gerade seinen Abschluß an der Michigan State University gemacht, Dave hat einen neuen Job bei einer Baufirma, und mein intelligentester Sohn ... hat eine eigene Zelle bekommen! Ich platze ja fast vor Stolz. Hör zu, Tim: ruf nicht wieder an.«

Das Gefängnisessen ist Scheiße. Große Überraschung. Der Grund dafür liegt darin, daß sie einen in puncto Essen als Versuchskarnickel benutzen. Hormel hatte eine Art Wunderfleisch herausgebracht, mit dem die Firma die Armee beliefern wollte, aber wir glücklichen Gefangenen sollten es zuerst ausprobieren. Es war irgend etwas auf Sojabasis. Sicherlich hat es die Armee niemals gekauft, und es mußte zu Katzenfutter oder Waschpulver verarbeitet werden. Ganz offen gestanden mochte ich es. Besonders den strengen Barbecuegeschmack. Es hätten aber auch genausogut Radiergummis sein können.

Eine Menge Typen sind hinter Gittern, weil sie Verbrechen begangen haben, gegen die die Regierung effektiver vorgehen will, aber nicht genau weiß, wie sie das anstellen soll. Nehmen wir nur einmal die hohen Strafen für Kokain- und anderen Drogenverbrauch: Haben sie etwas bewirkt? Genau. *Jetzt* haben wir Crack – als ob Coke nicht schon schlimm genug gewesen wäre. Der Trend ist bedrohlich, und das Problem verärgert die Bevölkerung. Ich habe in meinem Leben festgestellt, daß die Binsenwahrheit »Wenn es dir beim ersten Mal nicht gelingt, probier's noch einmal« stimmt. Man muß anders ansetzen und es von neuem versuchen. Die momentane Situation ist so, daß wir mit gesenktem Kopf durch einen Wald laufen und gegen die Bäume rennen, nachdem wir uns aufgerappelt haben, rennen wir wieder gegen den Baum, als könnte der *Baum* sich wegbewegen. Besser wäre es doch, aufzuschauen, um den Baum herumzugehen und dann weiterzulaufen.

Nein, ich befürworte keinesfalls den Drogengenuß, ich überdenke nur Strategien, die offensichtlich nichts bewirken. Der englische Plan, Opiate zu legalisieren und ihren Verbrauch zu überwachen, ist ein kleiner Schritt in die richtige Richtung. Ich glaube nicht, daß die Leute sagen: »Nachdem die Regierung Heroin zur Verfügung stellt, könnte ich ja gleich heroinsüchtig werden.«

Ich schlage folgende Lösung vor:

Kokain wird einem Getränk beigemischt wie damals bei der Erfindung von Coca-Cola. Es ist wasserlöslich. (Was glauben *Sie* denn, was Coca-Cola bedeutete?!?) Für den Straßenverkauf bliebe wenig übrig, und die Bauern in Kolumbien bekämen die Chance, ein Produkt zu verkaufen, das wir wollen. Wir könnten die gesamte Ernte Kolumbiens aufkaufen und damit die Einfuhr kontrollieren, mit Steuern belegen und – jetzt kommt der elegante Teil – sie zu einem wohlschmeckenden Digestif verarbeiten, der etwa die gleiche Wirkung hätte wie das Kokain, aber *schrecklich dick machen würde*. Und Sie können sicher sein, daß niemand durch Kokaingenuß dick werden möchte.

Man würde die Kokainverbraucher sofort erkennen.

»Hey, Frank, du hast ein bißchen zugenommen.«

»Ja … äh, und ich habe auch nicht viel geschlafen.«

Die Leute sind zu allem bereit, um nicht dick zu werden.

Und selbstverständlich dürfte es kein Kokain light geben.

Hinter Gittern fällt der Blick der Männer immer wieder auf die Penisse der anderen Männer, egal, wie sehr sie versuchen, es zu vermeiden. Man kann nichts gegen diese Gewohnheit tun.

Im Gefängnisduschraum war dieser Blick schnell, aber entscheidend. Man versuchte, so zu tun, als schaute man in den Abfluß, aber jeder wußte, daß es nicht so war. Man entdeckte, daß es Männer gibt, die eine Frau schrecklich unglücklich machen würden. Es gibt auch fürchterlich mißgestaltete Männer. Ich denke, Sie wissen, was ich mit dem Wort »mißgestaltet« sagen will.

Im Ferienlager will man einem nackten Mann nicht zu nahe kommen. Im Gefängnis bleibt einem nichts anderes übrig, ob man will oder nicht. Es gibt keine Privatsphäre, wovon sich einige mehr stören lassen als andere.

In der Tat sind im Gefängnis nackte Männer so beliebt, daß man sich jedesmal nach einem Besuch von draußen zur Kontrolle nackt ausziehen muß, bevor man wieder nach drinnen geht.

Da möchte man doch am liebsten gleich in seiner Zelle bleiben.

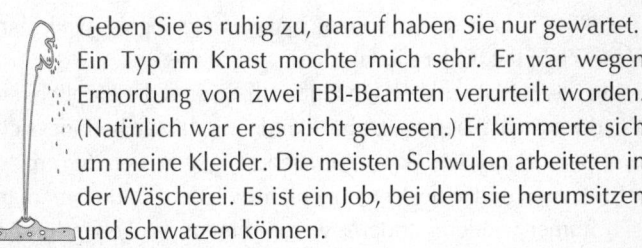

Geben Sie es ruhig zu, darauf haben Sie nur gewartet. Ein Typ im Knast mochte mich sehr. Er war wegen Ermordung von zwei FBI-Beamten verurteilt worden. (Natürlich war er es nicht gewesen.) Er kümmerte sich um meine Kleider. Die meisten Schwulen arbeiteten in der Wäscherei. Es ist ein Job, bei dem sie herumsitzen und schwatzen können.

Auch diejenigen, die zuvor nicht schwul waren, probieren es nach einer gewissen Zeit einmal aus. Knast und Hollywood sind genau dasselbe.

Eines Nachts kam dieser Typ zu mir. Er versuchte, mich davon zu überzeugen, daß er mich besser befriedigen könne als jede Frau.

Ich zog die Augenbrauen hoch, als ich zurückschreckte.

Dann dachte ich, vielleicht hat er recht. Wer könnte einen Mann besser befriedigen als ein anderer Mann? Wir wissen genau, was wir wollen. Männer zu umarmen ist toll. Ich finde, wir sollten andere Männer küssen, wie die Italiener es tun. Und eines nicht allzu fernen Tages werden wir einem anderen Mann einen blasen können:

»Tony, tut mir leid, daß du deinen Job verloren hast, setz dich hin, ich blas' dir einen.«

»Hey, laß meine Ohren los. Ich weiß schließlich, was ich tue!«

Das ist eine meiner Lieblingsgeschichten auf der Bühne, weil sie alle zum Lachen bringt. Plötzlich halten zwei Typen inne, und ihr Gesichtsausdruck sagt alles: »Hey, worüber lachen wir eigentlich? Das ist ja geschmacklos.«

Aber ich sagte »nein« zu dem Typ im Gefängnis.

Als Mann kommt man ins Gefängnis, weil man keine Ziele hat. Oder die falschen.

Sollte das Leben wirklich ein Fluß sein, so sind die Möglichkeiten, die man hat, begrenzt, aber klar definiert. Man befindet sich in einem Kanu und kann versuchen, gegen den Strom zu schwimmen und in der Vergangenheit zu leben. Dann wird man sich immer wieder wundern, warum einem das Leben in den

Rücken fällt. Oder man kämpft gegen die Strömung an, sieht aber dabei nach vorn, ohne vorwärtszukommen. Oder man läßt sich locker von der Strömung treiben, geht von Zeit zu Zeit an Land, um es zu erforschen und an den Rosen zu riechen. Aber es gibt auch Menschen, die wollen so schnell wie möglich vorwärtskommen, auch wenn es geradewegs in die Hölle geht. Ich glaube, ich paddelte rückwärts, und das Kanu kippte um. Ich wußte nicht, daß man nach vorn sehen und sich ein Ziel stecken muß. Bis ich in einer dieser Gefängnisgruppen einem Typen begegnete, der die Sache auf den Punkt brachte. Die tollste Rakete der Welt ist nutzlos, sagte er, ein Torpedo taumelt nur herum, ein Pfeil geht ins Leere, wenn sie nicht auf ein Ziel gerichtet sind.

Und das gilt auch für Jugendliche – oder eigentlich für alle: Man muß ein Ziel anvisieren und diese Richtung konsequent verfolgen, selbst wenn man zunächst keinen Erfolg hat.

Mit aller Kraft.

In gewisser Weise hatte ich mehr Glück als die meisten anderen. Während ich auf meine Verurteilung wartete, beschloß ich, es einmal als Unterhalter zu versuchen. Der Richter hatte mir vorgeschlagen, etwas auf die Beine zu stellen, und ich nahm ihn ernst. Das war besser, als herumzusitzen und mich zu fragen, warum ich keine Stellenangebote bekam. Außerdem hoffte ich, der Richter würde bei meiner Verurteilung meinen Bemühungen Rechnung tragen, was er nicht tat. Aber es hat mir, wie Sie schon wissen, das Leben gerettet, komisch zu sein – im Hinblick auf mein eigenes Inneres und, wie ich schon bald herausfinden sollte, auch nach außen hin.

Zudem kam ich so in den Genuß einiger ununterbrochener Jahre, in denen ich keine Verantwortung übernehmen mußte und mich ganz auf mein Material konzentrieren konnte. Es geht doch nichts über ein halbvolles Glas.

Die wunderbare Welt
der Männer

Aus dieser Perspektive heraus kann ich jetzt mit einiger Sachkenntnis über die Wunderwelt der Männer sprechen. Da ich eine lange Zeit mit Männern verbracht habe, bin ich in der Lage, ihre Stärken und Schwächen klar einzuschätzen. Und ihre wahren Motive.

1. Typen, die mit älteren Männern herumhängen

Das Zusammensein mit älteren Männern ist potentiell schmerzhaft, denn wenn sie sich langweilen, bist du dran. Sie hacken auf dem Jüngeren herum, der sich ihnen angeschlossen hat.

Andererseits lernt man auch viel. »*So* also macht man eine Bierflasche mit den Zähnen auf.« – »Wow, die Zigarette verbrennt einem wirklich die Hand, wenn man das macht?«

Ältere Typen sind einem immer einen Schritt voraus.

Außerdem können sie schnell rennen und einen abhängen, plötzlich ist man allein und schutzlos in einem komischen, unheimlichen Stadtviertel.

Wird man schließlich älter, verschwimmt die Grenzlinie zwischen einem selbst und den noch Älteren. Dann kann man mit seinem Vater Golf spielen gehen und mit ihm zusammen den Anblick der Barfrau in der Kneipe genießen. Und man kann endlich zu ihm sagen: »So also macht man eine Bierflasche mit den Zähnen auf.«

2. Typen, die mit jüngeren Typen herumhängen

In der Regel heißt es dann: »Ich will ihn nicht bei uns haben.«
Und: »Auf unseren Befehl hin würde der sogar Ameisen fressen,
wir würden ihn schon dazu *bringen*, Ameisen zu fressen.« Oft
will man die Jüngeren nicht um sich herum haben, weil sie blöd
sind. Außerdem muß man auf sie aufpassen. »Toll ... Und wo
ist Billy jetzt hingegangen?«
Wenn man ein Junge ist, ist es hart, die Mama zu spielen. Und
außerdem verliert man in den Wildlederpumps so leicht das
Gleichgewicht.

3. Typen und Mädchen

Hier muß man aufpassen. Wenn das Mädchen jünger ist, wird
man förmlich in eine Pflegerrolle hineingedrängt. Es passiert
nichts, außer daß man sich bei einer gelegentlichen liebevollen
Anwandlung vornehm zurückhält.
Die Sache mit älteren Mädchen kann man vergessen, auch
wenn die Vorstellung sogar noch in meinem Alter irgendwie
erotisch ist. Wie wir schon wissen, war meine erste Liebe nicht
im gleichen Alter wie ich. Sie hängte Misteln auf.
Jüngere Mädchen müssen pünktlich zu Hause sein. Ältere Mädchen haben ihre eigene Wohnung. Jüngere Mädchen sollten
eigentlich gar nicht ausgehen. Ich glaube, meine Eltern behiel-
ten meine kleine Schwester im Haus, bis sie achtzehn war –
oder war das die Katze?
Ich kann mich nicht erinnern, daß die kleinen Mädchen auf der
Straße waren, da waren nur die älteren. Wir stellten uns immer
in einer Reihe auf und schauten zu, wie sie Trampolin hüpften.
Abgeschnittene Jeans erregen mich immer noch. Und jede Frau,
die einen Purzelbaum machen kann.

4. Typen und die Freundinnen anderer Typen

Auch wenn sie sich nicht besonders anstrengen, sind andere Typen zu der eigenen Freundin netter als man selbst. Und selbst wenn sie nicht wirklich hinter ihr her sind, ist es für deine Freundin ein leichtes, sich an des anderen Schultern zu lehnen, ihn zu fragen, was er denkt und wie sie dir ihre Anliegen am besten nahebringen kann.

»Komm, setz dich auf meinen Schoß«, sagt der andere. »Laß uns darüber reden.« Oder: »Wäre es dir nicht bequemer, dich hinzulegen?«

Je länger dieser andere dich schon kennt, desto genauer weiß er über die Schwächen der Beziehung Bescheid und kann sie gezielt ausnutzen: »Oh, er hört dir nie zu, oder? Wie läuft es denn so mit deiner Arbeit?«

»Er macht dir doch nie Komplimente, oder? Ich finde, das rote Kleid steht dir ganz ausgezeichnet.«

Die ganze Geschichte ist zwar ziemlich schäbig, aber leider haben die anderen eine gute Ausgangsposition, insbesondere, wenn du dich viel mit deiner Freundin streitest. Dann heißt es als nächstes : »Also *ich* würde so etwas *nie* sagen.«

Wenn man meint, einem anderen vertrauen zu können, so liegt man damit wahrscheinlich falsch. Und wenn man meint, man kann ihm *nicht* vertrauen, liegt man damit vermutlich richtig.

Auch mich hat man schon dieser Dinge beschuldigt, aber ich schwöre, ich habe so etwas noch nie getan.

Es gab einen sehr plausiblen Grund dafür, warum sie im Büstenhalter war und ich nur meinen Cowboyhut aufhatte. Was Sie immer denken. Immer ziehen Sie voreilige Schlüsse!

5. Typen und die Eltern von anderen Typen

Normalerweise ist jeder Typ nett zu den Eltern anderer Typen. Schließlich muß man Leute sehr gut kennen, bevor man anfängt, sie zu beleidigen. Bei mir dauerte es ein paar Jahre, aber dann sagte ich schon bald zu den Familien meiner Freunde, sie könnten zur Hölle fahren.

Einmal ging ich zu einem Typen nach Hause. Sie hatten eine Bar, und das zu einer Zeit, als das als der stolze Mittelpunkt eines jeden Haushalts galt. Der Junge trug limonengrüne Hosen mit einem kleinen Entenmuster und war mit anderen Worten eine schlechte Karikatur seines Vaters. Genau wie dieser pflegte er an der Bar zu stehen und zu sagen: »Wählt die Waffen und das Gift.«

Vorsicht ist in so einem Fall geboten: Wenn man lange genug mit den Eltern seiner Freunde zusammen ist, riskiert man, so zu werden wie sie. Achten Sie auf die Anzeichen. Deren Kindern ergeht es so, also kann es einem selbst auch passieren.

Oft bekamen wir die Väter der anderen Jungen nie zu Gesicht. Sie kamen spät nach Hause und sprachen kein Wort. Wir wußten, daß irgend etwas los war, aber nicht, was.

Und dann gab es Eltern von anderen Jungen, die meine *eigenen* Eltern nicht leiden konnten, weil wir mit ihnen und ihren Kindern am Wochenende wegfuhren und unsere Eltern wußten, daß sie uns Alkohol zu trinken gaben. Das waren Eltern, die ein wenig zu freundlich zu den Kindern waren. Sie nahmen dich mit zu ihrer Hütte, erwarteten keine Dankesbriefe, und man hatte nie den Eindruck, daß man störte. Sie schlüpften uns anderen Kindern gegenüber nicht in die Elternrolle. Also gewann man sie schließlich lieb. Ein weiteres Beispiel ist der Typ, dessen Vater eine geile Stereoanlage oder eine coole Autosammlung hatte. Alle mochten ihn. Man kam ganz mit seiner Verachtung für alle Erwachsenen durcheinander, wenn man herausfand, daß der Vater des anderen Jungen eigentlich ein toller Typ war.

Bei diesem Vergleich konnten natürlich die eigenen Eltern nicht mithalten.

»Wow. Joeys Wohnung ist so cool. Er hat einen Farbfernseher. Seine Mutter hat uns auf Tabletts beim Fernsehen essen lassen.« Davon machten wir zu Hause viel Aufhebens: Wir wollten auch auf Tabletts beim Fernsehen essen dürfen. Aber wir waren zu sechst, und meine Eltern befürchteten zu Recht, daß wir eine Schweinerei machen würden. Eine große Schweinerei.

6. Typen bei der Arbeit

Nachdem wir in einem modernen Zeitalter leben, haben die Frauen heutzutage Möglichkeiten, mit denen sie einfach nicht zurechtkommen.
Sie können einem Beruf nachgehen oder auch nicht. Sie können verheiratet oder unverheiratet sein, und zwar verheiratet mit Kindern, unverheiratet mit Kindern, verheiratet mit Kindern und einem Beruf, unverheiratet mit Kindern und einem Beruf, unverheiratet mit Kindern und keinem Beruf, unverheiratet mit Kindern, die schon selbst einen Beruf haben, sie können einen Beruf und ein Au-pair-Mädchen haben, das Kinder hat, das Au-pair-Mädchen heiraten, das Au-pair-Mädchen für sich die Kinder kriegen lassen usw.
Wir Männer haben leider immer noch dieselben Möglichkeiten, die wir schon immer hatten: Wir können arbeiten oder ins Gefängnis kommen.

7. Männer und ihre Schwiegereltern

Schwiegereltern sind falsche Eltern. Am schwierigsten ist es, sich daran zu gewöhnen, eine fremde Frau und einen fremden Mann Mama und Papa zu nennen. Man tut so, als wäre einem wohl dabei, aber das ist nie der Fall. *Sie* wissen es auch, tun aber so, als wüßten sie es nicht.
Immer diese Spielchen.

Okay, auch ich tue es, aber es ist nicht echt. Und wenn ich sie »Mama! Papa!« rufe, nehmen sie das weniger ernst, als wenn meine Frau das tut. Nachdem sie nur meine Schwiegereltern sind, muß ich eigentlich nicht einmal mit ihnen reden. Schwiegereltern sind Eltern, zu denen man »nein« sagen kann, ohne dafür beschimpft zu werden. Zum Beispiel:

»*Worauf* tust du Pfefferminzgelee? Das darf doch nicht wahr sein!«

»Nein. Opern mag ich eigentlich nicht.«

Ich habe mich immer gefragt, was gewesen wäre, wenn meine Schwiegereltern meine richtigen Eltern wären. Sie hatten nur Mädchen, und das war einfach nicht das richtige. Ab und zu neckte ich sie damit, daß sie einen Jungen im Haus bräuchten. Sie haben so eine Abneigung gegen Rülpsen und Furzen und Streiten.

Wenn meine Frau und ich bei ihnen übernachten, passiert immer das gleiche. Ich stehe morgens auf und räuspere mich, worauf sich alle Gangtüren öffnen, Köpfe herausgestreckt werden und man mich anschaut, als hätte ich gerade den Hund erwürgt. Dabei *ging es ihm gut* das letzte Mal, als ich ihn sah. Das war an einem Morgen, und er hatte gerade seinen Kopf aus der Tür gestreckt und geschaut, als hätte ich soeben die gesamte Familie erwürgt.

8. Typen auf Partys

Das sind die Momente, bei denen der kleine Junge wieder zum Vorschein kommt.

Viele Männer fühlen sich in Gegenwart anderer Männer, die sie nicht kennen, unwohl, und bei Partys sind sie mit dieser unangenehmen Situation am häufigsten konfrontiert. Weswegen Männer bei solchen gesellschaftlichen Anlässen oft betrunken sind. Auf jeder Party sieht man eine Gruppe abgerissener Typen mit schiefer Krawatte, die in einer Ecke braunen Schnaps hinuntergießen, über Sport reden und sich verbrüdern.

Ist man als Mann allein auf einer Party, kann schon das Herumlaufen gefährlich sein. Für eine Frau ist es unproblematisch, zufällig die Hand eines Mannes – oder einer Frau – zu streifen, wenn aber ein Mann versehentlich einen anderen Mann berührt, braucht es schon eine Menge Erklärungen, bevor irgend jemand die Wahrheit glaubt. Eineinhalb Tage danach ist man noch peinlich berührt. Da ist es schon besser, nicht darauf zu achten, sich den Typen in der Ecke anzuschließen und sich zu betrinken. Einmal streifte mich ein Typ auf einer Party und entschuldigte sich anschließend drei- oder viermal.

»Wissen Sie, das wollte ich nicht.«

»Das hatte ich auch nicht angenommen.«

»Ich meine, ich wollte es *wirklich* nicht. Wenn ich geahnt hätte, daß Ihre Hand da lag, hätte ich meine nicht dahingetan.«

»Ich weiß.«

»Was ich damit sagen will: Ich wollte Ihre Hand nicht berühren.«

Leider gibt es, insbesondere auf den guten Partys, zuviel Geschubse und Gedrängel, als daß sich dieser zweifelhafte Kontakt vermeiden ließe.

Wenn man sich also durch ein Partygewühl schiebt und eine Hand auf seinem Hintern spürt, kann man nur hoffen, daß es die Hand einer Frau ist.

9. Typen und ihre besten Freunde

Das ist etwas Bemerkenswertes bei den Männern. Wenn man einen besten Freund hat, so repräsentiert er in gewisser Weise genau das, was man bei einer Frau sucht. Er wäre die ideale Frau.

Verstehen Sie mich jetzt bloß nicht falsch.

Die erstrebenswerten Qualitäten sind Loyalität und Dauer. Meine besten Freunde, von denen ich die meisten seit der Grundschule kenne, sind mir bei Erfolgen und Fehlschlägen zur Seite gestanden. Die Vergangenheit ist es, die unsere Freundschaft aufregend macht. Genauso ist es bei einer Frau, mit der man lange zusammen war.

Beste Freunde können auch Verwirrung stiften, zum Beispiel, wenn man sie vorstellt:

»Das ist mein bester Freund John ...« Und dann sagt man zu sich selbst: »Na ja, er ist nicht mein *bester* Freund. Das ist eigentlich Peter. Aber den Peter habe ich schon lange nicht mehr gesehen ...«

Sagen wir: Der beste Freund ist der coolste Typ, mit dem man gerade zusammen ist. Beste Freunde sind die, die einem Respekt erweisen, und das wünschen sich schließlich alle Männer.

Aber keiner von ihnen kann das machen, was meine Frau mit mir in der Badewanne macht.

Dinge, die Männer niemals hören wollen

Nein!

Ich fürchte, es ist nicht der Anlasser.

Ist er drin?

Heiliger Himmel, so etwas Mißgestaltetes.

Tim, die Schule hat angerufen.

Was ist denn das für ein Brief vom Finanzamt?

Wenn ein Typ sagt: »Wo soll diese Beziehung denn hinführen?«

Ich dachte, du hättest Geld.

Ich dachte, du würdest zahlen.

Wenn der Arzt sagt: Das mußte weh tun.

Wenn die Masseuse sagt: Hoppla! Wie lange haben Sie denn *das* schon?

Ich meine, *wirklich* miteinander schlafen.

Frauen
sind auch nur Menschen

Was will das Weib?
Das war schon damals eine gute Frage, als Sigmund Freud sie als erster stellte, es ist jetzt eine gute Frage und wird es wahrscheinlich auch noch in tausend Jahren sein, wenn die Außerirdischen die Erde übernommen haben und *sie* eine Antwort darauf suchen.

Um herauszufinden, was Frauen wollen, müssen wir sie erst einmal völlig verstehen lernen. Die Gewohnheiten einer Frau, ihre Bedürfnisse und Wünsche ebenso zu kennen wie den Unterschied zwischen einem Kleid und einem Rock ist der Schlüssel zum Seelenfrieden eines Mannes und zu einer besseren Beziehung zwischen allen Menschen. Ganz einfach, oder?

Eines weiß ich ganz sicher: Frauen sind nicht das andere Geschlecht, sie sind eine ganz andere Rasse. Das ist alles. Mehr gibt's dazu nicht zu sagen. Gute Nacht, Leute. Das wär's. Bis später.

Okay, so leicht wollen wir aber nicht aufgeben.

Wie Sie leider schon wissen, wenn Sie bis hierher gelesen haben, stellen Frauen für mich ein ziemliches Rätsel dar, was vollkommen rechtfertigt, warum ich so von ihnen besessen bin. Schon beim Anblick einer hübschen Frau habe ich das Bedürfnis, einen Tisch im Restaurant zu reservieren. Ich bin zwar gerne mit Männern zusammen, aber mit einem Mann kann ich nicht ohne weiteres ausgehen. Doch nachdem ich oft über Frauen rede, so, als ob ich etwas von ihnen verstünde, fragen mich gelegentlich völlig Fremde, wonach man bei einer Frau suchen sollte.

Die Antwort ist leicht: nach dem Atem.

Sie sollte lebendig sein. Hat man erst einmal Lebenszeichen an ihr festgestellt, ist das Spiel schon gewonnen, und man kann sich die Zeit nehmen, näher im Abgrund nachzuforschen.

Denn glauben Sie mir, es ist ein Abgrund.

Aber lassen Sie sich nicht zuviel Zeit. Frauen hassen es, wenn man sie warten läßt.

Bevor man Frauen verstehen kann, die weder Mutter noch Schwester sind (und denken Sie daran, daß diese für andere Männer auch Frauen sind), muß man sie erst einmal kennenlernen. Wenn man auf Zack ist, sind die Frauen, die man kennenlernen will, auch die Frauen, mit denen man etwas haben will. Okay, mit denen man Sex haben will. Diese Frauen sind am schwersten zu verstehen, und sie tragen nichts zur Vereinfachung der Angelegenheit bei, obwohl sie dich genauso kennenlernen und verstehen wollen – vielleicht nicht gerade Sie, Sie Holzkopf –, wie du sie kennenlernen und verstehen willst. Wäre es nicht herrlich, man könnte zu einer Frau, die man attraktiv findet, einfach ehrlich sagen: »Hallo, ich bin Bob. Du bist sehr attraktiv. Wollen wir nach Hause gehen und rammeln wie die Karnickel?«

Leider funktioniert diese Art von Annäherungsversuch beim Großteil der Bevölkerung seit den späten sechziger Jahren nicht mehr. Zudem müßte man erst einmal Bob heißen.

Man muß nach einer Frau Ausschau halten, die einen ebenfalls kennenlernen will. Woher man das weiß? Indem man auf die Zeichen achtet, die Bereitschaft signalisieren. Diese Signale sind das einzige Mittel, um sicher herauszufinden, ob eine Frau, die man begehrt, gerne angesprochen werden oder ob sie einen lieber mit Feuerzeugbenzin übergießen und anzünden möchte, während sie an ihrem Chablis nippt.

Das erste Anzeichen ist im allgemeinen der Augenkontakt. Vergewissern Sie sich jedoch, daß sie nicht den Typen hinter Ihnen anschaut, aber auch, daß *Sie* nicht den Typen hinter sich anschauen. Weitere Zeichen sind das Zurückwerfen der Haare, Lippenlecken, Ohrläppchenzupfen und die Hand auf Ihrem Bein. Wenn eine fremde, aber attraktive Frau plötzlich anfängt, sich vor Ihnen auszuziehen, während sie sich die Lippen leckt, ihr Haar zurückwirft, sich am Ohrläppchen zupft und Ihr Bein berührt, kann man guten Gewissens sagen, daß sie an Ihnen interessiert ist oder gerade einen Lehrgang in Kontaktaufnahme macht.

Keine weiblichen Bereitschaftssignale sind jedoch, wenn sie an ihrem eigenen Ellbogen lutscht, sich irgendwo kratzt oder ihre Unterhose zurechtzieht.

Meine Freundschaften mit Frauen haben mich so ungefähr alles gelehrt, was ich über Frauen weiß. Als ich jünger war, habe ich auch ihre Mütter dazu gebracht, mich zu mögen, was nicht so gut war, da mich keine von den Müttern wirklich reizte. Außerdem habe ich feministische Kurse belegt und würde jederzeit den Standpunkt einer Frau vertreten.

Eines Abends, als meine Frau und ihre Freundinnen Lust hatten, auszugehen und die Sau rauszulassen, hat meine Frau mich eher beiläufig eingeladen, mitzukommen. Wahrscheinlich hatte ich ganz verloren gewirkt bei der Aussicht auf einen weiteren Abend mit Bier und Fernsehsport. Deshalb sagte sie wohl zu mir: »Tim, warum gehst du nicht mit uns aus?«

Nachdem wir etwa vier Stunden lang beim Essen gesessen hatten, fingen die Mädchen an, sich in meiner Gegenwart wohl zu fühlen. Sie ließen ihr »Er-ist-ein-Mann«-Schutzschild fallen, weil sie begriffen hatten, daß ich ein Mensch war wie sie, nur mit Haaren auf der Brust, und daß ich mich tatsächlich für das interessierte, was sie sagten, und nicht versuchte, die Unterhaltung auf männliche Art zu beherrschen. Außerdem war ich ihnen zahlenmäßig unterlegen – also verhielt ich mich sehr ruhig. Ich sagte Dinge wie: »Gott, ist das furchtbar« und »Ich verstehe, was ihr empfindet« und »Er ist eine Flasche. Schau, daß du ihn loswirst«. Ich schlug die Beine übereinander und hielt mit dem Rock die Knie bedeckt. »Wirklich? Interessant. Das ist doch nicht zu glauben. Warum sagt er denn so etwas?« Als ich dann aufrichtig bei der Sache war, begannen sie, mich zu akzeptieren. Ich wurde Teil der Frauengruppe. Ich kicherte. Als sie aufs Klo gingen, wollte ich mit ihnen gehen.

Die große Frage ist natürlich, ob mir ein solches Verhalten je dazu verholfen hat, eine Frau aufzureißen (vor der Eheschließung natürlich)?

Nein. Auch wenn die Bereitschaft zur Freundschaft die beste Grundlage für eine Beziehung ist, wird es dann doch immer schwierig, die Situation später in etwas Romantischeres zu verwandeln.

»Ich will unsere Freundschaft nicht zerstören«, sagt die Frau und meint damit entweder, daß sie dich noch nie wirklich attraktiv gefunden hat oder daß du sie nie genug ignoriert hast, um sie unbedingt herausfinden lassen zu wollen, warum sie sich ausgerechnet in dich verlieben mußte. Zusammen mit »Du bist wie ein Bruder für mich« und »Um Himmels willen, der ist aber mißgestaltet« gehört die Freundschaftsausrede zu den schmerzhaftesten Sätzen, die ein Mann zu hören bekommen kann.

Man kann darauf zwar antworten: »Wir werden immer Freunde sein. Hab Vertrauen zu mir« – und dann trotzdem versuchen, einen Kuß zu ergattern. Aber sie weiß es besser. Ist man erst einmal in die Rolle des Freundes geraten, schaffen es Frauen immer, daß ein Mann sich wie ein Lustmolch fühlt, sobald er auch nur in Erwägung zieht, diese keusche Nähe durch ein bißchen Sex in Gefahr zu bringen. Was ist schließlich schon Sex, verglichen mit einer wahren und dauerhaften Freundschaft? Es ist das, worauf man aus ist, Dummerchen.

Wenn ich so an einige Frauen zurückdenke, mit denen ich einfach nur eng befreundet war, wird mir klar, daß diese Beziehungen wahrscheinlich meine besten Charakterzüge zutage förderten. Ich konnte ich selbst sein. Ich kam mit der empfindsamen Seite meines Wesens in Berührung. Ich verspürte Mitgefühl. Und dann wünsche ich mir, ich hätte wenigstens einmal versucht, den Dingen eine andere Wendung zu geben. Ich kann nichts dagegen tun, ich bin nun einmal ein Mann.

Aber andererseits gefällt es den Frauen auch, wenn man ein Mann ist. Man tut sich schwer, eine Frau für sich zu gewinnen, wenn man keine allgemein anerkannten männlichen Eigenschaften vorzuweisen hat. Bestimmtes Auftreten, Entscheidungsfreudigkeit, Beschützerhaltung, Sorge. Ein Mann muß auf eine Frau den Eindruck machen, daß er für sie eintreten und sich um sie kümmern könnte. Das Schlüsselwort bei der ganzen Sache ist »könnte«. Frauen halten sehr viel vom Prinzip Hoffnung. Einmal stellte ich mich doch tatsächlich während einer Schlägerei in einer Kneipe vor meine Frau. Ich reagierte so schnell, daß ich zunächst gar nicht darüber nachdachte. Glauben Sie mir. Das überraschende Ergebnis war, daß ich ihr das Gefühl gab, in Sicherheit und wichtig zu sein, was sie wiederum dazu brachte, mich zu begehren. Und die Tatsache, daß sie mich begehrte, gab mir das Gefühl, in Sicherheit und wichtig zu sein. Auch ich selbst fand mich begehrenswert. Und da wurde die Sache etwas verwirrend.

Und Sie erwarten von mir, daß ich Ihnen sagen kann, was Frauen wollen? Haben Sie denn nicht zugehört? Ich habe nicht die leiseste Ahnung.

Manche Frauen nehmen Charakterzüge an, von denen sie glauben, daß Männer sie schätzen. Sie lernen, über Fußball und

Autos, den besten Fleischsnack und Verandagrills zu sprechen. Wenn die Frau beharrlich (und süß) genug ist, hat sie damit auch Erfolg, und die Männer werden sie akzeptieren – was an sich gut ist. Dann aber werden sie sie wieder vergessen, weil sie sich so gut einfügt. Und das ist wieder weniger gut. Einer Frau, der es gut gelingt, einen Typen zu spielen, kann es passieren, daß die Männer von ihr nicht einmal Notiz nehmen. Im richtigen Leben ist es nämlich nur selten so wie in den Filmen, wo die Amazone ihren ölverschmierten Arbeitsanzug ablegt, ihr Haar öffnet, ein Minikleid und aufreizende Unterwäsche aus dem Victoria-Secret-Katalog anzieht und den Bandenanführer damit so verblüfft, daß er sich irgendwo mit ihr niederläßt, um mit ihr *gemeinsam* Bierdosen mit der Stirn zu zerquetschen, bis daß der Tod sie scheide.

Solche Mädchen werden von den Männern Charlie oder Sam oder Mike genannt.

Ich hätte wissen sollen, daß es Zeit war, meine Taktik zu ändern, als die Mädchen anfingen, mich Tina zu nennen.

Es hat jedoch auch sein Gutes, die Rolle der Freundin zu spielen. Man erfährt etwas über die Geheimnisse der Frauen. So blöd sie sich auch im Moment anhören mögen, in ihnen liegt doch der Schlüssel zu … na ja, zu irgend etwas.

Hier habe ich etwas Schönes: Frauen suchen Männer, die nett zu ihnen sind.

Wow! Was für eine Information!

Noch dazu stimmt es. Durch Informationen wie diese kann ein Mann sein Handikap verringern. Und wir haben schließlich alle Unterstützung nötig, die wir bekommen können.

Wenn wir uns schon sosehr bemühen, die Frauen zu verstehen, wäre es hilfreich, wenn sie auch an uns ein bißchen Mühe verschwenden würden. Das käme ihnen zugute, wenn sie unsere ungeteilte Aufmerksamkeit benötigen – was anscheinend meistens der Fall ist.

Frauen. Nehmt den Stift in die Hand. Was jetzt kommt, ist für euch.

Um die Aufmerksamkeit eines Mannes zu erlangen, braucht ihr euch nur vor den Fernseher zu stellen und euch nicht mehr zu bewegen. Dann redet er mit euch. Ich kann euch versprechen, daß er dann mit euch redet. Seid ihr erst einmal über das anfängliche »Was zum Teufel machst du da?« oder das subtilere »Als Tür bist du besser geeignet als als Fenster« hinaus, wird er schon weich werden.

»Also wirklich, Schatz. Also weißt du, Spatz. Schatz!« Ein echter Mann bleibt einfach sitzen und wartet, bis du zur Seite trittst. Wenn das nicht geschieht, sagt er: »Was ist los? Also, was jetzt? Ich sitze da, okay? Okay, ich höre zu.«

Es kann nur zu eurem Vorteil sein, wenn ihr dabei etwas Bein zeigt und wenn ihr den Typen gut kennt, mit dem ihr so etwas macht. Sonst riskiert ihr, erst die Frage beantworten zu müssen: »Wer zum Teufel sind Sie, und wie sind Sie ins Haus gekommen?« In diesem Fall könnte auch eine Schußwaffe ins Spiel kommen.

Auch indem ihr an seiner Stereoanlage herumspielt, könnt ihr seine Aufmerksamkeit gewinnen. Oder an seinem Auto. Ebenso wirksam ist das Verstellen der Zeitprogrammierung beim Videogerät. Hat er ein Werkzeugbrett, entfernt ein bestimmtes Werkzeug und versteckt es an einem besonderen Ort. Und, glaubt mir, innerhalb eines Tages wird er bemerken, daß es fehlt und sich gleich an euch wenden. Bereitet euch jedoch darauf vor, daß er sauer sein wird.

Weitere Möglichkeiten, seine Aufmerksamkeit zu erregen: Zerkratzt den Lack an seinem Wagen, schmeißt sein altes Lieblingssweatshirt weg oder knallt ihm die Faust in den Magen, wenn er gerade nicht hinschaut. Sein Gesichtsausdruck allein wird schon unbezahlbar sein.

Und wenn ihr ihn dann endlich dazu gebracht habt, euch in die Augen zu sehen, kriegt ihr ihn möglicherweise sogar dazu, über seine Gefühle zu sprechen.

»Schatz, ich würde mich wirklich großartig fühlen, wenn du aus dem Weg gingst. Ich kann den Fernseher nicht sehen.«

Ein unschuldiger Flirt ist eine Möglichkeit, seine Begierde auszudrücken, ohne tatsächlich etwas zu unternehmen. Deshalb gehört er zu unseren vornehmsten Sportarten, ganz abgesehen davon, daß er zudem fettarm und leicht verdaulich ist. Ich weiß das, weil ich als junger Mann ein ziemlich vollendeter Flirter war. Ich war überzeugt, daß ich ohnehin nicht über das Flirten hinauskommen würde, weil ich so einen fürchterlichen Teint hatte. Selbst jemand, der häßlich ist, kann gut im Flirten sein. Es ist außerdem eine sichere Sache, weil es unverbindlich ist und man sich dabei nicht festlegt. Niemand kann jemals wirklich sicher sagen, daß da tatsächlich etwas war.

»Ich weiß nicht. Ich glaube, sie hat mich angeflirtet. Ja, doch, das war bestimmt ein Flirt. Ich meine, ich *glaube*.«

An eines muß man jedoch denken: Zwischen Flirten und einer richtigen Anmache ist ein gewaltiger Unterschied. Ein Flirt ist wie ein Tanz, während eine Anmache so ist, als würde man dabei jemandem auf die Füße treten. Mit anderen Worten: Man macht eine Frau so lange an, bis sie zurückflirtet. Flirten gründet auf Gegenseitigkeit. Die Frau muß verstehen, was man tut, und mit hochgezogenen Augenbrauen und einem Willkommenslächeln reagieren. Erfolgreich ist ein Flirt dann, wenn man niemanden verärgert hat.

Eine meiner bemerkenswertesten Erfahrungen mit dem Flirten habe ich auf einer Party gemacht. Es war herrlich. Sie hatte Kopfhörer auf, die an das Kinderspielzeug »My First Sony« erinnerten. Ich auch. (Nein, ich werde nicht erklären, warum.) Ich kannte sie schon lange, und, ganz offen gestanden, hatten wir uns noch nie so benommen, als fänden wir einander besonders attraktiv. Aber aus der Intimität heraus, die durch die Kopfhörer entstand, war es plötzlich witzig, mit der unverbrauchten Energie zwischen uns zu spielen. Außerdem fing sie damit an. Sie tanzte einen Zentimeter vor meinen Fingerspitzen herum. Und dann sprach sie sehr provozierendes Zeug ins Mikrophon, das nur für meine Ohren bestimmt war: »Oh, ich finde dich süß.« – »Das ist ein tolles Hemd.« – »Ich wüßte gerne, wie du nackt aussiehst.«

Bingo!

Wenn ich geantwortet hätte: »Triff dich draußen mit mir, dann zeig ich's dir«, wäre ich zu weit gegangen. Statt dessen schlug ich vor, wir könnten es hinter den schweren Wohnzimmervorhängen treiben. Nein, nein! Als großer Flirtmeister, der ich war, war ich verlegen. Aber es gefiel mir außerordentlich. Ich hatte den Thrill ohne die Folgen.

Es war wie chinesisches Essen – ohne Stäbchen.

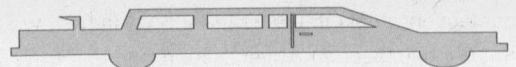

Das Gegenteil von Draufgängertum ist, wenn man verliebt ist und gar nichts sagt. Das ist etwas ganz anderes, als zu seinem eigenen Besten cool zu bleiben.

Schweigen kann die Dinge verkomplizieren. In meiner Collegezeit hatte ich ständig Tagträume von Frauen. Ich verliebte mich häufiger aus der Entfernung, als ich mich erinnern kann. Das ist leicht. Außerdem kann man dann einer Frau alle möglichen persönlichen Qualitäten zuordnen, ohne jemals enttäuscht zu werden.

»Eine großartige Zukunft im Hochfinanzwesen liegt vor ihr. Sie wird ein zweites Diplom in Unterhaltungsjura erhalten. Sie sagt, ich werde nie arbeiten müssen. Sie ist sogar früh am Morgen schön. Und sie sehnt sich danach, auf immer und ewig all meinen Befehlen Folge zu leisten.« Klingt, als ob sie für mich geschaffen wäre.

Dann trifft man sie eines Tages unverhofft in der Cafeteria. Sie hat eine Stimme wie dieser Typ aus der Cola-Nut-Werbung und die Energie eines Steven Wright. Das vermasselt das ganze Bild. Zu dieser Zeit meines Lebens schienen alle meine Handlungen darauf gerichtet zu sein, die Aufmerksamkeit der Frauen zu gewinnen. Ich wollte mehr Geld haben, damit die Frauen mich lieben würden. Ich wollte besser aussehen, damit die Frauen mich lieben würden. Ich wollte einen Labradorhund, weil ich eine Frau kannte, die Labradors gern hatte. Ich schrieb mich für einen Kurs ein, weil ich gesehen hatte, daß eine schöne Studentin sich eingeschrieben hatte. Ich bin keine Jägernatur, aber ich weiß, was es bedeutet, keine Zeit für sich selbst zu haben, weil man vollkommen auf die Angebetete fixiert ist – obwohl sie noch nie von einem gehört hat. Okay, das ist nicht die Geisteshaltung eines Jägers, sondern nur seine Strategie.

Einmal verliebte ich mich so sehr in ein Mädchen auf dem

College, daß ich beschloß, ihr nach Hause zu folgen. Nur ... äh, um genau zu wissen, in welchem Gebäude sie untergebracht war. Das ganze Jahr über beobachtete ich sie. Ich spazierte um ihren Gebäudetrakt herum, in der Hoffnung, einen Blick auf sie zu erhaschen. Ich kannte ihren Stundenplan auswendig. Ich wußte, wo sie arbeitete. Die ganze Zeit über, die ich ihr folgte, war mein Körper von einer wunderbaren ängstlichen Spannung erfüllt. Aber das war nicht genug. Ich versuchte auch, einen Weg zu finden, wie ich ihr zufällig begegnen könnte, was bedeutet hätte, daß ich irgendwann vor sie hätte hintreten und »hallo« sagen müssen.

Die andere Alternative wäre gewesen, mich nachts als Pinguin verkleidet in ihrem Schrank erwischen zu lassen, sie davon zu überzeugen, daß ich eines ihrer Stofftiere sei, und dann zu hoffen, daß sie mich mit in ihr Bett nehmen würde, weil ich eine so lange, lange Zeit einsam im Schrank verbracht hatte. Aber mit so etwas kommt man nicht so leicht durch, und der Pinguinanzug muß ja schließlich bezahlt werden, egal wie die Sache ausgeht.

Zurückblickend war es wahrscheinlich gut, daß ich stets einen Rückzieher gemacht habe, denn ich hatte meine Besessenheit so lange unterdrückt, daß ich mit allem herausgeplatzt wäre, was ich ein Jahr lang gedacht hatte – Dinge, die eine Fremde nicht wissen sollte.

»Ich liebe dein Auto, dein Haus, und, übrigens, wo hast du denn die Kristalltauben auf deinem Schminktischchen her?«

Schließlich findet man dann eine Frau, die man wirklich haben möchte. Jetzt kommt der schwierige Teil. Wie soll man sich verhalten? Wenn man auf die ungeteilte Aufmerksamkeit einer Frau aus ist, sollte man selbst ihr keine zuteil werden lassen. Man hat einen längeren Atem als jede Frau. Man darf keinen einzigen Schritt unternehmen. Sich nicht in die Karten sehen lassen.

Andererseits kann man einer Frau auch wieder zuviel geben.

Einmal probierte ich es damit, einfach meine Karten auf den Tisch zu legen. Ich ging in einen Club, sah eine Frau, ging direkt auf sie zu und sagte ihr, was ich von ihr wollte. Ich hatte gerade den »Hide-Report« gelesen und war begierig darauf, alles auszuprobieren, was ich gelernt hatte. Sie war sprachlos, und ich dachte schon, ich hätte alles verpatzt, bis sie zu meiner völligen Überraschung sagte: »So hat mich noch nie jemand angemacht. Wir gehen zu mir.«

Wir liebten uns. Wir liebten uns noch einmal. Wir aßen ein mexikanisches Fertiggericht. Wir schliefen unruhig. Zwei Abende später nahm sie mich zum Abendessen mit zu ihren Eltern nach Hause. Ich hätte die Anzeichen erkennen sollen. Aufgrund meiner gewagten Vorgehensweise dachte die arme Frau, ich sei hoffnungslos in sie verliebt und drauf und dran, die entscheidende Frage zu stellen. Ich war zu Tode erschrocken. Ihr Vater war ein sehr, sehr großer Mann.

Dabei gab es nur eine einzige Frage, die ich gerne gestellt hätte: »Gibt es einen Hinterausgang?«

Wenn ein Mann denkt, daß er ankommt, wird er euphorisch. Dann will er auf der Party bleiben, sich mit seinen Kumpels betrinken und sehen, wer sonst noch Beute seines unermeßlichen Charmes wird.

Leider verpaßt man als Mann oft seine Chancen, wenn man so ichbezogen und gierig ist. Die Frau, auf die man ein Auge geworfen hat, betrinkt sich auch, und anstatt einen Vorstoß zu wagen, solange die Lage günstig ist, wartet man so lange, bis die Stimmung der Frau umgeschlagen ist.

Das ist besser bekannt unter der Bezeichnung: »Die Frau hat es sich anders überlegt.«

Es ist schwer nachzuvollziehen, was in einer Frau vorgeht, die sich etwas anders überlegt. Ich weiß nur, daß es sich mit Lichtgeschwindigkeit und ohne Vorwarnung abspielt und daß Frauen im Gegensatz zu Männern – die nicht den Mut hätten, so etwas ohne Anleitung zu probieren – das absolute Recht haben, es sich anders zu überlegen. Das muß ein Mann respektieren, egal, wie sehr ihm der Kamm schon geschwollen ist.

»Aber Sherry, Baby, du hast doch gesagt, daß du willst.«

»Nun, jetzt nicht mehr. Vor kurzem schon noch, aber jetzt nicht mehr.«

Alles ist eine Frage des Timings, wenn man mit Frauen zu tun hat.

»Aber wir sind uns doch einig gewesen. Ich bin doch schon dabei, mit dir Liebe zu machen. Ich kann jetzt nicht mehr aufhören. Und du bist doch ganz offensichtlich erregt und …«

»Nein, ich geh' nach Hause.«

»Du kannst nicht nach Hause gehen.«

Und schon bettelt man, was so anziehend ist. Fängt man erst einmal an zu betteln, verliert man ihren Respekt und kriegt ihn nie wieder. Wer bettelt, ist wie ein Hündchen, das unter keinen Umständen den Knochen bekommt. Deswegen ist es gut, wenn ein Mädchen Zimmergenossinnen hat. Man hat bessere Chancen.

Manch einer denkt, er habe sein Glück gefunden, wenn eine Frau ihm sagt, daß sie mit ihm schlafen will. Aber normalerweise folgt die niederschmetternde Überraschung auf dem Fuß, wenn eine Frau *so* direkt ist.

»Als ich sagte, ich wolle mit dir schlafen, habe ich *wirklich* nur schlafen gemeint.«

Noch ein Satz, der geradewegs aus der Hölle kommt.

Ich habe einmal versucht, mit einer Frau »nur« zu »schlafen«. Es hat nicht geklappt. Wir schliefen nicht. Sie schlief. Ich war wach. Starrte an die Decke. Zählte die Löcher in der Schallschutzwand. Nach einer heftigen Fummelei, die ich für eine felsenfeste Einwilligung zum Sex gehalten hatte, fragte ich mich die ganze Nacht, was sie gemeint haben könnte, als sie plötzlich sagte: »Ich finde, unsere Freundschaft ist dafür zu wertvoll.«

So etwas passierte mir ständig. Ich dagegen sagte den Satz nur einmal zu einer Frau, die, Sie können es glauben oder nicht, noch immer mit mir befreundet ist. Wir wollten ein bißchen herumfummeln, aber mir wurde klar, daß es nicht darum ging, ob ich mit ihr schlafen wollte, sondern darum, ob ich mit ihr aufwachen wollte. Das weiß ich, weil sie *mir* die berühmte Frage gestellt hat. Frauen ... was soll ich euch sagen? So schwer es mir auch fiel, ich sagte ihr die Wahrheit. Es wäre mir unangenehm gewesen, sie am Morgen zu sehen. Ich hätte sie umbringen müssen. Fingerabdrücke, Mordwaffe, Details, Planung, Entscheidungen. Das war es einfach nicht wert.

 Frauen fragen Männer immer: »Wie steht mir das?«

Jede Antwort auf diese Frage ist grundsätzlich die falsche, und noch schlimmer ist gar keine Antwort. Schweigen ist wahrhaft tödlich. Hat man die Frage erst einmal gehört, ist es zum Weglaufen zu spät. Die Guillotine ist bereits gefallen, und der Kopf liegt schon im Korb.

Ich hätte mal eine Frage: Glauben Frauen wirklich, daß Männer in der Lage sind, zu sagen, was sie gerne hören würden? Oder ist ihre Frage vergleichbar mit dem Spiel von Buben, bei dem Spinnen die Beine ausgerissen werden? Wie dem auch sei, versuchen Sie, etwas Nettes zu sagen. Im tiefsten Inneren wissen Frauen es zu schätzen, wenn man ihnen wenigstens Beachtung schenkt.

Ein Tip zu Ihrem äußeren Auftreten: Neigen Sie, bevor Sie antworten, den Kopf leicht zur Seite. Atmen Sie tief durch die Nase ein, und verwandeln Sie beim Ausatmen Ihren Seufzer langsam in ein warmes Lächeln. Das Ergebnis ist erstaunlich und überlagert oft die Worte, die Sie vielleicht leise murmeln. Üben Sie lieber erst einmal vor dem Spiegel. Und vermeiden Sie unter allen Umständen die klassische, fragend schiefe Kopfhaltung eines Hundes.

Ich habe schon miterlebt, daß eine Beziehung zerbrach, weil der Mann all das nicht verstand. Seine Freundin kam in einem unglaublichen roten Kaschmirpullover aus dem Schlafzimmer. Ihr Haar war herrlich. Sie war so schön, daß es mich fast umhaute.

Es heißt zwar, daß Frauen sich anziehen, um sich selbst zu gefallen, aber in diesem Fall war klar, daß sie versuchte, ihn zu beeindrucken. Und dieser Typ schaute sie einfach an und sagte: »Hast du Bier da?«

Dieser Ausdruck auf ihrem Gesicht! Sie brach innerlich zusammen. Sie fragte nicht einmal mehr, ob sie gut aussehe.

»Du siehst einfach toll aus«, sprang ich ein. Als sensibler Mann, der ich bin, hatte ich das Problem sofort erkannt und wollte sie aufmuntern. Belohnt wurde ich dafür mit einem umwerfenden Lächeln, einem halben Lippenlecken und Augen, die mich auf neue Art ansahen. Später, als sie ihre Flasche von einem Freund endlich los war, fragte sie mich geradeheraus, ob ich mit ihr schlafen wolle.

Ich lehnte ab. Wegen einer *solchen* Routineübung würde ich nicht schwach werden.

Wissen Sie außerdem überhaupt, wie viele Löcher in einer drei mal vier Meter großen schallgedämpften Zimmerdecke sind? Drei Millionen zweihunderttausendsechshundertachtundzwanzig Löcher.

Sie insistierte. Ich widerstand. Sie forderte. Ich gab nach. Wissen Sie, daß in Wirklichkeit drei Millionen zweihunderttausendsechshundert*neunundzwanzig* Löcher in einer schallgedämpften Zimmerdecke sind!

Leider habe ich wahrscheinlich schon eine Million Mal ignoriert, wie meine Frau sich anzieht, ohne mir dessen bewußt zu sein. Jetzt versuche ich, immer daran zu denken, ihr es auch zu *sagen*, wenn ich sie hübsch finde. Männer, seid da nicht nachlässig. Wenn sie gerade jetzt toll aussieht, sagt: »Du siehst gerade toll aus.« Aber seid auf der Hut, denn es ist ihr zuzutrauen, daß sie antwortet: »Gerade? Was zum Teufel soll das heißen?«

Eine andere eiserne Regel: Geben Sie niemals einen Kommentar über das Hinterteil einer Frau. Verwenden Sie nie die Worte »groß« oder »Größe« im Zusammenhang mit »Hinterteil«. Niemals. Umgehen Sie diese Gegend völlig. Glauben Sie mir. Stellen Sie sich vor, Sie sagen:

»Dein Hintern sieht in dieser Hose gut aus.«

»Warum, spannt sie?«

»Ja.«

»Er ist also dick?«

»Nein, er gefällt mir nur ganz einfach in dieser Hose.«

»Das soll wohl heißen, gestern hat er dir nicht gefallen, weil er in der anderen Hose dicker war?«

Frauen glauben *immer*, daß ihr Hintern zu dick ist. Darauf können Sie sich genauso verlassen wie auf Ihre morgendliche Erektion. Man kann nichts über den Hintern einer Frau sagen, das nicht ihr Mißtrauen erregen würde. Es gibt viele Theorien über die möglichen Gründe, aber ich bin mir sicher, den wahren Grund zu kennen: Der Hintern einer Frau ist ihre schwächste Stelle. Sie kann ihn nicht pudern. Sie kann keinen Abdeckstift verwenden. Sie kann ihn aus keinem Blickwinkel gut sehen. Ihren Hintern können Frauen nicht kontrollieren, und dabei lieben sie es doch, alles unter Kontrolle zu haben, was mit ihrem Aussehen zu tun hat.

Den Männern dagegen ist es egal, wie ihr Hintern aussieht, vor allem, wenn sie am Morgen in Unterwäsche vor die Tür gehen, um die Zeitung zu holen.

Männer lassen sich von sehr wenigen Dingen aus der Ruhe bringen. Frauen, die sich nicht rasieren, sind eines davon. Das ist einfach zu anstrengend. Schließlich fängt der Mann an, sich die Beine zu rasieren, weil ja zumindest einer in der Beziehung glatt sein muß. Auch Frauen, die sich am Lieblingsspielzeug des Mannes vergreifen, gehören dazu. Die Demütigung, die man empfindet, wenn eine Frau den Ersatzreifen mißhandelt, ist äußerst schmerzhaft. Bemerkungen über die Haut eines Mannes zählen ebenso dazu. Einmal sagte ein Mädchen, mit dem ich tanzte, zu mir: »O Gott, hast du große Poren!«

So etwas muß ich mir doch wirklich nicht anhören, oder?

Die meisten Frauen äußern sich zur persönlichen Hygiene und zum verdreckten Allgemeinzustand des Mannes. Wann haben

Sie zuletzt Ihre Frau oder Freundin gefragt: »Hast du dich heute schon geduscht?«

Geben Sie einer Frau auch nur den Hauch einer Gelegenheit, und sie bringt es schneller fertig, das Selbstvertrauen eines Mannes zu erschüttern, als Sie mit Ihrer Frau schlafen können. Und das geschieht immer in Form einer Frage.

Meine Frau macht das ständig mit mir. Wir ziehen uns für eine Verabredung an, und sie sagt: »*So* willst du ausgehen?«

»Nein, ich habe das nur vorläufig angezogen, um dann endgültig zu entscheiden. Was meinst *du*, was ich anziehen soll?«

»Wie wäre es mit dem braunen Hemd und den Hosen, die ich dir erst gekauft habe?«

»Ja, genau daran hatte ich auch gedacht! Das andere habe ich nur vorläufig angezogen!«

In der Zwischenzeit hat sie sich schon fünfmal umgezogen. Also sollte sie das doch verstehen können.

Man hat mich schon gefragt, wann man eine Frau belügen darf. Ständig, müßte die richtige Antwort lauten. Solange man sich dabei nicht erwischen läßt. Lassen Sie sich also bloß nicht erwischen.

So kann man feststellen, ob man von einer Frau angelogen wird: Wenn man das, was sie sagt, so vollkommen glaubt, daß es einem nicht einmal in den Sinn kommt, es in

Frage zu stellen. Dann lügt sie, aber es führt zu nichts, es zu wissen. Vergessen Sie's also.

Glauben Sie ihr auch nicht, wenn Sie zu Ihnen sagt, daß Ihnen ihr roter Kaschmirpullover großartig steht.

Um eine Frau verstehen zu können, muß man mit ihren Körperfunktionen vertraut sein. Ihre Periode ist ein ausgezeichnetes Beispiel dafür, wie vollkommen verschieden Männer und Frauen sind. Und warum wir sie nie verstehen werden.

Die Periode kommt jeden Monat, und doch ist es jedesmal neu und anders als das letzte Mal. Was auch immer in ihren Körpern vorgeht, so war es noch nie zuvor. Es ist gnadenlos. Es muß schrecklich sein. Ich kann das natürlich nur anhand der Auswirkungen beurteilen, die ihre Periode auf mich hat. Und dann heißt es, Männer seien egozentrisch.

Es fängt an mit: »Schatz, ich fühle mich so aufgebläht.«

»Vom Essen?«

»Nein, so ist es nicht.«

Ich glaube, wenn man keine Frau ist, kann man das mit dem Aufgeblähtsein nicht verstehen.

»Es ist also so, als hättest du zuviel gegessen?«

»Nein! Nein! Schau dir doch mal meine geschwollenen Gelenke an. Sehen meine Knöchel so aus, als hätte ich zuviel gegessen?«

»Na ja, wenn du über längere Zeit viel gegessen hättest, und zwar, sagen wir mal …«

»Ich bin aufgebläht, du Idiot, aufgebläht!«

»Als hättest du zuviel gegessen.«

Das schlug dem Faß den Boden aus. Glauben Sie mir, die

einzigen Männer, die fliegende Teller fangen können, haben nichts mehr zu tun, seit es die Ed-Sullivan-Show* nicht mehr gibt.

Wie ich schon sagte, sind die Schwierigkeiten, die Frauen haben, furchterregend. Wahrscheinlich haben die Männer deshalb den Kalender erfunden: Um über den mondsüchtigen Wahnsinn der Frauen auf dem laufenden zu sein (Mondsüchtigkeit: von Mond, Gezeiten, Menstruationszyklen).

Vielleicht wäre es gut, die Situation umzukehren und Männer in Frauenkörper zu stecken, damit man sich besser verstehen lernt.

»George, mach du heute die Bauarbeiten am Haus. Ich schwimme wie ein verdammter Fluß. Und mein Busen bringt mich um.«

»Probier doch mal diese Slipeinlagen von Miller. Mehr Saugkraft, weniger Volumen.«

»Ich weiß nicht. Ich fühle mich so häßlich. Und diese Pickel um meinen Mund herum! Findest du mich immer noch hübsch, George?«

Der Profisport würde sich auf immer und ewig verändern.

»Weißt du, Vin, Tony spielt heute nicht besonders gut.«

»Ja … ausholen und verfehlt … So wie er den Schläger handhabt, sieht er um die Handgelenke etwas geschwollen aus … Schlag drei angesagt.«

---

* Ed Sullivan hatte in den fünfziger Jahren eine populäre Varieté-Show, wo u. a. zum ersten Mal die Beatles auftraten. Wurfgeschosse aller Art gehörten zum Programm. *(Anm. d. Ü.)*

Warum machen Frauen immer wieder dieselben Fehler in der Liebe? Vielleicht weil sie es genießen, die vielen Selbsthilfebücher zu kaufen: »Frauen, die die Ehemänner anderer Frauen zu sehr lieben« und »Frauen, deren Ehemänner sie nicht mehr ganz so lieben wie einst« und »Frauen, die ihren Ehemännern keine Beachtung schenken und in der Liebe Verliererinnen sind, weil sie zuviel Bücher darüber lesen, warum sie nicht geliebt werden«.

Auch Männer lesen. Noch nie hat es eine Müslischachtel gegeben, die mich nicht fasziniert hätte. Noch dazu kann man dabei etwas gewinnen – selbst heutzutage noch!

Eigentlich sind Frauen – wie wir alle – auf der Suche nach etwas. Nach einem Lieblingslippenstift, einer hingekritzelten Notiz. Sie suchen einen weiteren Grund zum Liebemachen über die Hormone hinaus, die sie dazu zwingen. Sie wünschen sich Stabilität. Sie wollen Fabio (erster Fehler). Sie wollen Robert Redford und Paul Newman (Fehler zwei und drei). Sie wollen Marky Mark (ein Fehler, auch wenn er frei ist). Aber Frauen sind genau wie Männer. Sie suchen sich den männlichen Ferrari aus, probieren es gelegentlich mit einem Pick-up und geben sich schließlich mit dem Familienkombi zufrieden.

Daß das alles so lange dauert, ist gleichzeitig das Interessante daran.

Jetzt geht es mir viel besser dabei, ein Mann zu sein.

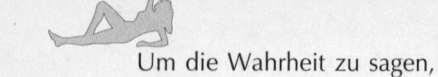

Um die Wahrheit zu sagen, ich wollte niemandem weh tun.

Ich war nur scharf auf die Freundin des anderen, weil ich zu diesem Zeitpunkt meines Lebens beschlossen hatte, endlich Ernst zu machen. Gelegenheitssex bedeutete mir nichts mehr, und ich war es leid, mich immer wieder darauf einzulassen, nur um hinterher festzustellen, daß es tatsächlich so war.

Ich wollte Erics Freundin so unbedingt, daß ich ihre Beziehung zerstörte. Aber ich hatte dafür einen guten Grund: Er schenkte ihr einfach keine Beachtung, und ich konnte mir nicht erklären, warum. Wenn ich den Blick sah, mit dem sie ihn anschaute, glaubte ich, es müßte das Ziel aller Wünsche sein, von einer Frau so angeschaut zu werden.

Dann taten wir beide uns zusammen, und unsere Beziehung war keineswegs so, wie ich es mir vorgestellt hatte. Es wurde mir klar, warum Eric sie nicht beachtet hatte: Sie ging einem auf die Nerven. Diese ganze Anhimmelei kann einen Mann in den Wahnsinn treiben. Außerdem fand ich heraus, daß es gar kein wirkliches Anhimmeln war. Sie war verwirrt. Sie war in einem Zustand ständiger Benommenheit. Ich glaube nicht, daß sie mich überhaupt sehen konnte. Das Ganze dauerte etwa ein Jahr. Sie sehen also, was passiert, wenn man sich Ziele setzt.

Ich machte jedoch nicht im eigentlichen Sinne des Wortes Schluß mit ihr, sondern verhielt mich wie damals beim Austragen der Zeitungen und machte mich aus dem Staub.

Nur ein einziges Mal bereute ich meine feige Methode, eine Beziehung zu beenden.

Zwei Jahre lang hatte ich eine Beziehung mit einer Frau gehabt, deren Vater sehr reich war und eine über das ganze Land verbreitete Kette von Reifenhandlungen besaß. Carrie Ann war unglaublich attraktiv und klug und außerdem am gleichen Tag und im gleichen Jahr geboren wie ich. Für einen Narzißten ist dies ein unglaublicher Glücksfall. Es ist wie ein Gerichtsbeschluß vom Schicksal, der anordnet: »Habt Sex miteinander.« Es ist, als ginge man mit sich selbst ins Bett, nur, daß man dabei nicht wie üblich allein ist.

Das einzige Problem war, daß wir nicht so harmonierten, wie ich mir das erhofft hätte. Wir waren beide witzig, und wenn wir »gut drauf« waren, wurde es unerträglich, weil wir alle beide enorm viel Aufmerksamkeit brauchten und keiner von uns wußte, wann der Moment zum Aufhören gekommen war.

Als es zu schlimm wurde, verschwand ich ganz einfach.

Carrie Ann rief wochenlang immer wieder an. Aber ich war krank. Ich vergaß, daß ich sie jemals gekannt hatte. Es blieb mir nichts anderes übrig, zum Teil auch deshalb, weil ich so verrückt nach ihr war. Was hätte ich ihr denn sagen sollen?

Schließlich rief ihre Mutter meine Mutter an. In solchen Fällen sagte meine Mutter immer das gleiche! »Ich halte mich aus den Beziehungen meines Sohnes heraus. Ich möchte damit nichts zu tun haben.« Worauf die andere Mutter antwortete: »Sie *müssen* aber etwas unternehmen. Sie geht nicht mehr zur Schule, und sie ißt nichts mehr. Mein Gott, die Sache ist wirklich ernst.« Meine Mutter versprach, mit mir darüber zu sprechen. Alles, was ich dazu sagen konnte, war: »Hmm??«

Nachdem ich selbst etwa zwanzigmal fallengelassen worden war, gab ich mein kindisches Getue auf und begriff, daß ich Angst vor Nähe hatte. Ich mußte lernen, die Dinge zu Ende zu bringen. Frauen brauchen das, während es Männern schwerfällt. (Auch manche Frauen vermeiden es, Schluß zu machen, aber das sind dann meistens Playmates, die sich vor den Anrufen von Julio Iglesias drücken wollen.) Jetzt weiß ich, wie man eine Beziehung beendet. Man muß es sagen. Es durchziehen. Entschlossen sein. Das verlangen die Frauen von den Männern, und das ist gut so. Man muß mit dem Quatsch aufhören.

Jahre später traf ich Carrie Ann zufällig auf einer Party wieder. Sie war mit ihrem Mann dort. Er war nett. Sie zeigten mir Bilder von ihren drei Kindern. Später, gerade als ich gehen wollte, kam er zu mir und sagte: »Könnten Sie morgen zu uns kommen und meiner Frau sagen, daß es zwischen Ihnen aus ist? Ich glaube, im tiefsten Innern ist sie immer noch sauer.« Am nächsten Tag paßte es mir nicht, aber ich werde es tun. Ganz bestimmt.

Ein Mann weiß, daß er verliebt ist, wenn er mit einer Frau alt werden will. Wenn er am Morgen bei ihr bleiben will. Wenn er nicht aus dem Haus gehen will. Dann spricht er statt von Sex von »Liebe machen«, will danach umarmt werden und verliert für ein paar Tage das Interesse an seinem Auto.
So einfach ist das. Ich schwöre es.
Also tut er, was jeder anständige Kerl an seiner Stelle täte.
Er beginnt, wenn auch zögernd, an die Eheschließung zu denken.
Und dann wird es wirklich schaurig.

Ehefrauen
sind auch nur Frauen

Das Schwierigste an der Ehe ist, verheiratet zu bleiben. Das hat nichts mit Sex zu tun, sondern mit Geld und Macht. Hauptsächlich mit Macht.

Meine Schwiegermutter brachte mich zum Heiraten. Ich lebte schon seit acht Jahren mit meiner Frau zusammen, als »Mama« eines Abends sagte: »Ich glaube, ihr wollt nie heiraten. Ich meine, jetzt habt ihr schon gemeinsam das Gefängnis hinter euch gebracht, ihr lebt zusammen, aber ... ach, vergeßt es.«

»Na ja«, sagte ich, »wenn du so daherredest, heirate ich deine Tochter morgen.«

Eigentlich weiß ich gar nicht, worauf wir noch warteten, wenn man einmal davon absieht, daß es für einen Mann *nie* den richtigen Zeitpunkt zum Heiraten gibt. In diesem Fall glaube ich aber, daß wir es alle beide hinauszögerten. Leute, die mit dieser Entscheidung nicht zu kämpfen haben, sind mir suspekt. Ich kann mir zum Beispiel nicht vorstellen, einer Frau zu begegnen und sie ein paar Tage später zu heiraten. Ich verstehe nicht, wie das die Filmstars machen! Die Ehe ist eine wichtige Entscheidung. Wichtig genug, um fast ein Jahrzehnt lang zu zögern.

Mein Problem war zum Teil, daß ich insgeheim noch immer andere Frauen begehrte. Aber irgendwie wußte ich auch, daß ich keine andere finden würde, die meiner zukünftigen Ehefrau das Wasser würde reichen können. Es war sehr gut, daß meine Schwiegermutter endlich ihren Mund aufmachte.

Schließlich nahm ich eines Tages während eines Picknicks meinen ganzen Mut zusammen und ließ die entscheidende Frage los. Dabei überreichte ich meiner Frau einen riesigen

Reiseprospekt über die Schweiz. Ich wollte kein Risiko einge-
hen.

Sie sagte nein.

Das haute mich um. Mir wurde schlecht, und mir verging der
Appetit. Unser Hund starrte mich an und dachte: »Wenn du dein
Essen nicht aufißt, tu' ich's.« Schließlich sagte ich: »Aber wir
fahren in die Schweiz, wenn du mich heiratest.«

»Die Schweiz«, sagte sie, »ist voll von übergenauen, humorlo-
sen Menschen.«

»Hätte ich vielleicht Paris vorschlagen sollen?«

Einen Augenblick lang schien es so, als brächte mir die Ände-
rung des Reiseplans wenigstens ein »Vielleicht« ein. Aber sie
sagte wieder nein.

Als wir am nächsten Morgen erwachten, teilte sie mir mit, sie
hätte meinen Antrag überschlafen. »Ich glaube, ich war gestern
etwas grob zu dir«, erklärte sie. In der Zwischenzeit hatte ich
das Gefühl, für mindestens acht weitere Jahre vor der Eheschließung sicher zu sein. Ich konnte es mir leisten, großzügig
zu sein.

»Ich habe gefragt, du hast ›nein‹ gesagt. Es ist okay.« Vielleicht
habe ich dabei etwas zu erleichtert gewirkt, denn am nächsten
Tag überreichte sie mir eine kleine Schachtel mit einer goldenen
Uhr, auf deren Rückseite eingraviert war: »Ja. Ich habe es mir
noch einmal überlegt.«

Die Uhr gefiel mir, also tat ich das Richtige.

Eine dauerhafte Ehe ist wie ein Job. Aber das Problem mit dem Job ist: Am Anfang findet man ihn toll. Nach einer Woche wird einem klar, daß es ein paar Probleme gibt. Dann wird er zur Routine und daher langweilig. Und schon bald glaubt man, der Typ im nächsten Raum hätte einen viel besseren und für einen selbst außerdem viel passenderen.

Der Trick besteht darin, über dieses Stadium hinauszukommen.

Als ich das erste Mal mit meiner Frau ausging, stellte ich mir vor, wir beide seien sehr alt und säßen Seite an Seite auf einem Sofa. Dieses Bild trage ich immer in meinem Herzen. Ist man erst einmal alt und häßlich geworden, hat man keine Lust mehr, durch die Kneipen zu ziehen. Der Mensch, mit dem man zusammen ist, ist alles, was man kriegen kann. Ob Sie es glauben oder nicht, das ist ein sehr beruhigendes Bild.

Manchmal wird man als Mann fast von dem Drang überwältigt, sich mit einer Frau zu vereinigen. Das ist weder ungewöhnlich noch schlimm. Es handelt sich um einen biologischen Vorgang. Der männliche Trieb, soviel junge und attraktive weibliche Wesen zu besamen wie möglich, um nicht an Auszehrung zugrunde zu gehen, ist verantwortlich für die rasche Verbreitung unserer Gattung und für ihr Überleben. Das Problem besteht darin: Wenn man verheiratet ist und fremdgeht und die Ehefrau dahinterkommt, bringt es einem in etwa soviel, den Scientific American zu zitieren, wie zu sagen, daß die anderen Männer im Bowlingverein genau dasselbe tun. Beides kann damit enden, daß man von diesem Zeitpunkt an im Vorgarten schlafen muß.

»Aber Schatz, das habe ich doch nur zum Wohl der Menschheit getan.«

»Deine Menschheit befindet sich hier«, sagt sie dann und weist auf ihre Eierstöcke.

Einmal sagte mir eine Frau, mit der ich zusammen war, Dinge, die ich unter keinen Umständen hätte wissen wollen.

»Es war nur ein Fußballteam, und das auch nur einen Sonntagnachmittag lang.«

»Warum sagst du mir das?«

»Es ist mir lieber, wenn du es weißt«, sagte sie.

»Richtig. *Dir* ist es lieber. Wenn du schon in der Gegend herummachst, mußt du damit leben.«

»Aber das war in den siebziger Jahren. Wir sollten doch voreinander keine Geheimnisse haben.«

»Wahrscheinlich hast du recht. Also werde ich dir ein paar Geheimnisse verraten, die ich dir schon lange mitteilen wollte: Ich habe die *Partridge Family* noch nie gemocht. Ich hasse den käsigen, pudrigblauen Hausanzug, den du mir gekauft hast. Und, übrigens, mit uns ist es aus!«

Ich glaube, die Lektion aus dieser Geschichte ist klar: Fußball ist doch kein so blödes Spiel.

Ich liebe scharfes, reichhaltiges Essen. Trotzdem vermeide ich es, weil ich mich danach so gebläht fühle, als würde ich gleich explodieren. Ich glaube nicht, daß die Monogamie eine biologische Wahrheit ist, insbesondere nicht für Männer. Aber trotzdem gehe ich nicht fremd, weil mir sonst meine Frau eine Handgranate in die Hose stecken würde. *Dann* würde ich mich erst recht gebläht fühlen, als würde ich gleich explodieren.

An Sex denke ich ständig. Immer noch. Das macht die Ehe so schwierig. Und deswegen liebe ich es, wenn ich junge Leute mit einem klaren Bild von der ehelichen Wirklichkeit desillusionieren kann: »Wenn Sex der Grund für eure Eheschließung ist, dann solltet ihr nicht heiraten. Es macht keinen Sinn, zu heiraten, um dann für immer und ewig mit der gleichen Person zu schlafen. Man heiratet, um eine Familie zu gründen.«

Monogamie *ist* möglich. Schmerzlich, aber möglich. Nach einer raschen quälenden Übergangszeit, in der jeder Mann das alles ganz für sich allein herausfinden muß, wird es besser, und plötzlich stehen außereheliche Eskapaden nicht mehr zur Debatte. Dann ist man etwa achtzig. Vielleicht auch jünger, wenn man die Nebenwirkungen von Antidepressiva und blutdrucksenkenden Mitteln mit in Betracht zieht. Auf jeden Fall ist es hart für jeden Mann. Der Irre in uns will frei bleiben. Sind wir aber erst einmal alt genug, kennen wir diesen Irren ganz genau. Er lebt Tag und Nacht in uns. Er hat es satt, daß es nicht nach seinem Kopf geht. Der Irre will Ärger und Randale. Der Irre will uns dem Tod so nahe wie möglich bringen und unseren letzten Rest von Anstand für seine profanen Zwecke mißbrauchen. (Persönliche Erinnerung: Stephen King anrufen!)

Schnell jetzt! Raus mit den Stiften und den Karteikarten! Es folgt mein Geheimrezept für Treue. Erstens: Ich beginne damit, mir selbst einzureden, daß ich frei bin zu tun, was ich will. So benehme ich mich nicht kindisch und tue etwas Dummes, nur weil man es mir verboten hat. Ich beschneide auch nicht meinen Drang, andere Menschen umzubringen. Ich tue es einfach nicht. Ich füge eine Prise Selbstkontrolle hinzu, gehe meinen Gefühlen auf den Grund, lasse sie köcheln und verdampfen. Der Ofen soll niemals zu heiß werden. Zweitens: Kommt zu dieser Mixtur sexuelle Versuchung hinzu, kann ich klar sehen, was zu tun ist, ohne daß meine Entscheidung von meiner natürlichen Respektlosigkeit jeder Art und Autorität gegenüber überschattet wird. Es ist hilfreich, wenn man je nach Geschmack mit einer Ehefrau würzen kann, die es akzeptiert, daß solche Gefühle in einem Mann schlummern, und die es fertigbringt, an seiner Seite zu leben, ohne ihm ein schlechtes Gewissen einzujagen, weil er so ist, wie er ist. Finis! Jetzt können Sie ihr diese gesunde, köstliche Beziehung servieren, von der sie glaubte, daß sie nur in billigen Liebesromanen existiert.

Aber seien Sie auf der Hut, damit sie nicht von Ihnen verlangt, daß Sie diese blusigen Piratenhemden tragen und Ihren Namen in Rafe umwandeln.

Apropos billige Liebesromane. Ich war schon immer der Meinung, es müßte großartig sein, wie ein altertümlicher chinesischer Kriegsherr zu leben und mehrere Frauen zu haben. Damit wären viele Probleme gelöst. Nervt die eine, geht man zur nächsten. Andererseits: was, wenn man selbst die beiden nervt? Na ja, man ist schließlich ein Kriegsherr. Dann geht man eben zu einer anderen.

»Schatz, ich bin zurück. Ich habe einen harten Tag hinter mir – ich habe Barbaren abgeschlachtet.«

»Sprich nicht mit mir, du gepanzerter Depp. Geh zurück zu deinen Horden.«

»In Ordnung. Sei's drum. Dann gehe ich halt zu Gladys oder Helen.«

»Nur zu. Denkst du denn, wir erzählen uns nicht sowieso alles?«

Verändert sich das Liebesleben nach der Ehe? Ich nehme die Frage zurück. Ist das nicht die albernste Frage der Welt? Natürlich verändert es sich. Man will seinen Single-Freunden nur nicht die Wahrheit sagen, weil dann keiner mehr heiraten würde. Und man selbst will auch nicht weiter darüber nachdenken, weil es einfach zu deprimierend ist.

Das Gute daran ist, daß sich die reduzierte Häufigkeit ganz heimlich, still und leise einschleicht. Dabei bleibt es dann wie beim Segeln auf Halbmast. Man stellt fest, daß die Hosen eng sitzen, aber man weiß gleichzeitig, daß man weder die Zeit noch die Energie hat, etwas dagegen zu unternehmen. Das ist schlimm, aber viel schlimmer ist es noch, wenn man eines Tages – *während man es treibt* – zur Erkenntnis gelangt, daß zwei Erwachsene, die miteinander im Bett im Clinch liegen und komische Geräusche von sich geben, einfach ein lächerlicher Anblick sind. Man kann sich nicht mehr so recht daran erinnern, wieso einem das Ganze jemals so wichtig erschien, was einen dabei zum Wahnsinn getrieben und dazu gebracht hat, alle möglichen Verrücktheiten zu begehen, nur um dieses brennende Verlangen zu stillen.

Lassen Sie nicht zu, daß es so weit kommt:

»Was zum Teufel *machst* du da?«

»Ich? Schau doch *dich* einmal an!«

Einmal rief ich einen guten Freund an, um mit ihm über meine Sorgen wegen meines schwindenden Geschlechtstriebes zu reden. Ich wußte nicht genau, wie ich das Thema angehen sollte. So platzte ich ganz einfach damit heraus.

»Im Bett, wie oft läuft da bei dir etwas?«

Er lachte. »Oh, ich weiß nicht genau. Das letzte Mal muß vor vier Monaten gewesen sein. Vielleicht fünf.«

»Was?«

»Tim, ich habe drei Kinder und zwei Jobs. Wir haben beide Lust, dann kommt das Kind herein, oder das Kind ist krank. Jedesmal, wenn man denkt, man hätte an einem Samstagabend Zeit dazu, passiert etwas. Und dann steht in allen Zeitschriften, man müßte einen Abend darauf verwenden. Das ist ja alles schön und gut, aber nur in der Theorie. Wenn man sauer auf seine Frau ist – und man ist, sagen wir mal, dreißig Prozent der Zeit sauer auf sie –, dann hat man mit Sicherheit keine Lust, mit ihr zu schlafen. Es gibt eine Menge Dinge, die dem ehelichen Sex im Wege stehen.«

Plötzlich wurde mir klar, daß die *Ehe* gegen das Liebesleben arbeitet.

Ein weiser Mann mit einem kleinen Bankkonto hat einmal gesagt: Wenn man im ersten Ehejahr jedesmal einen Penny in einen Krug tut, wenn man miteinander schläft, und danach jedesmal einen herausnimmt, wird der Krug niemals leer, egal wie oft man in den folgenden Jahren miteinander schläft. Vielleicht stimmt das. Aus diesem Grund habe ich Silberdollars verwendet. Und die, die ich aus dem Krug herausnahm, tat ich in einen anderen. Wenn ich so darüber nachdenke, muß ich sagen, daß ich meine goldenen Jahre hatte.

Wenn wir Hunger haben, essen wir. Wenn wir das heftige Bedürfnis verspüren, mit jemandem zu schlafen, tun wir es. Aber im Laufe des Lebens kommen die Kinder, die Verantwortung wächst, Zeit wird kostbarer, und plötzlich wird es eng, wenn man auch noch den Sex und ein paar Stunden für die Ehefrau zum *Cosmo*-Lesen unterbringen will.

Es gibt Momente, da verliert ein Mann die Kontrolle über sich.

Meine Frau und ich gingen in ein Immobilienbüro, weil wir ein Haus in Los Angeles suchten. Sofort hatte ich ein komisches Gefühl, das meine Widerstandskraft lähmte. Ich bekam einen Giraffenhals, drehte und wendete mich, und sah eine Frau, die hinter einem Schalter am anderen Ende des Raumes saß. Sie warf ihr Haar zurück und begann, ihren Nacken zu massieren. Bevor ich auch nur einen klaren Gedanken fassen konnte, hatte ich mich schon in Pose geworfen: Ich streckte die Brust heraus und richtete mich auf. Unsere Augen verschmolzen. Die Chemie zwischen uns funktionierte sofort.

In der Zwischenzeit sprach meine Frau mit dem Immobilienhändler über Hypotheken, aber mir fiel es schwer, mich zu konzentrieren. Jedesmal, wenn ich aufschaute, starrte die Frau mich an. Sie war jetzt beim Lippenlecken angelangt. Wir umkreisten einander wie zwei Tiere. Sie hätte Mutter von sechs Kindern sein können, ich hätte sie trotzdem gewollt.

Schließlich wandte ich mich an meine Frau und fragte sie: »Riechst du etwas Komisches?«

Sie antwortete: »Warum? Hast du gefurzt oder was?«

»Nein. Ich rieche etwas. Geht da etwas vor sich, das du irgendwie identifizieren kannst?«

Sie schaute sich um und sagte: »Außer der Frau, die dich anstarrt?« Ein Lächeln spielte um ihre Lippen. »Sie will dich, Tim.«

Meine Brust schwoll um einen weiteren Millimeter, und ich sagte: »Ich weiß.«

»Und du läßt sie wissen, daß du sie auch willst«, sagte sie und schaute meine lächerliche Haltung an.

»Was? Ich habe doch gar nichts getan!«

»Schau dir doch bloß einmal an, wie du dastehst«, sagte sie. »Du stehst in Pose.«

»Oh.«

»Setz dich hin.«

»Ich will sie doch nur riechen, in ihrer Nähe sein. Es ist nichts Persönliches.«

»Hinsetzen.«

Dafür liebe ich meine Frau.

Was da passiert war, hatte fast ausschließlich mit dem Geruch zu tun. Mit diesen Pheromonen, diesen kleinen chemischen Botenstoffen, die wir alle verströmen und die ungefähr folgendes sagen: »Hey! Du da drüben. Wenn dir mein Duft gefällt, stehe ich zur Verfügung.« Oder: »Hmmm. Wie heißt das Parfüm, das du trägst?« Es ist immer gut, wenn man diesen Botenstoffen die Verhandlung überläßt.

»Das ist kein Parfüm. Ich habe mich nur heute früh nicht geduscht.«

Oh.

Hunde sind darin Spitze. Glücklicherweise sind die Menschen hoch genug entwickelt, sich nicht gegenseitig am Hinterteil herumzuschnüffeln. Aber abgesehen davon funktioniert es genauso. Wir haben keine Kontrolle darüber. Es ist animalisch. Deswegen schwärmen Frauen von männlichen Sexsymbolen wie Robert Redford und Tom Cruise. Vielleicht ist es den Kinobesitzern aber auch nur endlich gelungen, die Butter fürs Popcorn mit Pheromonen zu versetzen.

Als mir die Geschichte im Immobilienbüro widerfuhr, suchte mein Körper nach einer Möglichkeit, dort zu bleiben – und zwar allein. Der teuflische Irre in mir sagte: »Bring deine Frau nach Hause. Sag, daß du deine Jacke vergessen hast – damals bei Gilbert Dennison hat das doch geklappt, oder? Komm hierher zurück und erfülle deine biologische Bestimmung.«

Meine Gedanken überschlugen sich. Ich begann die emotionalen Konsequenzen zu überdenken. »Ich *muß* sie wiedersehen. Also ... werde ich meine Frau umbringen, meinen Job aufgeben, die Immobiliendame und all mein Geld nehmen und mit ihr nach Indiana ziehen. Dort arbeite ich in einem Eisenwarenladen, und wir treiben es Tag und Nacht!«

Schließlich erwachte ich wieder aus meinen Tagträumen, aber auch nur deshalb, weil ich meine Frau etwas über die Schenkel des Bademeisters murmeln hörte.

Wenn in der Schulzeit ein Mädchen sauer auf seinen Freund war, waren alle anderen Mädchen auch sauer auf ihre Freunde. Es hat sich seither nicht viel verändert.

Das weibliche System läuft besser im aufgewärmten Zustand. Männer sind wie langsam pumpende Diesel und Frauen wie Turbomotoren. Sie laufen besser, wenn sie warm sind. Männer gleichen eher den langsamen Harleys, während Frauen wie Ferraris sind, deren Motoren aufgewärmt werden müssen. Ich meine das nicht im sexuellen Sinne. Ich meine, daß Frauen schnell heißlaufen. Sie funktionieren besser, wenn sie ärgerlich sind. Zorn bewirkt etwas bei ihnen.

Das kann man nicht einfach vermeiden, indem man beschließt, die Frau seines Lebens niemals zu verärgern. Man hat weder die Wahl noch die Kontrolle darüber. Sie wird von ganz alleine sauer, und wenn man ihr dabei zufällig im Weg steht, trifft einen die geballte Ladung.

Meine Frau bringt es fertig, einfach dazustehen, mich anzuschreien und mich ohne ersichtlichen Grund zu beschimpfen. Wenn sie endlich erkennt, wie verloren ich bin, und wenn ich mich nicht aus kriecherischer Furcht oder aus einem tatsächlichen Schuldgefühl heraus entschuldige, sagt sie: »Ich bin nicht böse auf dich.«

»Aber du schreist mich doch an.«

Jetzt wird sie wütend auf mich. »Warum fühlst du dich immer betroffen?«

»Ich habe es doch schon gesagt, weil du mich anschreist.«

»Warum geht es immer um dich?« Und jetzt ist sie so richtig sauer auf mich.

Frauen fühlen sich stets im Recht. Frauen denken, daß Männer denken, *sie* hätten immer recht. Das kriegt man die ganze Zeit zu hören. Aber Frauen denken *wirklich*, daß sie es sind, die recht haben.

Komischerweise strahlen Frauen eine derartige Ruhe aus, daß man auf den Gedanken kommen könnte, sie wüßten wirklich etwas, das uns entgangen ist. Nicht daß Männer völlige Nullen wären, aber Frauen sind voll Selbstvertrauen auf Gebieten, wo es uns abgeht, beispielsweise im Hinblick auf gesellschaftliche Umgangsformen. Wir gehen diesem ganzen Kram aus dem Weg und konzentrieren uns auf Motoren, auf den Brückenbau, das Schuheputzen und auf das ordentliche Zerteilen einer halben Grapefruit. Frauen tun so, als ob sie diese typisch männlichen Dinge nichts angingen, weil sie ihnen Angst einjagen.

Und *dann* brauchen sie einen Mann.

Um ehrlich zu sein macht es mich wütend, daß ich immer unrecht habe. Mehr noch hasse ich es, wenn es den Frauen irgendwie gelungen ist, mich davon zu überzeugen. Der Weg zur Selbstverachtung ist sehr kurz und gefährlich. Es hat Zeiten gegeben, da hätte eine Frau mir erzählen können, daß Kartoffeln auf Bäumen wachsen, und ich hätte es ihr geglaubt.

Was hat es auf sich mit den Frauen, die versuchen, die Männer zu entmannen? Tun das alle Frauen oder nur die, mit denen ich Umgang habe? Es fängt stets mit Kleinigkeiten an: Die Frau sagt mir, ich sei dumm, oder sie macht meine Art, mich zu kleiden, herunter.

»Ich kann einfach nicht glauben, daß du das anziehen willst; ich kann nicht glauben, daß du das essen willst; es ist unglaublich, daß du die Klobrille hochgeklappt läßt. Du verhältst dich wie ein Steinzeitmensch.« Immer geht es um etwas, das *ich* getan habe.

Wenn eine Frau jammert, daß sie etwas Bestimmtes tun muß, und ich es dann für sie erledige, beklagt sie sich anschließend darüber, wie ich es gemacht habe, oder behauptet, ich hätte es nur für mich selbst getan, mit ihr hätte das überhaupt nichts zu tun.

Dieses zwanghafte Verhalten hängt mit dem Wunsch der Frau zusammen, die Herrschaft auszuüben. Nachdem die Männer klassischerweise die Brotverdiener sind, wollen die Frauen die Kontrolle über den Haushalt haben. Über die Höhle. Die gestehen wir ihnen natürlich auch zu, aber sie wissen, daß sie eigentlich nicht die Kontrolle über den Haushalt haben, solange sie nicht auch das Geld nach Hause bringen. Ich weiß, ich weiß. Eine Menge Frauen bringen das Geld nach Hause. Müssen wir denn alles verlieren?

Wir lassen ihnen die Kontrolle über die Kinder, weil sie sie schließlich *zur Welt* gebracht haben. Außerdem wissen wir, daß der Kleine alles macht, was Papa sagt, wenn wir ihm ein paar Mark zustecken.

Die Frauen kontrollieren die Geburten, was die Männer zu Tode erschreckt und ihnen ein solches Gefühl von Wertlosigkeit gibt, daß sich daraus unser Bedürfnis erklärt, uns zum Ausgleich den Rest der Welt untertan zu machen.

Bei Männern hat es stets mit mangelnder Konzentration zu tun, wenn sie sich wie Hohlköpfe benehmen.

»Lieber Himmel, ich habe einfach nicht daran gedacht. Ich habe es völlig vergessen. Ich wollte dich nicht verletzen. Das lag *nicht* in meiner Absicht.«

»Was zum Teufel war denn dann deine Absicht?«

Jeder Mann war schon einmal in dieser Lage, und man muß einfach lernen, sie auszusitzen. Natürlich erwarten die Frauen von uns, daß wir ständig denken, aber wer kann das schon? Das verlangt eine Menge Energie, die sich besser darauf verwenden ließe, die Holzsäge zu finden, die sie genommen und verlegt hat.

Männer wechseln jedoch den ganzen Tag lang zwischen unbewußten und bewußten Zuständen hin und her. Frauen sind immer bewußt. Sie denken immer. Und als soziale, verantwortungsbewußte Wesen denken sie immer zweigleisig: »Wenn ich das tue, verletzt es wahrscheinlich den anderen.«

Männer denken eingleisig: »Was kann ich tun, um noch höher zu steigen, ans Ziel zu gelangen, etwas zu bewegen, etwas Bestimmtes zu erlangen?« Männer werden vom Autopiloten gesteuert. Wir vergleichen uns ständig mit anderen Männern und dem, was sie besitzen. So sind wir angelegt. Wenn man einen anderen Mann kennenlernt, dauert es keine zwanzig Minuten, bis man gefragt wird: »Und was machst du so?« Frauen stellen dieselbe Frage.

Wenn sie von einer Frau kommt, ist diese Frage heutzutage gar nicht so dumm. Hat sie es beispielsweise mit einem Axtmörder zu tun, sollte sie versuchen, das so schnell wie möglich herauszufinden. Wenn er Techniker auf der Intensivstation ist oder mit gefährlichen radioaktiven Substanzen zu tun hat, ist es ebenfalls gut, das gleich zu wissen. Ich kenne eine Frau, die behauptet, diese Art von Fragestellung sei typisch für Nordamerika. Andernorts, wie zum Beispiel in Indien, hieße es: »Wie viele Kühe besitzt du?«

Auch das geht mir unter die Haut: Wenn die Männer solche Hohlköpfe sind, was sind dann die Frauen? Mir scheint, die Frauen kommen zu leicht davon. Mit Entschuldigungen ist meine Frau immer viel schneller bei der Hand als ich – vielleicht deshalb, weil sie sosehr daran gewöhnt ist, recht zu haben. Ich glaube nicht, daß Männer öfter unrecht haben als Frauen. Wir *nehmen nur die Schuld öfter auf uns* als die Frauen.

Lassen Sie es mich folgendermaßen zusammenfassen: Im Stadium der Werbung verhalten sich beide Seiten meist gut – was dann so lange nicht wieder vorkommt, bis ein Elternteil stirbt.

Ich bin nie über den Schock hinweggekommen, daß jemand, der körperlich so klein ist wie meine Frau, mich derart in Rage bringen kann – und mir dann auch noch einredet, alles sei meine Schuld. Meine Frau ist einem Mann sehr ähnlich. Und ich einer Frau. Ich bin immer derjenige, der bestraft wird. Beim Autofahren ist das völlig verrückt. Ich sitze hinter dem Steuerrad, und sie sagt: »Links abbiegen!« Ich biege links ab, und sie sagt: »Nein, das war falsch.« Also sage ich: »Warum hast du mir dann gesagt, ich solle links abbiegen?« Ich kann denselben Weg schon siebzehnmal gefahren sein, und trotzdem sagt sie: »Nicht … bieg hier ab.« Und jedesmal folge ich ihr, um mich dann zu fragen, warum. Ich verfahre mich, weil ich ihr gehorcht habe. Warum? Das hat alles mit Macht zu tun.

»Warum höre ich auf dich?«

»Na ja, ich fahre nicht *so*.«

»In Ordnung. Aber du fährst ja nicht«, sage ich. »Wenn du fährst, sage ich dir ja auch nicht, welchen Weg du nehmen sollst. Ich setze voraus, daß du ihn kennst – was oft nicht der Fall ist, und dann gibst du mir die Schuld, weil ich dir nicht gesagt habe, wie du fahren sollst.«

In diesem Augenblick hätte ich gute Lust, ihr zu sagen, wohin sie gehen kann.

Ich habe keine Ahnung, warum ich auf sie höre, obwohl ich genau weiß, wohin ich fahren soll. Wäre sie gefahren, und ich hätte mich so verhalten, hätte sie mir eine heruntergehaun. Wenn sie Mist baut, sagt sie nur: »Mensch, das war aber dumm«, und macht einfach weiter.

Ich sage: »Hey, hey« und warte einen Augenblick. Wenn sich dann endlich herausstellt, daß sie sich geirrt hat, versuche ich, all die anderen Male aufzuzählen, wo sie mich für eine vergleichbare Dummheit niedergemacht hat und ich mich dann erniedrigt habe, indem ich sie um Verzeihung bat.

Aber sie läßt sich auf nichts ein.

Sie entschuldigt sich überhaupt nur dann, wenn sie ziemlich kurz nach mir dieselbe Art von Fehler gemacht hat wie ich und deshalb nicht unbeteiligten Gesichts behaupten kann, sich nicht daran zu erinnern.

Ich hatte trotzdem das Gefühl, sie würde sich nicht gebührend bei mir entschuldigen, und schaffte mir deshalb einen Computer an, um alle entsprechenden Vorfälle speichern zu können. Alle Einträge sind durch Querverweise miteinander verbunden, außerdem ist es mir gelungen, Aufzeichnungen unserer Verfehlungen auszudrucken und diese in Querverbindung zu Streitthemen, Dauer und Intensität des Streits zu bringen.

Mal ganz ehrlich. Die Ehe kann Spaß machen. Ehefrauen sind auch nur Frauen. Und sie können sehr unterhaltsam sein. Ich liebe es, mit meiner Frau zu reisen. Mit ihrer weiblichen Sensibilität ist sie so verschieden von mir, daß ich die Welt immer wieder mit neuen Augen sehe. Wir sind unterwegs, wir sind sehr aufgeregt, wir benehmen uns besser, der romantische Funke, der uns einst verband, glimmt wieder auf, und sie liest die Autobahn- und Autostradakarten wie ein Champion. (Außerdem kann man bei zweihundert Stundenkilometern und einem dicht auffahrenden Mercedes auch nicht so einfach plötzlich links abbiegen.) Wir wohnen in schönen Hotels, essen hervorragend, ziehen uns gut an und staunen über die Wunder dieser Welt – und über die Wunder unserer belastbaren Partnerschaft. Wenn man ab und zu einmal aus dem Alltagstrott ausbricht, sieht man das Leben wieder aus einer anderen Perspektive. Das ist erfrischend. Und das sage ich nicht aus purer Nettigkeit.

Hätten wir kein Kind bekommen, wären wir wahrscheinlich nie mehr nach Hause zurückgekehrt.

Bald können wir sie ja mitnehmen.

Ihnen ist sicherlich klar, das ich verallgemeinert habe, um eine komische Wirkung zu erzielen. Außerdem habe ich einige Namen verändert, um die Schuldigen zu schützen. Denn entsprechend dem Motto einer frühen Novelle Kurt Vonneguts, bedürfen die Unschuldigen dieses Schutzes nicht, weil »der allmächtige Gott die Unschuldigen aus himmlischer Routine beschützt«.

In diesem Buch habe ich gesagt: »Die Männer sind so und so, die Frauen so und so.« Aber das muß nicht unbedingt stimmen. Ich kenne viele Frauen, die so sind. Und ich versuche, mich von Männern fernzuhalten, die so sind. Darum geht es in diesem Buch nicht.

Je älter man wird, desto mehr wird einem klar, wie wenig absolute Wahrheiten und wie viele verschiedene Perspektiven es auf dieser Welt gibt. Stereotype beschreiben in gewisser Weise die normalen Ereignisse, aber selbst das nicht immer.

Das Leben vor der Ehe ist ein wunderbarer Lebensabschnitt. Eines Tages aber muß jeder ins wirkliche Leben eintreten: Arbeit, Liebe und Nestbau. Und die Herumtreiberei aufgeben. Die Leute, die ich kannte und die nicht zur Ruhe gekommen sind, sind jetzt tot.

»Was ist mit Joey passiert?«

»Gestorben.«

»Und Marjorie?«

»Ist in eine Kommune gegangen und gestorben.«

Ich wollte nur mal sehen, ob Sie mir folgen.

Das soll jedoch nicht heißen, daß Sie angesichts des drohenden Todes Ihre Ideale aufgeben müssen. Sie müssen lediglich Ihre Ideen dazu zwingen, sich der realen Welt anzupassen. Früher dachte ich, ich könnte die Welt verändern. Und obwohl ich jetzt einen Teil der Welt, in der wir leben, beeinflußt habe, komme ich heute immer noch nach Hause und hoffe, daß das Essen auf dem Tisch steht. Vor dem Essen sehe ich fern und sammle mich. Männer machen das so – ebenso wie damals die Höhlenmänner, die nach einem langen Jagdtag ins Feuer starrten. Heute treten wir lang und intensiv mit dem elektronischen Feuerholz in Verbindung und wollen mit niemandem sprechen.

Nachdem ich anschließend mit meiner Frau geredet, mit dem

Kind gespielt und beim Abspülen geholfen habe, verschwinde ich im Werkraum neben der Garage, wo ich meine eigene kleine Welt nach Herzenslust manipulieren kann. Und dann ist es wunderschön, verheiratet zu sein.

Orte
der Männlichkeit

Orte der Männlichkeit findet man dort, wo Männer Männer sein können, allein oder unter anderen Männern. Es sind die letzten Bastionen des Arbeitstieres Mann. Sie suchen einen Mann? Dann schauen Sie doch mal in die Garage, die Werkstatt, das Untergeschoß bei Sears, einen Stripteaseclub, einen Transvestitenclub, einen Friseursalon, einen Männerclub, einen M-1-Panzer, aufs Deck der USS Missouri, schauen Sie sich ein griechisch-römisches Ringturnier an (vielleicht doch lieber nicht) – oder werfen Sie einfach einen Blick ins Klo gleich unten am anderen Ende des Flurs.

An jedem dieser Orte kann ein Mann in aller Ruhe seine Männlichkeit zelebrieren, ohne daß er dann viel Aufhebens machen oder sich verstellen müßte. Und er muß sich hinterher nicht bei seiner Frau für die Zeit rechtfertigen, die er dort verbracht hat. Frauen stören unsere Ausflüge an die Orte der Männlichkeit eigentlich nicht. Wenn wir unsere männlichen Anwandlungen haben, ist es ihnen lieber, wir leben sie dort aus, wo sie nicht gerade gewischt oder gestaubsaugt haben.

Aber die Reservate der Männlichkeit sind den Frauen gelegentlich auch ein Rätsel. »Ich kann mir einfach nicht vorstellen, was du den ganzen Morgen in dieser Garage *gemacht* hast.«

Ganz einfach: versucht, Bodenleisten mit einer Laubsäge zuzuschneiden und anzupassen, und dabei von einer eigenen Gehrungssäge geträumt. Das Getriebeöl gewechselt. Das Fußballspiel auf einem alten Kurzwellenradio gehört und dabei den Rasenmäher auseinandergenommen.

Als Mann könnte man ebensogut behaupten, man hätte meditiert, nur würde das kein Mann zugeben, selbst wenn er den Maharishi persönlich kennen würde.

»Äh … nichts.«

Frauen sind aus diesen Bereichen keineswegs ausgeschlossen. Gelegentliches »Hereinschauen« ist zulässig. Aber die meisten vermeiden das lieber, es sei denn, sie haben keine andere Wahl. Wenn eine Frau sich unangekündigt in der Umkleidekabine für Männer blicken läßt, kann das sowohl bei ihr als auch bei dem nackten Mann ziemliches Unbehagen auslösen. Ganz abgesehen davon, daß an diesen Orten das Dekor sehr zu wünschen übrig läßt. Es ist zu schmutzig, zu laut, zu stinkig, und die Beleuchtung ist nie so, wie sie sein sollte. Was kann es einer Frau schon bringen, sich in einem Raum aufzuhalten, der vollgestopft ist mit Kriegsandenken, alten Playboykalendern und Leuchtreklamen für Bier, die ihr Mann abgestaubt hat?

Zu den männlichen Bereichen gehören die Waffengeschäfte, nicht aber die Spirituosenläden, die Fitneßcenter, nicht aber – wie früher einmal – die Turnhallen. Inzwischen gibt es mehr Frauen als Männer, die sich in Form bringen. Ich habe schon Frauen in Turnhallen gesehen, die sicher vorher anderswo trainieren, damit sie gut genug aussehen, um in die Turnhalle gehen zu können. Boxtrainingshallen sind dagegen noch eine eher männliche Domäne, aber immer öfter treten auch Frauen in den Ring und aufs Segeltuch. Das verstehe ich nicht. Tut das nicht weh? Es tut verflucht weh. Und so zu tun, als würde etwas nicht weh tun, gehört eindeutig in den männlichen Bereich.

Wie viele andere, früher einmal ausschließlich männliche Orte ist auch die Turnhalle zweizonig geworden. Die Zweizonigkeit greift um sich wie der wilde Haarwuchs im Ohr eines vierzigjährigen Mannes. Da bleibt einem nichts anderes übrig, als in regelmäßigen Abständen Beschneidungen vorzunehmen. Zum Beispiel waren früher die Vorstandsetagen von Männern beherrscht. Das ist nicht mehr so. Aber diese Art von sozialem

Fortschritt ist absolut richtig. Außerdem haben die Männer schon immer die *echten* Firmen- und Staatsgeschäfte auf der Direktorentoilette abgewickelt. Leider haben wir dazu im Moment keinen Zweitschlüssel.

Und was um Himmels willen soll es bloß bedeuten, daß Frauen sich jetzt *tätowieren* lassen?

Das nächste Mal, wenn ich Cher sehe, muß ich mal ein Wörtchen mit ihr reden.

Ob es einem gefällt oder nicht, das Schlafzimmer ist ein weiblicher Ort. Ich würde gern so tun, als wäre es anders, aber angesichts der farblich passenden Tagesdecke und Vorhänge und der Handtuchgarnitur im Badezimmer habe ich die Realität akzeptiert. Die Männer können noch sosehr damit angeben, was sie im Schlafzimmer alles anstellen – das meiste davon ist sowieso Quatsch –, aber in Wirklichkeit hält diejenige, die die petuniengemusterten Laken aussucht, die Fäden in der Hand. Ihrem Schlafzimmersieg stelle ich gerne die Warmwasserheizungsanlage entgegen, wahrlich eine männliche Zone.

Aber der Handwerker wohnt immer noch in der Werkstatt. Und jede Frau hat gern einen Handwerker zu Hause, auch wenn es den meisten nicht klar ist. »Handwerklich begabt« steht in den Hitlisten der Frauenmagazine für die begehrtesten männlichen Qualitäten keineswegs ganz oben. (Sinn für Humor dagegen schon, aber ich finde Warren Beatty nicht besonders lustig – und schauen Sie einmal, wie es ihm ergangen ist.) Frauen *nehmen ganz einfach an*, daß Männer handwerklich begabt sind. Und Gott sei Dank ist es so. Männer lassen es sich angelegen sein, zu wissen, wie etwas funktioniert.

Auch wenn ein Mann nicht besonders geschickt ist, kaschiert er das lieber durch ein Täuschungsmanöver, als es offen zuzugeben. Dieses Verhalten, das man bei allen männlichen Primaten finden kann, nennt man im allgemeinen Sprachgebrauch »so tun, als ob«. (Bei meinen letzten Studien zum Verhalten der

Primaten an der Cornell-Universität entdeckte ich, daß von allen Affenarten lediglich der männliche Rhesusaffe unter Druck zu Kreuze kriecht. Bei einem Testversuch gaben neun von zehn bereitwillig zu, nicht zu wissen, wie man einen Deckenventilator anbringt, und zehn von zehn gaben klein bei und baten um Anweisungen.)

Andererseits werden Männer wütend, wenn eine winzige Kleinigkeit den Ablauf ihres ganzen Theaters stört. Die geistige Anstrengung bei der Überlegung, wie man es anstellen könnte, nicht allzu dumm aus der Wäsche zu schauen, nachdem man eine Phillips-Kopfschraube gelöst hat, ist unbeschreiblich. Männer benehmen sich außerdem selten zickig, wenn man sie bittet, einmal unter dem Waschbecken nachzusehen oder den Auspuff zu kontrollieren oder die Glühbirne auszuwechseln. Wann haben Sie schon einmal einen Mann sagen hören: »Ja, ich weiß, wie das geht, aber ich mache es nicht«?

Das hört man nur von seiner Freundin, nachdem man sie geheiratet hat.

Manchmal stößt man ganz unverhofft auf den perfekten männlichen Ort. Ich kannte einen Typen in Indiana, dessen selbstentworfenes Haus in verschiedene Bereiche aufgeteilt war. Es war ihm gelungen, aus seiner Garage, seinem Keller, seiner Werkstatt und seinem Zimmer eine einzige riesige Männerzone zu machen. Man konnte den Wagen in die Garage fahren und dann eine Wand verschieben, hinter der seine Werkstatt, sein Zimmer und sein Keller lagen. Das gibt einem ein Gefühl wie in einer Kirche, vor allem dann, wenn überdies noch ein Abfluß im Boden ist.

Er hatte einen solchen Abfluß im Boden. So etwas wünscht sich jeder Mann. Dabei ist es ganz egal, wo er hinführt, es darf sogar eine Attrappe sein. Hat man einen Abfluß mit einem kleinen Gitter darüber, sind die Putzarbeiten ein Klacks. Man spritzt alles ab und – voilà! Diese Art von Accessoire kann einen Mann sogar dazu bringen, wider seinen eigenen Willen Französisch zu sprechen.

Lassen Sie uns nun einen kleinen Rundgang machen.

Über die ganze Länge einer Wand erstreckt sich ein ausgesprochen cooler Arbeitsbereich aus unbehandeltem Holz. So mußte er keine Angst haben, etwas zu beschädigen, denn alles war dafür gemacht, beschädigt zu werden. Jede Frau wollte die Oberfläche lackiert haben, was bedeuten würde, daß man nichts mehr ohne Untersetzer daraufstellen könnte. Für eine Frau müßte alles von Anfang an hübsch aussehen. Seine Werkbank sah schon scheußlich aus, als sie installiert wurde. Perfekt. Alle Maschinen, die das Haus in Betrieb hielten, befanden sich ebenfalls in seinem Bereich. Aber sie waren sauber und poliert, als ob sie dort ausgestellt würden. Dieser Typ *versteckte* den Heizofen nicht. Er glänzte und wartete nur darauf, präsentiert zu werden. Die Wasserheizung war makellos und rostfrei. Im allgemeinen verlangen Frauen, daß diese Dinge aus dem Blickfeld verschwinden. Am besten würden sie sie gleich in einer anderen Gegend unterbringen.

Er besaß auch alte Werkzeuge, und zwar nicht *irgendwelche*, sondern solche, die zur Metallherstellung verwendet wurden. Darunter war auch eine Metallspitzendrehbank. Ich glaube, er wußte nicht einmal, wie man sie bedient. Jemand, der es gewußt hätte, hätte damit sogar eine Lokomotive reparieren können. In einer Männerzone geht es jedoch nicht darum, zu wissen, wie man ein Werkzeug verwendet. Es muß lediglich gut aussehen. In der einen Ecke stand ein Kühlschrank, der gefüllt war mit langhalsigen Flaschen kühlen Biers und alkoholfreiem Bier für seine Freunde, die nicht mehr trinken konnten. An der Kühlschranktür klebte ein Pirelliposter, daneben stand ein Wasserenthärter. Es gab auch einen Billardtisch mit halbfertigem Modellbauschiff auf dem abgewetzten grünen Filz. Und einen Spielautomaten, der tatsächlich funktionierte. (Spielautomaten sind in Indiana verboten. Ein Grund mehr, um vor aller Augen einen aufzustellen.)

Unter der Decke war an allen Wänden entlang ein Regal angebracht, auf dem Bierflaschen aus aller Welt ausgestellt waren. Und sie waren sauber, weil er sich wirklich die Zeit nahm, sie öfter als einmal alle zehn Jahre abzustauben. In den Ablagen standen Schachteln in einer Reihe, alle in der gleichen Größe, mit fein säuberlich gedruckten Aufklebern: »Fotos von '61 bis '72, Sommerhaus.« Alles war bestens organisiert!

Auf einer der Bänke stand ein kleines Kurzwellenradio und ein Fernseher mit einer Zimmerantenne. Der Typ hätte sich natürlich jeden Fernseher leisten können, aber in einer Werkstatt ist nur ein Schwarzweißfernseher zulässig. Wenn man noch einen findet.

Für einen Mann glich seine Werkbank einem Altar. Die Oberfläche war schön abgenutzt und hatte Einschnitte und Kerben. Eine alte Metallschraube hielt das eine Ende zusammen. Halbfertige Werke lagen überall herum – wahrscheinlich handelte es sich um Teile einer Lokomotive.

Der ganze Raum roch nach Mann. Mit anderen Worten nach Motorenöl und Lösungsmittel – übrigens ein gutes Eau de Cologne. Je nachdem, wo man stand, stiegen einem Düfte von Terpentin und Benzin und all den anderen »Ins« in die Nase. Alles, was ätzend auf die Erde wirkt, war vorhanden. Lust zum Bleischmelzen? Kein Problem.

Neben der Werkbank war ein Gewehrständer mit einem Maschinengewehr aus dem Zweiten Weltkrieg als Prunkstück, das geladen und mit einem großen Vorhängeschloß gesichert war. Jedes Werkzeug an seinem Werkzeugständer hatte seinen Platz.

Sein Hammer war sogar abgenutzt – und das kriegt man nicht oft zu sehen. Schrauben, Muttern und Dübel lagen, geordnet nach Größe und Typ, in verschiedenen Plastikschubladen.

Alles war so perfekt und seltsam. Männer sind imstande, eine umfangreiche Werkbank sorgfältig zu organisieren, können aber nicht einmal furzen, ohne dabei Spuren in ihrer Unterwäsche zu hinterlassen.

Meine Garage ist auch recht cool. Es ist nicht die verwunschene Stadt der Inkas, aber andere Männer sind schon neidisch. Ich habe ein paar Autos, mein Werkzeug und einen Mülleimer aus den dreißiger Jahren. Sie ist picobello sauber. Dort drücke ich mich den ganzen Sommer über bei geöffneten Türen herum.

Meine Frau haßt sie.

»Könntest du vielleicht die Tür schließen?« sagt sie immer.

Mir ist es lieber, wenn Leute, die ins Haus kommen, den Weg *durch* die Garage nehmen.

»Die Leute kommen aber nicht durch die Garage ins Haus«, sagt sie.

Ich habe mich dabei immer sicherer gefühlt, denn nur Freunde nehmen diesen Weg, Fremde kommen hier nicht vorbei. So kann man den Unterschied feststellen.

Wenn sie denkt, daß ich nicht hinsehe, macht sie die Garagentür zu. Ich glaube, in Wirklichkeit geht es ihr darum, daß die Nachbarn nicht sehen sollen, was darin ist.

Ich zog sie damit auf: »Lieber Himmel! Sie haben die Garage gesehen! Was sollen wir jetzt nur machen?«

»Findest du das lustig?« antwortete sie.

»Ja, es ist sogar ganz wahnsinnig komisch: Aber vielleicht hast du recht. Was, wenn sie darin einen Rechen oder etwas Ähnliches gesehen haben?«

Sie hatte nicht einmal ein Lächeln dafür übrig.

Ich finde, sie sollte mich ganz einfach in Ruhe lassen. Ich habe ihr schließlich den Rest des Hauses überlassen. Ich habe sie mir sogar ein Büro entwerfen lassen.

Das kann sie gern benutzen, während ich in der Garage bin.

In einem der neuesten Orte der Männlichkeit lebt einer der ältesten wieder auf. Dank der modernen Männerbewegung können sich Männer jetzt wieder nackt um ein loderndes Feuer in der Wildnis scharen, singen und bis zum Morgengrauen die Trommeln schlagen.

In prähistorischen Zeiten unterhielten wir uns darüber, daß Büffelfleisch das Feinste vom Feinen ist, mit welchem Griff man eine Frau am besten in seine Höhle zerrt und wie man ihr Aufgeblähtsein vom Überfressensein unterscheiden kann. Jetzt aber, entblößt in unserer ganzen glanz- und farblosen Mittelklassenglorie, entschlüpft uns schon einmal das Eingeständnis, mit unseren Vätern nicht zurechtgekommen zu sein. Darüber hinaus diskutieren wir über den richtigen Griff beim Golfspielen und versuchen, uns an den Unterschied zwischen dem Aufgebläht- und dem Überfressensein der Frauen zu erinnern.

Irgendwo habe ich einmal gelesen, daß in einer wissenschaftlichen Studie festgestellt wurde, die männliche Mitteilsamkeit gründe sich eher auf Anonymität als auf wirklichen Rudelsinn. Ein Mann ist in der Lage, seine Geheimnisse zu enthüllen, weil er weiß, daß er die anderen Typen nie mehr sehen wird. *Natürlich* ist es so. Aber genau das ist männlicher Herdensinn. Wenn man wirklich wissen möchte, wie es um die Freundschaft zu einem anderen Mann steht, kann man immer noch nackt mit ihm vor einem brennenden Feuer ringen, wie Oliver Reed und Alan Bates es in dem Film »Women in Love« gemacht haben.

Sie werden sicher bemerken, daß der Film nicht »Men in Love« heißt.

Ich glaube nicht, daß dieser New-Age-Trend der Männerbewegung anhält. Wenn er überhaupt zu etwas nutze ist, dann dazu, den Frauen ein bißchen Angst einzujagen. Seit geraumer Zeit schon sind die Männer unsicher, wie sie sich in Gegenwart der neuen Frau verhalten sollen. Und wer könnte behaupten, ein wenig Verwirrung täte einer Frau nicht gut?

Als ich vor kurzem Robert Blys Buch »Eisenhans« im Bett las, machte meine Frau mich deswegen nieder. Im allgemeinen schauen wir uns die Bücher des anderen an, um zu sehen, für was sich unser Partner gerade interessiert. Aber sie konnte nicht aushalten, daß ich so ruhig und sosehr in »Eisenhans« vertieft war.

»Ooooh, eine Geschichte über *Männer*«, sagte sie. »Worum geht's? Um irgendeinen Kult?« Sie behandelte mich richtig herablassend. »Ist das eine Art Männerclub, dem du dich anschließen willst?« Es schien für sie bedrohlich zu sein, daß ich dieses Buch las.

»Nein. In diesem Buch erzählen Männer lediglich, was sie beunruhigt.«

»Was könnte denn Männer schon beunruhigen?« fragte sie.

Ich sagte: »Geh doch mal in eine Buchhandlung, und du wirst feststellen, daß sie *voll* von Büchern für Frauen ist. Hilf diesem, hilf jenem, hilf dir selbst, hilf ihr, vergiß ihn. Dies ist einfach nur ein doofes Buch über einen Mann. Ich habe noch nicht einmal gesagt, daß es mir gefällt.«

Aber sie war bereits wütend. Der Gedanke, daß sich Männer zusammentun könnten, muß sie erschreckt haben.

Das kann man getrost vergessen.

Das Problem ist, daß es mit diesen Bewegungen auch schon vorbei ist, wenn sie erst einmal eine Modeerscheinung geworden sind. Eine Zeitlang wurde in jeder zweiten Annonce in

Männerzeitschriften das Herumklopfen auf Trommeln empfohlen. »Melden Sie sich zu unserem Wochenende in der Wildnis an. Wir bringen Ihnen das Ursprüngliche zurück.«

Geschäft verdirbt den Geschmack.

Außerdem habe ich mein Männerbewegungswochenende schon hinter mir. Versuchen Sie einmal, hinten in einem Dodge Van zusammen mit zwölf verschwitzten Typen von Detroit nach Indy zu einem Rennen zu fahren und dabei Lieder von J. Geil mitzusingen, und Sie werden verstehen, was ich meine.

Männer sitzen gerne auf Stühlen mit hoher Rückenlehne in düsteren, holzgetäfelten Ecken, trinken aromatischen Alkohol und rauchen wohlriechende Zigarren, deren Duft an männliche Fußsohlen erinnert. Wir essen gerne Salziges wie geräucherten Hering, Pistazien, Schweinespeckkrusten oder ganz einfach Salz. Bei Frauen führt Salz lediglich zu Wasseransammlungen, was sie unter allen Umständen vermeiden wollen. In Männerclubs werden Geschäfte abgeschlossen. Können Sie sich vorstellen, daß eine Frau Geschäfte abschließen will, wenn sie aufgebläht ist?

In Detroit gab es ein großartiges altes Restaurant namens Carl's Chophouse, das an einen Männerclub erinnerte. Dort aßen viele Geschäftsleute, und das typische Menü für sie bestand aus einem Porterhouse-Steak, unter dem sich der Tisch nach einer Seite neigte, einer gebackenen Kartoffel ohne Gemüsebeilage mit viel Butter, einem Glas Scotch und Schokoladenkuchen und noch mehr Scotch als Nachspeise.

Jede Menge Geschäftsleute kamen dort zu Tode, worauf Carl sehr stolz war.

Der Männerclub ist eine im Aussterben begriffene Tradition. Jetzt wollen die Frauen Zutritt dazu haben, vielleicht nur, um zu beweisen, daß wir sie nicht fernhalten können. Früher gingen die Männer abends in den Club, wenn sie sich wie Männer verhalten wollten. Jetzt gehen abends die Frauen hin, wenn sie sich wie Männer verhalten wollen. Dort können sie essen, Zigarren rauchen, Brandy trinken, Geschäfte machen und anschließend einen Stripteaseclub besuchen. Es gibt jetzt auch Stripteaseclubs für Frauen (aber dort ist es nicht so lustig).

Wie ich schon sagte – aber offensichtlich nicht oft genug wiederholen kann – ist für mich der Besuch eines Stripteaselokals so, als ob ich in ein Restaurant ginge, in dem ich das Essen nicht essen darf. Ich bekomme große Portionen gedünstetes Gemüse und Fleisch vorgesetzt und dazu gesagt: »Hey! Nicht anrühren! Soll ich es neben Sie stellen? Kostet noch mal fünf Dollar. Soll ich es Ihnen vor die Nase stellen, damit Sie es so richtig genießen können? Macht zwölf fünfzig. Und für zwanzig Dollar stelle ich es Ihnen auf den Schoß.«

Ich spiele jetzt auch Golf. Alle spielen heutzutage Golf. Das haben Männer schon immer getan, und jetzt tun sie es wieder. Golf ist dem Besuch eines Stripteaselokals vergleichbar. Man ist furchtbar aufgeregt, bezahlt einen Haufen Geld, um sich auf dem schönen Golfgelände aufhalten zu dürfen, und beginnt schon früh mit dem Trinken. Achtzehn Löcher später ist man voll und frustriert, und die meisten Bälle fehlen.

Dank der schleichenden Bizonalität spielen die Frauen jetzt auch Golf. Der einzige Unterschied zwischen Männern und Frauen auf dem Golfplatz besteht in der Geschwindigkeit. Frauen spielen nicht so schnell wie Männer und benehmen sich uns gegenüber äußerst zickig, wenn wir uns darüber beschweren, daß wir herumstehen müssen, während sie sanft dem Ball zufächern. Glauben sie mir, wir denken einzig und allein an die Gruppe, die nach uns kommt. Jetzt *hau* doch endlich mal zu!

Ich würde ja mit meiner Frau spielen, aber für eine lange Strecke würde sie ganz einfach zu lange brauchen.

Was rede ich denn da? Auf einer langen Strecke brauche ich zu lange.

Aber die wahre Freude finden Männer beim Golfspielen weder auf dem Fairway noch auf den Greens noch in der Bar. Der Umkleideraum des Clubhauses ist immer noch ein rein männlicher Bereich. Von den anderen Männern wird man »Sir« genannt. Ein unterwürfiger Zeitgenosse reinigt einem Golfschuhe und Schläger von den Schmutzspuren. Ein Gentleman bietet in der Toilette ein Sortiment von Salben und Tonics an und scheint keinerlei Notiz zu nehmen von dem »Geschäft«, das man zuvor verrichtet hat. Und Gott sei Dank kann man sich dort nirgendwo hinsetzen und sein Make-up auffrischen.

Sämtliche Räumlichkeiten haben den säuerlich-männlichen Geruch nach gewaschener, noch feuchter Wäsche, Körperausdünstungen, Schweiß, Einlegesohlen und Fußpuder gegen Schweißfüße sowie nach den drei grundlegenden männlichen Aromen: Strohrum, Right-Guard-Deodorant und Brut.

Kein Vergleich mit dem häuslichen Badezimmer, wo sich die Männer erst einmal an den gerüschten Handtüchern, den Lavendelseifen, den Kosmetikboxen und Körben voll weiblicher Haarpflegemittel und Gesichtspeeling vorbeimogeln müssen, bevor sie sich auf dem Lokus wohl fühlen können, ganz davon zu schweigen, ihn sich für ein paar Stunden zu eigen zu machen.

Auch Frauen brauchen eine Ewigkeit im Bad, aber sie legen ihr Make-up auf. Männer können den ganzen Tag in der Toilette verbringen und dort eine Waffenzeitschrift lesen. Ich lese gern feministische Autorinnen, falls es Sie interessiert.

In der Gefängnistoilette war es verdammt schön. Und bequem. Die Toilette war genau neben dem Bett – ein kleines Ding aus rostfreiem Stahl, aber enorm *leistungsfähig*. Niemals mußte man sich sagen: »O Gott, hoffentlich verschwindet das Ding auch wirklich.« Sie hätte eine ganze Decke hinuntersaugen können. Wenn man nicht aufpaßte, sog sie die Luft aus dem Raum. Wir pflegten kleine Feuerchen in der Nähe zu machen und auszuprobieren, ob wir sie beim Spülen löschen konnten.

Die perfekte Toilette für Männer müßte ganz weiß gekachelt sein und nach Pinien riechen. Es müßte einen Zeitungsständer, ein Fenster, eine Stereoanlage, einen Farbfernseher und einen Kühlschrank geben – und alles müßte sitzend erreichbar sein. Außerdem brauchte sie natürlich einen Bodenabfluß.

Es mag ja stimmen, daß Frauen ein Händchen für Pflanzen haben, aber Männer haben schon immer die Sorge für große Landflächen getragen. Wir mußten den Boden bestellen, um einen Ertrag zu erzielen. Den Frauen oblag das Kochen, aber die Männer mußten die Familie ernähren. Aus Jägern und Killern entwickelten wir uns zu Landbestellern. Und in jedem Mann steckt noch immer ein Landmann.

In der heutigen Zeit müssen wir den Rasen kurzgeschnitten halten. Ein echter Mann beauftragt keinen Gärtner, er mäht seinen Rasen selbst. Das führt uns zu einem weiteren männlichen Ort: dem Gartencenter. Dort kann man einen Rasenmäher erstehen, der so groß ist, daß man alle zwei Jahre eine Abgasuntersuchung vornehmen lassen muß. Und man lernt dort, Wörter wie Briggs & Stratton, Mulchbleche, Ungeziefervernichtungsmittel und John Deere korrekt auszusprechen.

Nachdem ich schon mein ganzes Leben lang von einem John-Deere-Traktor geträumt hatte, habe ich mir schließlich so ein Riesending gekauft. Dazu gibt es auch hübsches Zubehör. Für

94 Dollar konnte man Scheinwerfer erstehen, die ich für den Fall brauchte, daß ich nachts mähen wollte. Radkappen kosteten 230 Dollar. Ich dachte nicht lange darüber nach und dachte, meine Frau würde darüber schon überhaupt nicht nachdenken. Da lag ich aber falsch. Frauen bemerken das Zubehör immer.

»Du hast am Traktor Radkappen angebracht!«

»Ja«.

»Warum?«

»Ich weiß nicht, Aerodynamik oder so etwas.«

Die Wahrheit ist, daß Männer nur wenig Möglichkeiten haben, ihr Leben mit Accessoires zu schmücken. Unsere Accessoires sind Steuerräder oder Sitzbezüge im Auto, das ist aber auch schon alles, während es für Frauen ganze Kaufhausabteilungen voller Accessoires gibt, durch die sie hindurchwandern können wie Moses durch die Wüste. Die Anzahl der Accessoires, die den Frauen zur Verfügung stehen, wird in Kubiklichtjahren gemessen. Und dennoch braucht eine Frau nur ein paar neue Ohrringe, um einen ganz neuen Look zu erzielen. Sie hat noch dasselbe fette Gesicht. Denselben Leberfleck auf der Wange. Aber plötzlich hat sie einen neuen Look. Männer geben sich zufrieden mit einer neuen Schmutzsperre am Rasenmäher.

Das Problem liegt darin, daß ich nicht allzuoft dazu komme, meinen Traktor zu benutzen. Im Osten haben die Leute noch echte *Rasen*. In meinem Haus an der Westküste gibt es keinen Rasen, es handelt sich eher um Salat. Einmal habe ich in einem Palmenrestaurant Salat gegessen, der, glaube ich, mehr als 400 Dollar gekostet hat und genauso aussah wie mein geschnittenes Gras: Löwenzahn, Blumen und Unkraut.

Im Osten – wo mein Traktor ist – habe ich eineinhalb Hektar Land. Ich pflanze von meinem Hinterhaus aus Mais an. Aber ich bin nicht oft dort. Also kümmert sich mein pensionierter Stiefvater um meinen Rasen, wenn ich nicht da bin. Eines Tages erwischte ich ihn dabei, wie er kleine Statuen auf dem Rasen aufstellte und dabei vor sich hin murmelte. Es stellte sich heraus, daß es Unkrautbeschwörungsformeln waren. Man wird leichter den Geschlechtskrankheiten Herr, als dem Unkrautproblem.

Es gab nur eine Lösung für diese gesellschaftlich peinliche Lage: Es mußte sofort und augenblicklich etwas unternommen werden. Ich bestellte den Rasendienst. Am nächsten Tag erschien ein riesiger Lastwagen und begann damit, irgendein Zeug auf meinen Rasen zu sprühen – Chemwuchs oder vielleicht auch Chemvertilg. Es hätte auch Eistee sein können, ich hatte keine Ahnung. Man versicherte mir, es sei umweltfreundlich. Warum aber besprühte dann jedesmal, wenn ich aus dem Fenster sah, ein *anderer* den Rasen? Und warum trug er einen Strahlenschutzanzug mit Sichtklappe?

»Was ist denn mit dem Typen von neulich?«

»Tot. Aber machen Sie sich keine Gedanken. Das Zeug ist umweltfreundlich!«

»Hat meine Hündin deshalb Junge mit zwölf Beinen geworfen?«

»Haben Sie schon einmal den Wasserenthärter überprüft?«

Aber das war mir alles ganz egal. Wenigstens wuchs das Gras. Es wuchs so schnell, daß es den Motor aus meinem John Deere herausblies. Auf einmal hatte ich einen John-Deere-Liegestuhl.

Im Untergeschoß von Sears fühlt sich ein Mann zu Hause. Für einen Mann ist Werkzeug das, was für eine Frau der Schmuck ist. Wenn ich ganz unten auf der Rolltreppe angekommen bin und diese Riesenfläche voller Geräte vor mir liegt, werden meine Brustwarzen steinhart. Im Untergeschoß funkelt und glänzt alles so, daß ich meine Sonnenbrille aufsetzen muß.

Männer brauchen gar keinen bestimmten Grund, um Werkzeug zu kaufen. Solange es einen freien Platz am Werkzeugbrett gibt, sind wir ganz einfach dazu gezwungen.

Im Untergeschoß von Sears gibt es Geräte, von denen ich noch nie gehört habe. Was zum Beispiel ist ein Rohrkrümmer? Seltsamerweise krümmt er Rohre.

»Nein, ein Wörterbuch brauche ich nicht. Ich nehme ihn ganz einfach.«

Meine Mutter hat einmal gesagt, der wahre Lebensinhalt eines Mannes sei es, in einem Werkzeugladen oder bei Sears einzukaufen. Ich liebe Sears. Ich wuchs neben einem auf. In jeder Stadt gibt es einen Sears. Gehen Sie jedoch niemals bei Sears nach oben. Dort ist die Modeabteilung – was ganz offensichtlich ein Widerspruch in sich ist. Derjenige, der bei Sears das Werkzeug entwirft, ist anscheinend auch für die Kleidung zuständig. Ich achte immer darauf, daß meine Frau ihre Kleider bei K-Mart kauft.

Als wir Kinder waren, bestrafte uns unsere Mutter immer damit, daß wir unsere Anzughosen bei Sears kaufen mußten.

»Das war das letzte Mal, daß du deine Schwester angezündet hast.«

»Neiiiiin! Lieber würde ich mir die Eier mit einem Flachfinnhammer flachklopfen!«

Ich wollte diese schwere, häßliche, an den Knien doppelt gewirkte Hose nicht haben. Man hätte sich auf den Knien sechs Meilen auf einer Schotterstraße hinter einem Bulldozer herschleifen lassen können und wäre dabei so kühl und frisch geblieben wie beim Wasserskifahren. Ich bin der Meinung, Postboten sollten die Mode von Sears als Uniform tragen.

Die ist sogar kugelsicher, kein Problem.

Einmal kam Bob Vila, noch verrückter als sonst, zu mir nach Hause nach Michigan (– ich scherze nur, Bob). Wir arbeiteten an einem gemeinsamen Projekt für seine Show. Ich baute gerade eine neue Garage und ein Wohnzimmer. Seine Crew wollte Probeaufnahmen machen, aber Bob kannte mich gut genug und sagte »nein«. Dann liefen wir einfach so auf der Baustelle herum, und er fragte: »Was machst du da und da?« Ich tat *instinktiv* so, als ob. Das heißt, ich benahm mich genauso, wie er es getan hätte.

»Hier, Bob, haben wir unser Fundament gegossen.«

Er versuchte, mich mit großen Worten aus der Bahn zu werfen. »Du benutzt ja Doppel-blah-blah.«

Ich sagte: »Nein, stimmt nicht. Wir benutzen Dreifaches.« Bei allem, was er sagte, übertraf ich ihn noch.

»Wie heizt ihr denn?«

»Wir verwenden eine Schicht niedrigwertiges Uranium zwei Zentimeter unterhalb des Bodens. Der natürliche Zerfall des radioaktiven Materials erzeugt Wärme.«

»Ist das für deine Familie nicht gefährlich?« fragte er todernst.

»Es ist eine *unsichtbare* Gefahr. Man sieht sie nicht, und deshalb existiert sie nicht. Vielleicht sehen wir in ein paar Generationen wie Frösche aus, aber momentan heizen wir fast fünftausend Jahre lang unser Haus ohne irgendwelche Kosten.«

Dann sagte er: »Einen Moment mal. Hier gibt es keinen Keller.«

»Du hast es also bemerkt. Tatsächlich haben wir den Keller an einer anderen Stelle gebaut«, erklärte ich. »Wir bauen ihn fertig, heben dann das Haus an und setzen den Keller darunter. Ich finde das billiger.«

So ging es etwa eine Stunde lang weiter. Während wir uns unterhielten, machten meine Leute den Boden fertig, und dann lief Bob, ohne daß ihm irgend jemand den Einsatz dazu gegeben hätte, geradewegs durch den noch feuchten Zement.

Einem Fernsehprofi kann man einfach nicht trauen.

Den Sport halten viele für eine männliche Domäne. Okay, gut und schön. Aber damit kann ich mich hier nicht befassen. Das Thema Männer und Sport ist so umfassend, daß eine Abhandlung darüber siebzehn Bände füllen würde. Viele Männer kennen sich im Sport so gut aus, daß sie Statistiken über Statistiken auswendig wissen. Das einzige, was ich buchstabengetreu zitieren kann, ist das Heimwerkerhandbuch. Ich bin im Sport nicht einmal ausreichend bewandert, um Sie auf den Arm zu nehmen.

Das einzige, was mir zu denken gibt, ist diese Sache mit den Frauen in den Umkleidekabinen der Männer. Was das wohl bedeuten mag? Haben Sie schon einmal Männer gesehen, die alles daransetzen, in die Umkleidekabinen der Frauen zu gelangen? Sie respektieren das Privatleben der Frauen im Umkleideraum, im Gegensatz zu einigen weiblichen Reportern, die darauf bestehen, in den Umkleideraum der Männer einzudringen. Männer würden so etwas einfach nicht tun. Ich kann mir schlecht einen männlichen Sportreporter vorstellen, der unbedingt eine nackte, einen Meter achtzig große Basketballspielerinnen in der Umkleidekabine interviewen will.

Andererseits irre ich mich vielleicht völlig.

Männer definieren sich durch das, was sie tun, und deshalb ist der Arbeitsplatz ein klassisch männlicher Bereich. Wir halten uns dort den ganzen Tag lang auf und sterben dort sogar manchmal, weil wir die gefährlicheren Arbeiten

174

verrichten. Die Frauen werfen uns immer vor, alles zu kontrollieren, aber eigentlich sind wir gemeiner zu uns selbst als zu den Frauen. Männer arbeiten auf Ölbohrtürmen. Männer laufen auf hohen Stahlstreben herum. Männer reparieren Brücken. Haben sie dieses Schicksal selbst gewählt oder tun sie das etwa, weil sie klüger sind? Oder vielleicht, weil sie dümmer sind? Diese Art von Arbeit stützt nicht gerade die These: »Das ist die Welt des Mannes. Wir beherrschen alles.« Aber irgend jemand muß es ja tun, also machen es die Männer. Die Männer übernehmen die scheußlichen Arbeiten. Wären wir wirklich so gemein, wie die Frauen behaupten, würden wir bei den Kindern zu Hause bleiben und ihnen die Geschäftsessen und andere Industrieunfälle überlassen.

Frauen aufgepaßt: Auch Männer haben Vorgesetzte. Männer sind durch ihre mangelnden Kontrollmöglichkeiten ebenso kaltgestellt wie Frauen. Ich bin der Meinung, daß alles in der Hand von acht Männern – den Oberbossen – liegt. Na ja, ich kann es nicht ganz sicher sagen, aber dieser Alien, der mich in seiner fliegenden Untertasse mitgenommen und mir Dinge in den Hintern gesteckt hat, während er mich untersuchte – warum muß es eigentlich immer der Hintern sein? Was ist an diesem Ort bloß so erhellend? –, teilte mir dies als eine Art Entschuldigung für mein zeitweise unglaublich starkes Mißbehagen mit. Da er jetzt die Gestalt meines Hausarztes angenommen hat, sehe ich ihn sehr häufig. Er sagte mir auch, daß mir kein Mensch glauben würde – was die wirkliche Weltherrschaft angeht, meine ich.

Was auch immer die Frauen durchmachen, die Schuld der Männer ist es nicht. Wenn es doch so sein sollte, wissen wir nichts davon. Ich wollte dies nur einmal klarstellen.

Eine Binsenweisheit lautet, daß man selbst machen muß, was man gut gemacht haben will. Also habe ich mich entschlossen, meinen eigenen Vergnügungspark zu entwerfen. Das wird ein männlicher Ort par excellence werden.

Ich werde ihn Tim-Al-Land nennen.

Männer sind fasziniert von, vorzugsweise beschäftigt mit und genetisch angelegt für zweierlei Dinge: Bauen und Zerstören. Denken Sie nur einmal an die Dinge, die Buben machen: Sie bauen und zerstören. Nichts hat sich geändert.

Frauen sind auch eingeladen, Tim-Al-Land zu besuchen, aber es ist wie mit den meisten anderen männlichen Bereichen: Sie wollen gar nicht hin. Es riecht nach Füßen und Körperausdünstungen. Es ist nicht sehr bequem. Es ist bequem *genug*, wenn man die Art Mann ist, die gerne den ganzen Tag auf einer Parkbank herumsitzt. Außerdem ist es immer recht kühl und laut.

Im ganzen Park gibt es Schilder mit Vorschriften. Wenn man sie übertritt, kann man einen Gutschein für ein Essen gewinnen. In den Speisepavillons werden die männlichen Grundnahrungsmittel serviert: Fleisch, Kohlenhydrate, Salz und Fett. Die Hot dogs haben eine gummiartige Konsistenz, und die Kartoffelchips sind abgestanden. Alles wird auf offenem Feuer gekocht und dann in Behälter geschaufelt. Die Getränke sind eiskalt, die Tische in Wirklichkeit Ladeklappen.

Die Toiletten haben keine Sitzbrillen, dafür ertönt aber eine Stimme vom Tonband: »Kannst du nicht den Sitz herunterklappen, wenn du fertig bist? Ist das wirklich so schwer? Ich finde das nicht lustig. Fast wäre ich ins Klo gefallen …« Das bringt die verheirateten Männer stets zum Lachen. Für Frauen gibt es keine Toiletten.

Bevor man Tim-Al-Land betritt, muß man erst den richtigen Drill durchlaufen haben.

»Dort drüben ist deine Armatur. Hier ist dein Treibrad, Sohn. Stell dich mal an den Auslöser, dann mache ich ein Bild von dir.«

Ist man drinnen, muß man eine Jacke mit vielen Taschen tragen. Hat man die eigene vergessen, stellen wir welche zur Verfügung, genauso wie vornehme Restaurants ihren Gästen, die wie Landstreicher daherkommen, Jacketts und Krawatten anbieten.

Als Erbauer von Tim-Al-Land schlage ich vor, daß die Frauen ihre Männer am Tor abgeben und anschließend den kompletten Schönheitsservice nutzen, der im Damenkomplex auf der anderen Straßenseite angeboten wird. Unser Motto lautet: »Wir gewährleisten, daß es Stunden dauern wird und all Ihre Freundinnen dort sein werden.«

Tim-Al-Land. Vielleicht kann ich Disney dazu überreden.

Der Park ist ein Abbild des Besten und Schlechtesten im Mann und in Zonen aufgeteilt. Die erste ist das Bauland.

Im Bauland kann man ein Haus bauen. Sogar eine Scheune. Man kann mauern. Man kann eine Brücke bauen. Mir ist kein Mann auf der ganzen Welt bekannt, der nicht gerne 22 Dollar dafür ausgeben würde, daß er den ganzen Tag mit einer Hacke arbeiten oder lernen darf, wie ein Vorderlader funktioniert, daß er einen Bulldozer oder eine Planierraupe lenken darf. Man bekommt eine Ausbildung in einer Kiesgrube. Nach sechs Ladungen ist man wieder draußen, und der nächste kommt an die Reihe. Einmal fragte mich ein Typ in einem Brief, wie ich mich dabei fühlen würde, den größten Vorderlader auf dem Planeten Erde zu fahren oder dreißigtausend Pfund Erdaushub zu befördern und ihn dort abzuladen, wo ich gerade Lust dazu hätte. Ich bekam schon allein beim Lesen des Briefs einen Steifen.

Auf einem Platz neben der Kiesgrube darf man mit großen Metallklammern, die von einem Kran herunterhängen, versuchen, ein Auto aufzuheben und es eine kleine Rutsche hinuntergleiten zu lassen. Wem das gelingt, der darf das Auto behalten. Wer es dabei beschädigt, darf es auch behalten. Natürlich wird es dabei beschädigt!

Obwohl die Zerstörung von Dingen die gleiche Energie und Kreativität erfordert wie das Erbauen, repräsentiert das Zerstörungsland doch ganz klar die dunkle Seite des Mannes.

Im Zerstörungsland, auch Militärland genannt, dürfen Männer die gesamte Armeeausrüstung benutzen: Maschinengewehre, Haubitzen, Panzer. Und alles ist echt! Erinnern Sie sich an die Brücke, die Sie gebaut haben? Sprengen Sie sie!

Meine Frau würde sich nie in einen Panzer setzen: »Da drin ist es scheußlich heiß und eng. Und das gefällt dir? Das macht dir Spaß?«

Ein Mann hingegen deutet völlig anders: »Schafft er es durch die Wand?« Und gleich darauf fährt man mit voller Geschwindigkeit über einen Hügel, schwenkt das Geschützrohr auf die Seite und feuert heißen Stahl ab.

»Ist das die einzige Farbe? Zieht's da drin? Es ist so muffig. Und dieser Dieselgeruch!«

Im Militärland kann man auch auf dem Deck der USS Missouri sitzen, die inzwischen außer Dienst ist, und ein Sechzig-Millimeter-Gewehr abfeuern. Die Geschosse fliegen fünfundzwanzig Kilometer weit und blasen das Haus Ihres Nachbarn in die Luft, während – wenn Sie korrekt zielen – das Ihre stehenbleibt. Natürlich würde meine Frau an Deck sagen: »Hier ist es so laut!« Und ich? Ich wäre halb betrunken vom Schnaps und würde brüllen: »Noch mal feuern!« Auf der USS Missouri käme auch meine Version des Tontaubenschießens zur Anwendung. Man schießt ein kleines importiertes Auto von einer Insel aus in die Luft und zerschießt es dann mit einem Sechzig-Millimeter-Kaliber in tausend Stücke. Peng! Peng-peng! Ja!

Im Militärland könnte man auch mit einem Seewolf-Unterseeboot fahren oder sich auf Wasserskiern hinterherziehen lassen? Stellen Sie sich das vor: Man schießt in seiner modischen Sears-Spezialkleidung am Dock vorbei und winkt allen zu. Kein Boot in Sicht – nur Sie allein.

Vor ein paar Jahren schaute ich mir den Flugzeugträger USS Nimitz an und traf dabei den Zollkontrolloffizier, der inzwischen einen wichtigen Verbindungsposten bekleidet. Er stammte aus dem tiefen Süden und war schlauer, als ich jemals sein werde. Aber er klang entsetzlich dumm.

»'s Boot is fümf Fußballfelder lang. Adomgedrieben.«

Im Militärland könnten Sie auch hinter der Nimitz Wasserski fahren. Sie und 3 800 Ihrer besten Freunde. Kleine Köpfe schaukeln auf dem Wasser und versuchen, nicht unterzugehen. »Hey, Dad!« Es dauert fast fünfzehn Meilen, bis sie in Fahrt kommt. »Kopf hoch!« Alle werden auf die Beine gezogen. »In Ordnung!«

Immer wäre ein Querläufer dabei. Wenn er hinfiele, müßten alle loslassen und darauf warten, daß der Kapitän ruft: »Wenden!«

Für die Erfrischungen müßte es eine Art Bierpavillon mit einem bayerisch anmutenden Namen geben – zum Beispiel Obermeyerzelt. Bedienungen in Bustiers und Lederhosen. Bierkrüge mit Reliefs von Italien darauf. Wir könnten herumsitzen und uns überlegen, warum die Bayern Krüge mit Metalldeckeln erfunden haben, die keinem ersichtlichen Zweck dienen.

Nachdem man seinen Durst gestillt hat, geht man aufs Klo. Dort ist ein Trog. Vierzig Fuß lang. Der Höllentrog. Solides Aluminium. Wasser schießt hindurch. Achtzig Männer Seite an Seite wie Pferde. Und die Klokabinen haben keine Türen und Löcher im Boden wie in Italien. Keine Frau könnte das je verstehen.

Erstaunen dürfte es Frauen auch, daß in Tim-Al-Land nichts auch nur im entferntesten mit Sex zu tun hat. Keinesfalls. Sex ist kein männlicher Bereich. Beim Sex legen Männer einen anderen

Gang ein. Sie werden zu Konkurrenten und kämpfen, sie halten nicht mehr zusammen, sondern treten miteinander in Wettbewerb. Deshalb bin ich auch der Meinung, daß es keine gute Idee wäre, Frauen mit ins Spiel zu bringen, es sei denn, es gäbe genug davon und jedermann wäre zufrieden mit dem, was er bekommt. Aber das funktioniert sowieso nicht, und außerdem würde ich sämtliche Bierbedienungen für mich selbst behalten. Schließlich kommt man ins Angelland. Dort gibt es alles, was mit Fischen zu tun hat. Man kann Fische sehen, Fische anfassen, Fische küssen. Sogar erfahren, was er heißt, am Haken zu hängen.

»Halt still, Kind.«

»O Gott, tut das weh! Oh, verdammt, das tut weh!«

»Probier *den* einmal!«

»Himmel, du hast recht, dieser Haken tut tatsächlich weh. Das ist ja toll!«

Um die männliche Psyche wirklich verstehen zu können, muß man beim Barsch-Wettfischen zusehen. Ich habe mir einmal ein Halbfinale im Fernsehen angeschaut. Die Turnierteilnehmer bestanden aus zwei Teams mit jeweils zwei fetten Typen mit Doppelnamen – Joe Bob, Ray Bob, Tim Dick –, die in einem 830-PS-Motorboot aus metallgesplittertem Fiberglas auf Barhockern saßen. Sind Barsche etwa besonders flinke Fische? Versuchen Jim Bob und Sam Bob, sie einzuholen? Müssen sie sie vielleicht am Kopf packen? Warum müssen die Boote so schnell sein?

Einmal flog ich mit Marlin-Fischern nach Mexiko. Der Marlin ist ein Riesenfisch. Muß man ein Stück von ihm gegessen haben, um dazuzugehören? Essen Fischer überhaupt Fisch? Ich glaube nicht.

Nachdem man in Tim-Al-Land seinen Spaß gehabt hat, ist es schließlich Zeit, nach Hause zu gehen.

Neben dem Damenkomplex gibt es eine Bar, wo man noch ein

Bier trinken kann, wenn die Ehefrau noch nicht beim Friseur fertig ist.

Aber bitte, feuern Sie nicht mit dem Sechzig-Millimeter-Gewehr auf diesen Komplex.

Aufregend finde ich an Männern, was sie alles zustande bringen, wenn sie ihre Energie konzentrieren. Es gibt nichts Eindrucksvolleres als die Dinge, die wir gebaut haben. In umweltschützerischer und gesellschaftlicher Hinsicht mag etwas faul sein beim Hoover-Staudamm, aber wenn man ihn betrachtet und seine Größe auf sich einwirken läßt und man sich bewußtmacht, daß er von *Männern* entworfen und gebaut wurde, dann raubt es einem fast den Atem. Und der Grand Canyon! Nahezu zwei Jahre hat es gedauert – und Männer haben es geschafft. Und was ist mit dem Chunnel, dem Tunnel zwischen England und Frankreich? Was macht es schon, daß sie sich bei dem Versuch, sich in der Mitte zu treffen um ein paar Meter verfehlt haben. Also wirklich. Ein paar Meter bei der Größe des Gesamtunternehmens? Ein bißchen Wasser ist bei der langweiligen Fahrerei im Tunnel eine willkommene Abwechslung.

Ich verrate Ihnen ein Geheimnis. Alle Fehler, die Männer machen, sind geplant. Sie verschaffen uns einen guten Grund, dorthin zurückzukehren, wo wir frei atmen und leben können. An die Orte der Männlichkeit.

Mehr Power

Männer lieben alles, was einen Motor hat. Wenn etwas schnell ist, finden Männer einen Weg, es noch schneller zu machen. Männer lieben alles, was Krach macht, sich dreht, sich bewegt oder raucht. Was groß ist, muß noch größer werden. Was laut ist, muß noch lauter werden. Männersachen sind immer geräuschvoll. Angelruten pfeifen. Gewehre machen »klick«. Kameras »klack«. Neue Stereoanlagen seufzen. Vom Toaster bis zum Bomber, wir versuchen immer, die Power noch zu erhöhen.

Geschwindigkeitsintensitätsvolumenpower. Geschwindigkeitsintensitätsvolumenpower. Das Mantra des modernen Mannes.

Männerbereiche sind voller Männersachen. Die ganze *Welt* ist voller Männersachen. Ich weiß gar nicht, warum Männer soviel Zeug *haben*. Vielleicht, weil wir nie auf unsere Mütter gehört haben, als wir klein waren. Wir hätten unsere Zimmer saubermachen sollen, wenn sie es uns befahlen.

Kein Wunder, daß auf der Welt ein solches Durcheinander herrscht.

Viele Soziologen, meistens Frauen – okay, nur Dr. Joyce Brothers –, haben festgestellt, daß es besondere Gründe dafür gibt, warum Männer so viele Sachen haben. Ich habe noch nicht persönlich mit ihr gesprochen, deshalb weiß ich auch nicht, welche Gründe das sein sollen. Ich glaube jedoch, daß Männer Werkzeug, Autos, Stereoanlagen, Computer und Bierflaschensammlungen aus aller Welt deshalb so faszinierend finden, weil sie vom Schöpfungstrieb besessen sind. Da wir keine Kinder bekommen können, ist dies unsere Art, uns wichtig und nützlich zu fühlen. Das ist der eigentliche Grund dafür – und nicht etwa eine angeborene Faszination für Stemmeisen –, warum wir unter Autos kriechen und die Aufhängung reparieren oder alle dreitausend Meilen einen Ölwechsel vornehmen, warum es uns egal ist, wenn große Tropfen schmutzigen Öls auf unserer Stirn landen. Der Drang, wenigstens *etwas* unter Kontrolle zu haben, zieht uns magnetisch zur Schuhputzausrüstung mit all ihren schwarzen, braunen und bordeauxfarbenen Schuhcremes und hin zu Bürsten und speichelverkrusteten Lappen.

Apropos Schuhe – ich hätte eine Frage, die mich schon immer beschäftigt hat: Welche Beziehung haben Frauen bloß zu Schuhen? Offensichtlich ist ihnen nicht klar, daß man Schuhe tatsächlich *zu Hause* putzen kann. Kaum haben sie irgendwo eine abgewetzte Stelle, sind sie schon so gut wie im Mülleimer. Zeit, neue zu kaufen. Wenn wir das Geld umleiten könnten, das für überteuerte Frauenschuhe ausgegeben wird, könnten wir den nationalen Schuldenberg halbieren. Frauen haben fünfzehn Paar Schuhe im Schrank stehen – ich spreche hier lediglich von den schwarzen. Es gibt hochhackige Schuhe, halbhohe Schuhe, Schuhe mit Stilettoabsatz, Pumps, Espadrilles und Schuhe, die nicht einmal wie Schuhe aussehen.

Kommen Sie mir jetzt bloß nicht damit, daß die Tatsache, daß sie Kinder kriegen können, Frauen von allen anderen Zwängen befreit.

Schauen wir uns nur einmal das Handtaschenphänomen an. Frauen haben sechzig Handtaschen, während ich immer noch dieselbe Brieftasche mit mir herumschleppe, die ich einst im Ferienlager angefertigt habe.

Kein mir bekannter Mann würde absichtlich ins Innere einer Damenhandtasche schauen. Das lernen Handtaschendiebe schnell: die Tasche schnappen, Lippenstift, Ohrringe, Kosmetika, Tampons, Terminkalender, Autoschlüssel, Kämme und Bürsten, Energieriegel, Schlafsack, Minizelt usw. wegwerfen. Das

Geld nehmen. Ich habe noch nie in eine Damenhandtasche geschaut. Und auch noch nie eine geöffnet. Ein echter Mann stöbert nicht in einer Handtasche herum. Eine Handtasche ist off limits für Männer. Man könnte sich darin verirren. Einmal hat meine Frau 300 Dollar, die sie verlegt hatte, in ihrer Tasche wiedergefunden. Wie soll man sich das vorstellen? Ich verstehe ja, daß man Geld verlegen kann, aber in der eigenen Handtasche? Sie schaute in ihrer Handtasche nach, wo sie das Geld gleich neben der antiken Kommode fand.

Vor kurzem waren meine Frau und ich in Italien, in Florenz. Sie sagte, sie wolle Michelangelos David und andere klassische Kunstwerke sehen. Sie hatte mir allerdings nicht gesagt, daß sie herausgefunden hatte, daß in Florenz die Handtasche erfunden worden war. Schon zehn Minuten, nachdem wir in unser Hotel eingecheckt hatten, gingen wir zum Einkaufen. Es gibt zwei Straßen voll mit Geschäften, die allein *braune* Handtaschen verkaufen. Meiner Frau fielen fast die Augen aus dem Kopf! Und dann war sie weg. Ich folgte ihr in den Laden, und da stand sie und »probierte Handtaschen an«!

»Kauf sie doch einfach alle«, sagte ich. »Wir haben schließlich noch was vor. Großartige Kunstwerke besichtigen zum Beispiel.«

»Der David hat jetzt schon so lange gewartet«, sagte sie. »Ich denke nicht, daß er in den nächsten Tagen von seinem Sockel steigen und irgendwo anders hingehen wird. Außerdem sind diese Handtaschen im Sonderangebot – es ist italienische Markenware. Wie findest du diesen Henkel? Zu protzig?«

Was hätte ich darauf schon erwidern sollen? Meine Frau verwirrt es ebenso, wenn ich ihr zu erklären versuche, warum ich schon wieder ein Werkzeug brauche, das ich niemals verwenden werde.

In der Zwischenzeit trägt sie Handtaschen zur Schau, und ich kämpfe mit dem Schlaf. Ich kann einfach nicht mit Frauen

einkaufen gehen. Es ermüdet mich. Sobald ich die Damenab-
teilung eines Warenhauses betrete, schwindet meine ganze
Energie. Plötzlich bin ich wieder sieben Jahre alt, sitze hinten
in unserem Familienkombi und werde vom Fahrgeräusch in den
Schlaf gelullt. Die fluoreszierende Beleuchtung in den Einkaufs-
zentren macht mich sehr schwach. Als ob sie aus Kryptonit
wäre. (Die fluoreszierende Beleuchtung in Elektrogeschäften
flößt mir jedoch urplötzlich Energie ein.) Frauen wissen das.
Deswegen zwingen sie uns auf diese kleinen Schülerstrafsitze
bei den Ankleidekabinen, anstatt uns unseren eigenen Einkäu-
fen nachgehen zu lassen. Um dann in irgendeinem scheußlichen Gewand herausgewalzt zu kommen und zu fragen: »Wie
findest du das?«

Man ringt sich zu der stereotypen Antwort durch: »Schön. Sehr
schön.« Und tauscht ein der Situation angemessenes »Nicken
und Lächeln« mit dem erschöpften Ehegatten im nächsten Stuhl
aus.

Dann verschwindet sie und erscheint wieder mit einer zum
Kleid passenden Cocktailhandtasche. Sie hat etwa die Größe
einer Maraschinokirsche *und kostet 3000 Dollar*. Bei diesem
Preis müßte sie zu jeder Kleidung passen. Sie trägt sich ganz von
allein. Und natürlich paßt nichts hinein.

»Sie soll dekorativ wirken, Schatz.«

Was würde man nicht gerne alles sagen und verkneift es sich
dann doch.

Ich liebe Autos. Autos sind mein ganzer Lebensin-
halt. Meine Frau ist eine kluge berufstätige Frau, der Autos völlig
egal sind. Als wir es uns endlich leisten konnten, ihr genau das
Auto zu kaufen, das sie haben wollte, bat ich sie, mir ihren

Herzenswunsch zu offenbaren. Egal, aber auch wirklich ganz egal, welchen ...

»Rot«, sagte sie.

Jungen träumen von Autos, weil sie etwas ganz Bestimmtes repräsentieren: die Ausdehnung der Grenzen weit über das Zuhause hinaus. Sie bedeuten Abenteuer. Man kann über Land fahren. Man kommt aus der Stadt heraus. Autos bedeuten Freiheit. Männer wollen Macht. Freiheit ist Macht. (Wie die meisten Jungen, träumte auch ich davon, ein Superheld zu werden. Ich liebte Spiderman. Und wofür wollte ich meine neue Supermacht verwenden? Um mir ein Auto zu beschaffen. So bin ich nun mal. Hochgesteckte Ziele.)

Frauen haben eine wesentlich subtilere Haltung gegenüber Autos und der Freiheit, für die sie stehen. Vor allem geht es ihnen darum, graziös ein- und auszusteigen, und um die Frage, wie sie sich anziehen sollen, damit die Typen mit Auto sie mitnehmen. Der ganze gesellschaftliche Zirkus eben. Sie setzen voraus, daß sie *in* einem Auto sitzen werden, wissen aber bereits, daß es für sie von Vorteil ist, kein Auto zu *besitzen*, und zwar wegen des Gleichheitsproblems, der Wertminderung und weil sie wahrscheinlich – mit Ausnahme der Rennfahrerin Shirley »Cha Cha« Muldowney vielleicht – kein Auto reparieren können und dies auch gar nicht wollen. Frauen haben völlig recht, wenn sie es einfacher finden, einen Mechaniker zu haben, der sie zudem noch herumchauffiert. Neben der Zeugung von Kindern und der Entsorgung des Hausmülls ist dies der Grund, warum sich die meisten Frauen einen Ehemann wünschen.

Ich liebe Autos so sehr, daß ich mich ständig auf Parkplätzen herumdrücken würde, wenn ich nicht Angst hätte, daß jemand die Polizei ruft. Einmal ging ich in ein Geschäft, um Radkappen für mein Auto zu kaufen, da mir meine gestohlen worden waren. Ich hätte den ganzen Tag dort verbringen können. Als ich hereinfuhr, sagte ein Typ, der gerade gleichzeitig aus seinem

Wagen ausstieg: »Schöne Räder.« In der Männersprache bedeutet das, daß er mich nett fand.

»Was haben Sie denn unter der Haube?« (Er will mich näher kennenlernen.)

»Supergetriebenen Hemi.« (Ich bin vorausschauend und risikofreudig.)

»Wann kommen Sie in den roten Bereich?« (Kommt darauf an, was er meint.)

»Bei siebentausend Umdrehungen. Spitzengeschwindigkeit etwa 140 Meilen in der Stunde.« (Ich bin viel zu schnell für dich, Freundchen. Aber danke der Nachfrage.)

Was ich an Los Angeles immer lieben werde, ist, daß dort jeder ein Auto hat. Jeder *muß* ein Auto haben. Sonst muß man ein Marathonlauftraining absolvieren, nur um Milch im Lebensmittelgeschäft zu holen. Einige von diesen hausgemachten Autodesigns sind aber teilweise schwer nachvollziehbar. Wer ist bloß auf den Gedanken gekommen, diese winzigen Mini-Pickups mit ihren kleinen Motoren mit riesigen Rädern und einem derart lauten Geräuschsystem auszustatten, daß ich jedesmal glaube, wir haben ein Nachbeben, wenn so ein Vehikel durch unsere Straße fährt?

In Los Angeles gibt es auch einen Geländewagenkult. In der Nähe der Rocky Mountains , wo ich aufgewachsen bin, gab es keinen Vierradantrieb, sondern nur Ketten. Inzwischen hat jeder einen Range Rover, um zu zeigen, daß er stilvoll in schwerem Gelände herumfahren kann. Es ist mittlerweile gesellschaftlich akzeptiert, ja, es liegt sogar im Trend, auf die Frage: »Fährst du viel Gelände?« mit »Nein. Aber ich kann jederzeit« zu antworten. Oder gar mit »Was ist Geländefahren?« Ein Typ im Range Rover, der neben mir die Straße hinunterfuhr, sprach in sein Mobiltelefon, faxte etwas in sein Büro, schaute dabei das Fußballspiel auf seinem Sony-Minifernseher an und hatte gleichzeitig Sex mit einer Frau. Wahrscheinlich wollte er damit einfach sagen: »Schaut mich alle an! Schaut mich nur an!« Ich schaute hin, aber mir ist immer noch nicht klar, wer das Auto eigentlich lenkte.

Der alte Toyota Landcruiser war ein echtes Männerauto. Er sah funktionell aus. Jetzt ist alles so gestylt. Range Rover stellt ein Fahrzeug her, das mit seinem Löwen- oder Elefantenemblem wirkt, als käme es geradewegs aus »Daktari«. Sobald ich es gesehen hatte, wollte ich es haben. Ich hätte auch gern einen Humvee wie Arnold. »Maria, wir nehmen den Hummer!« Jedesmal, wenn etwas hergestellt wird, das aussieht, als käme es vom Militär, kann man sicher sein, daß viele Männer sagen werden: »Ja, das gefällt mir.« Hinter der Militärausstattung steckt ein attraktives Zweckdenken, das einen Mann direkt ins Herz trifft und das weit über die Kaserne hinaus verbreitet ist. Baugeräte sind nach denselben Prinzipien massiver Stärke und Unzerstörbarkeit hergestellt. Wenn nicht die gelbe Farbe wäre, hätte ich nichts dagegen, einen Bulldozer mein eigen zu nennen. Olive Tarnfarbe ist besser. Alles sieht in oliver Tarnfarbe schöner aus, sogar Bettücher. Eines Tages werde ich ein Auto haben, das grün ist von Stoßstange zu Stoßstange. Und das werde ich dann nicht waschen. Es wird im Laufe der Zeit immer schöner werden, und schon bald werden die Nachbarn einander fragen: »Ist da gerade ein Busch mit einer Schußvorrichtung vorbeigefahren?«

Das Gute bei meiner Autobesessenheit ist, daß ich mein Fahrzeug selbst reparieren kann. Jedenfalls war das so, bis ich einen Cadillac mit einem Northstar-Motorsystem bekam. Wenn der erste Kontrollservice bei 100 000 Meilen angesetzt ist, wozu hätte ich dann daran herumpfuschen sollen? Wahrscheinlich ist das sogar gesetzlich verboten. Vor ein paar Tagen habe ich unter die Motorhaube geschaut und unter dem Flüssigkeitsbehälter für die Scheibenwaschanlage ein Hinweisschild gefunden, wie man es manchmal auf Matratzen sieht. Darauf stand: »Sie dürfen dieses Schild entfernen, aber lassen Sie sich bloß nicht einfallen, *irgend etwas anderes* zu berühren.«

Ich habe verschiedene Traumautos. Eines davon ist ein toller Mustang, bei dessen Design ich mitgewirkt habe. Ich hätte auch gern einen Ferrari, obwohl ich nicht weiß, was an denen eigentlich so Besonderes ist. Schon als Kind wünschte ich mir einen schwarzen Ferrari. Halten Sie es etwa für Zufall, daß Testarossa so ähnlich klingt wie Testosteron? Ich weiß aber nicht, ob ich jemals mit einem Ferrari irgendwohin fahren könnte. Wahrscheinlich würde ich mich wie ein blöder Mittel-klassetyp fühlen, der den Boulevard hinunterfährt, versucht, in sein Handy zu sprechen, dem Büro zu faxen, dabei fernzusehen und mit seiner Frau zu schlafen, und das alles, ohne eine rote Ampel zu überfahren oder den Typ in dem Range Rover neben mir zu verärgern.

Außerdem träume ich davon, eine Langstreckenlimousine zu besitzen, die eine Kreuzung zwischen einem Kleinbus, einem Mercedes und einer Korvette ist. Dieser Wagen müßte Sitze haben wie ein Flugzeug, auf denen man schlafen oder dem Typ vor einem einen Tritt versetzen kann, wenn er den Liegepositi-onsknopf drückt und einem das Klapptischchen in die Eier stößt. Er würde abseits der Straße fahren, fliegen und tauchen können und wäre völlig autark. Ich könnte darin wohnen, wenn mich meine Frau hinauswirft. Als Zubehör hätte er Werkzeuge zur Metallherstellung, damit ich meine eigenen Ersatzteile herstel-len kann, wenn ich eine Panne habe. Und so würde ich für immer und ewig fahren, niemals ein Bad nehmen und den ganzen Tag Süßigkeiten essen.

Warum mögen Männer Werkzeug und ähnliche Dinge? Viele denken, das habe mit sozialer Prägung zu tun, und meinen damit wahrscheinlich, daß es sich nachhaltig auswirkt, daß in den Schulen die Buben in den Werkunterricht gehen müssen. Ich wäre lieber in die Hauswirtschaftsklasse gegangen, obwohl ich immer noch auf die Frau warte, die einen solchen Kurs belegt hat und mit mir über internationale Finanzfonds und Weltbanktheorien diskutieren kann – ganz zu schweigen von einer, die fähig wäre, ökonomisch zu wirtschaften. Trotz dieser Lebensenttäuschung war es schon damals in der Schulzeit klar, daß Mädchen und Essen besser sind als das Formen von Metall oder die Anfertigung künstlerischer Aschenbecher.

Bei jedem Werkunterricht war es dasselbe Lied. Man brachte nie etwas fertig. Für die Jungen gab es jede Menge Regeln und Vorschriften.

»Holt euer Werkzeug, stellt euch an eurem Arbeitsplatz auf, wartet auf eure Anweisungen.«

»Folgt der gelben Linie zurück zu eurem Arbeitsplatz und fangt mit der Arbeit an.«

Fünf Minuten später schrillte die Glocke.

»In Ordnung, zurück zum Arbeitsplatz, reinigt euer Werkzeug, und dann schaut, daß ihr mir aus den Augen kommt.«

Der Werklehrer trug immer einen Arbeitsmantel. Ich sah einmal einen Film, in dem ein Schimpanse einen Arbeitskittel trug, was ungefähr soviel Sinn machte wie Mr. Johnsons Versuch, wie ein Profi zu wirken. All meinen Werklehrern fehlten außerdem diverse Finger.

»Paß mit der Kreissäge auf, es kann einen Rückstoß geben. Ich mache keine Witze! Jemand soll mir mal helfen, diese Arbeitsblätter auszuteilen!«

Wie ich schon sagte, hätte ich lieber eine Hauswirtschaftslehrerin mit flambiertem Gesicht gehabt, »Mädchen, seid vorsichtig beim Flambieren, es kann Explosionen geben. Schaut euch meine Narben an. Ich erzähle keinen Blödsinn.«

Das Problem bei den Werkzeuggürteln ist der Spalt, der im Hinterteil entsteht. Ältere Arbeiter tragen Hosenträger. Junge Männer – na, Sie wissen schon. Ich glaube, sie *mögen* diesen Look. Mein Bruder hat eine Firma in Kalamazoo, er richtet Wohnungen her. Wenn er und seine Kollegen zusammentreffen, hat man das Gefühl, auf einem Hinterbackenspaltfestival zu sein. Diese Typen *müssen* doch wissen, was sie da zeigen. Installateure haben wegen der Haltung, die sie beim Arbeiten einnehmen müssen, das schlimmste Hinterbackenspaltproblem von allen.

»Hey, Tony, schau dir mal diesen Spalt an, der muß ja acht Zoll lang sein.«

»Ja, ja, ganz toll, nicht wahr?«

»Warum steckst du nicht einfach den Plan für das Haus da hinein, um ihn zum Vorarbeiter zu tragen?«

»Pete! Schöner Hinterspalt. Was ist das da hinten – ein Bleistifthalter?«

»Gut und schön. Aber ich habe heute meine kleine Tochter dabei, und sie ißt gerade da drüben. Ich würde das Teufelsding ganz gerne mit dem DAP-Latex-Hinterbackenspaltfüllstoff zukleben, den ich mitgebracht habe. Soll ich was davon auf deinen fetten Arsch schmieren, damit ihr das Essen nicht wieder hochkommt?«

Der Hinterbackenspalt ist für Männer, was für Frauen der Spalt zwischen den Brüsten ist. Ich würde gern Modeschmuck für Männer entwerfen. Hinterbackenspaltschmuck. Perlen und

Goldmünzen, um die natürlichen Konturen zu unterstreichen. Schon bald würden die Hosen für die etwas mutigeren Männer niedrig geschnitten sein und die »Hinterbackenspaltchirurgie« der letzte Schrei werden. Das Vorher-Nachher-Demonstrationsalbum in der Praxis der Schönheitschirurgen möchte ich nicht sehen. Schon bei dem Gedanken daran wird mir schlecht. Aber trotz ihrer Mängel liebe ich Werkzeuggürtel. Nachdem jedoch der perfekte Werkzeuggürtel noch nicht entworfen worden ist, habe ich drei davon: einen für Zimmerleute, einen für den Generalisten unter den Handwerkern und einen Barbecuegürtel. Letzterer ist mit einem Spatel, einer Gabel und einem Spieß ausgestattet, die an Ketten befestigt sind. Man zieht sie nur heraus, zurück schnalzen sie von alleine. In kleinen Dosen befinden sich Ketchup, Senf und Tabasco. Meine Frau weiß, daß mit mir nicht zu spaßen ist, wenn ich mich nackt im Schlafzimmer aufhalte und alle drei Gürtel gleichzeitig trage.

Der perfekte Gürtel wäre eigentlich gar kein Gürtel, sondern ein Ding, das Porsche, Mercedes, Bosch, Black & Decker, Motorola und Q. nach dem Vorbild der James-Bond-Filme entworfen hätten. Es wäre an einem kleinen Schulterhalfter zu tragen, ein kleines silbernes Ding aus poliertem rostfreiem Stahl mit einem Bohrer, einer Säge, einem Schneider und einer Klebepistole. Und man könnte es wieder aufladen. Es wäre so etwas wie das Schweizer Armeemesser unter den Werkzeugen.

Aber solange es das nicht gibt, bin ich ziemlich verliebt in meinen Handwerkergürtel. Er besteht aus einem großen dicken Streifen Kuhhaut und hat riesige Taschen und Schlaufen. Ich laufe mit zwei Lötkolben herum, die tief im Halfter stecken wie Pistolen.

»Komm schon, Schatz, mach was kaputt. Los.«

Ich gehe durchs Haus und halte Ausschau nach Dingen, die ich verkabeln kann. Einmal habe ich Opas Hörgerät repariert, weil er immer »Was?« fragte, wenn ich mit ihm redete. Es war ein

Kinderspiel, da mehr Power hineinzubringen. Ich fuhr beim Radiozubehörladen vorbei und kaufte ein Koaxialkabel und einen 160-Watt-Verstärker. Jetzt hört Opa wieder gut. In einer klaren Nacht kann er sogar die Übertragungen vom Space-Shuttle empfangen.

Ich habe mir eine Makita-Minikreissäge gekauft. Ich mußte sie einfach haben. Einmal habe ich sie schon benutzt, während meine Frau sie schon ein paarmal verwendet hat, aber nie zu ihrem eigentlichen Zweck: dem Zusägen von Wandpaneelen am Bau. Man macht kleine Kerben und schneidet dann hinein und heraus. Sie benutzt sie zu Hause und ruiniert das Schneideblatt, nur um dann zu sagen: »Das Ding funktioniert nicht richtig.«
»Schatz, ich glaube nicht, daß man sie zum Haareschneiden oder Geflügelzerlegen benutzen sollte.«
Nach einigem Zureden benutzte sie schließlich meine große Kreissäge. Zum Haareschneiden taugt sie nicht, aber Geflügelzerkleinern ist damit ein Kinderspiel. Die Haare des Hähnchens zu schneiden erfordert jedoch viel Übung.
Wie Sie sich wahrscheinlich schon gedacht haben, werden mir von Leuten, die denken, ich hätte davon eine Ahnung, ständig Fragen über Werkzeug, Bau- und Reparaturarbeiten gestellt. Nachstehend ein paar der beliebtesten Fragen. Ich übernehme jedoch keinerlei Verantwortung, wenn Sie meinem Rat folgen oder ein Wort von dem glauben, was ich sage. Hiermit sind Sie gewarnt.

Frage: Braucht ein Mann wirklich einen Schlüsselsatz mit zwölf doppelköpfigen Maulschlüsseln, zwanzig Nüssen und Ratsche sowie zehn Inbusschlüsseln?

Antwort: Nein. Ich habe jetzt einen Wechselschraubenzieher, der alles andere in meinem Werkzeugkasten ersetzt. Wenn ich nur dahinterkäme, wie er funktioniert. Er ist schwer und klickt und macht etwas her – was für mich schon teilweise ein Grund war, ihn zu kaufen –, aber er liegt nur herum. Ein Glück, daß ich den alten Schlüsselsatz noch habe.

Frage: Warum haben einige Schrauben einen einfachen Schlitz und andere einen Kreuzschlitz, den sogenannten Phillipskopf? Und wer ist Phillips überhaupt?

Antwort: Habe den Typ noch nie kennengelernt. Aber jemand hat mir mal gesagt, daß sein mißgestalteter Kopf spitz zuläuft. Die Leute wagen aber seit dem Mord – jawohl, mit einem Schraubenzieher – nicht mehr, darüber zu sprechen. Ich vermute, er ist mit der Magnesiummilch-Familie verwandt. (Was zum Teufel ist Magnesium, und wie melkt man es?) Das erscheint mir einleuchtend, da man zur Magenberuhigung Magnesium braucht, wenn man den ganzen Tag damit verbracht hat, eine Kreuzschlitzschraube aus der Wand zu ziehen, deren Schlitze man schon in den ersten zwei Minuten ruiniert hat. Und hier kommen noch mehr schlechte Nachrichten. In den Heimwerkergeschäften gibt es inzwischen eine sogenannte sternförmige Schraube, deren Kopf in Form eines fünfzackigen Sternchens eingekerbt ist und die jetzt von allen Herstellern verwendet wird, was

195

bedeutet, daß fünf Milliarden Schraubenzieher nutzlos geworden sind. Wünschen Sie sich nicht, Sie hätten schon eher daran gedacht?

Frage: Was ist das eigenartigste Werkzeug, das Sie jemals gekauft haben?

Antwort: Eigentlich ein Gartenschredder. Das ist eine Gartenmaschine, aber gleichzeitig auch ein Werkzeug. Es war eine größere Sache. Eine Frachtgesellschaft mußte ihn mir bis vor die Tür liefern. Ein großer Diesel Kenworth fuhr vor meinem Haus vor, und zwei kräftige Typen hievten den Schredder vom Lastwagen. Das Ding hat einen Zwölf-PS-Motor und alle denkbaren Finessen. Wozu es gut ist? Es zerkleinert das Holz *auf dem eigenen Grundstück.*

Lachen Sie nicht. (Okay, meine Frau hat auch gelacht.) Ich wollte nur all die Zweige loswerden, die sich im Laufe des Jahres auf meinem kleinen Terrain von eineinhalb Hektar angesammelt hatten. Ich besitze viele große Bäume, und da fällt immer etwas herunter. Bei dem Typen in der Werbung sah es so einfach aus; kein Haar rührte sich auf seinem Kopf. Nachdem das junge Paar im Fernsehen die Äste im Schredder zermahlen hatte, warf es sie in eine Mischmaschine und machte daraus Mulche. Dabei lächelten die beiden ununterbrochen. Die Mulche soll gut sein für Lorbeersträucher und ähnliche Büsche. Leider verlor ich beinahe ein Bein, als ich versuchte, den Schredder in Gang zu setzen – so stark war er. Außerdem machte er einen derartigen Lärm, daß ich dachte, er sei kaputt. Also bekam ich Angst. Ich dachte nur noch daran, daß mein Zeigefinger an einem Zweig hängenbleiben und ich mit in den Schredder gesogen werden könnte wie ein Mensch, der dem Jet-Sog einer F-14 zu nahe kommt.

Meine Frau teilte mir mit, sie sei überhaupt nicht begeistert von der Idee, sich um meine blutigen Überreste kümmern zu müssen, und das nur, weil ich mir in den Kopf gesetzt hatte, unbedingt meinen Rasen *sehen* zu wollen. Außerdem hielt sie meine Aktion für vollkommen unangemessen.

»Versuchst du nicht, mit einer Atombombe einen Moskito zu töten?« Immer hat sie eine Metapher bei der Hand. »Bündle doch ganz einfach die Zweige, bring sie hinaus auf die Straße und laß sie vom Müllmann abholen. Der bricht dir mit Sicherheit nicht das Bein, noch verstümmelt er deinen Körper. Oder noch besser, verbrenne sie. Dann kannst du wenigstens mit dem Feuer spielen!« Sie weiß ganz genau, wie sie bei mir den richtigen Nerv trifft.

Das war ein guter Ratschlag. Inzwischen schimmelt der Schredder im Gartenhäuschen vor sich hin, und zwar neben dem Rasenmäher, den ich nicht mehr benutze.

Frage: Wie würden Sie klassische Hausgeräte neu erfinden?

Antwort: Ich hätte gerne einen schnurlosen Handstaubsauger. Außerdem eine Waschmaschine, die einem mitteilt, ob man den Weichspüler schon hineingegeben hat. Nicht, daß ich jemals gestaubsaugt oder mich um die Wäsche gekümmert hätte. Ich würde es aber machen, wenn Bügeleisen, Waschmaschinen oder ein Wäschetrockner erfunden würden, an denen ein Mann Gefallen finden kann. Ich brauche weder Blumen- noch Pilz-, noch Vogelmuster auf allen Gegenständen. Ich bin mir nicht einmal sicher, daß die Frauen sie brauchen.

Frage: Können Sie mir erklären, warum bei den Steckern jetzt ein Pol größer ist als die anderen und ob ich den größeren von Hand zu Hause ändern und den Stecker dann gefahrlos benutzen kann?

Antwort: Das hat alles mit Polaritäten zu tun: Der ganze Strom muß in die gleiche Richtung laufen, und es ist sehr gefährlich, den Stromfluß zu ändern. Wenn man zu viele Strömungen kreuzt, tritt ein Kurzschluß des ganzen Systems – womöglich des ganzen Planeten – ein. Also haben sie die Stecker so entworfen, daß der Strom in die gleiche Richtung läuft. Ich bin mir aber nicht sicher, ob ich das auch wirklich glaube. Eigentlich möchte ich gerne wissen, wer denen die Erlaubnis gegeben hat, den Stecker zu verändern – das ist ja so ähnlich, als würde man eines seiner Nasenlöcher plötzlich größer machen als das andere.

Bei dreipoligen Steckern ist der runde die Erdung. Das ernsteste elektrische Problem Amerikas entsteht dann, wenn man ein Gerät oder einen Computer mit einem dreipoligen Stecker, aber eine Steckdose mit nur zwei Löchern hat. Was tut man in einem solchen Fall? Diese kleinen grauen Adapter bleiben nie in der Wand. Außerdem sehen sie häßlich aus. Also gerät man in einen Riesenschuldkonflikt bei der Frage, ob man den großen dicken Hund einfach abschneiden soll.

»Niemand sieht mich. Es sind keine Bullen in der Nähe. Was wäre, wenn ich das Biest einfach abschneiden würde?«

Ich würde es ja tun, wenn ich nicht den Eindruck hätte, daß es irgendwo in der benachbarten Stromzentrale ein Meßgerät zur Überwachung dieses speziellen Problems gibt, das dann ungefähr so reagiert: »Was zum Teufel? Irgendein Idiot hat den Erdungsstecker entfernt. Alles in Alarmbereitschaft! Schickt einen Streifenwagen hinüber zu den Allens! Wir erschrecken ihn zu Tode, damit er so etwas nie wieder macht!«

Zum Glück wird der erste Gesetzesbruch nur als Verstoß geahndet, obwohl mir zu Ohren gekommen ist, daß man sich alles verscherzt, wenn man alle drei Pole abschneidet.
Ich habe niemals den großen Pol abgeschnitten. Ich habe mir zu diesem Zweck eine Schleifmaschine gekauft.

Frage: Was würden Sie im Haushalt außer den Steckern noch gerne verbessern?

Antwort: Ich würde mir eine sichtbare Hausmechanik wünschen, und ich hätte gern einen besseren Zugang zur Installation. Außerdem sollten die elektrischen Leitungen nicht gar so versteckt liegen. Zwar wäre mein Haus dann kein sehr erfreulicher Anblick und ähnelte eher einem Unterseeboot als einem Zuhause, aber es muß eine Möglichkeit geben, die Hausmechanik funktioneller zu gestalten und trotzdem damit leben zu können.

Meine Anliegen habe ich dem Typ mitgeteilt, der ein Haus für mich baut. Er sagte: »Ich kann es wie ein Bürogebäude aussehen lassen, wenn Sie wollen.«
Ja, *genau das* wollte ich.

Frage: Sie sind so männlich. Für welche Arbeiten rund ums Haus eignen Sie sich am besten?

Antwort: Hauptsächlich für das Aufhängen von Bildern. Das ist gute Arbeit und ein ruhiger Job. Ich benutze dabei einen Hammer, bei besonderen Anlässen auch eine Wasserwaage. Das ist sehr aufregend.

Frage: Macht es Ihnen etwas aus, wenn Sie von völlig Fremden nach Ratschlägen zur Verbesserung im Haushalt gefragt werden?

Antwort: Ein Pilot hat das einmal gemacht. Er wußte, daß ich an Bord war, und kam aus dem Cockpit in die Passagierabteilung. Als ich ihn sah, war mein erster Gedanke: »O Gott. Hoffentlich hat er den Autopiloten eingeschaltet.« Dann starrte er mich ein paar Sekunden lang an, versuchte, sich über etwas klarzuwerden, und ich dachte mir: »Hoffentlich sagt er mir nicht, daß es nur einen einzigen Menschen an Bord gibt, der diese Boeing 757 landen kann, und zwar mich.« Schließlich setzte er sich und raunte mir zu: »Wenn mein Stuck bis hinunter zum Fundament reicht und ich eine undichte Stelle habe, sollte ich dann ...« Ich schnitt ihm das Wort ab und sagte: »Was würden *Sie* denn tun?« Ihn selbst überlegen zu lassen, war das Beste, was ich tun konnte, nachdem ich keine Ahnung hatte, wovon, zum Teufel, er sprach.

Zum Thema »mehr Power« kann man stets etwas in der Nachtwerbung finden. Und es geht *immer* um etwas, von dem wir in Amerika noch nie gehört haben, das aber in Europa einen Riesenerfolg hat.

Warum bloß *haben* wir noch nie davon gehört, wenn es so toll ist? Und warum kann es dann nur in der Nachtwerbung angepriesen werden? Wie kommt es, daß der Einzelhandel nicht Schlange steht, um sich dieses neueste Wunderprodukt unter den Nagel zu reißen? Soll ich den Satz »im freien Handel nicht erhältlich« verführerisch finden? Ist ein Produkt besser, weil es nur an der Straßenecke erhältlich ist? Warum soll ich mich immer vor Imitationen hüten? Warum ist es immer nur begrenzte

Zeit lieferbar? Kein Wunder, daß ich ein nervöses Darmproblem habe.

Das erinnert mich an die psychologische Hotline, die ebenfalls in der Nachtwerbung feilgeboten wird. »Wenn Sie etwas über Ihre Zukunft erfahren wollen, rufen Sie die Hotline an. Ihre eigene Psyche wartet auf Ihren Anruf.« Ja, in Ordnung. Sollte ich dort anrufen, werde ich unter keinen Umständen meinen Namen sagen. Die sollen ihn mir sagen! Die meisten Nachtwerbungen verlassen sich auf das Boxcar-Willie-Syndrom. In Europa ist *er* ganz groß, aber hier hat noch nie jemand etwas von ihm gehört. Ich weiß nicht einmal, wer er ist! Aber wenn ganz Europa (und man muß daran denken, daß auch Ungarn und Bulgarien zu Europa gehören!) verrückt ist nach einer Autopolitur, die den Autolack so gut schützt, daß nicht einmal ein Feuer auf der Motorhaube Spuren hinterläßt, muß man sich schon fragen, ob wir in letzter Zeit mit Europa überhaupt in Verbindung gestanden haben. Ist die Telefonleitung zusammengebrochen? Haben wir schon monatelang mit seinen Bewohnern nicht mehr kommuniziert?

Ich glaube folgendes: In Europa wird in der Nachtwerbung behauptet, das Produkt sei in Amerika ein Riesenerfolg. Und in Wahrheit sind unsere Lagerhäuser voll von irgendwelchem Quatsch, den wir in Taiwan eingekauft haben und nicht loswerden.

Als ich das letzte Mal etwas per Bestellung aus dem Katalog kaufte, war das bei Sears. Denen konnte ich vertrauen. Aber jetzt haben sie keinen Katalog mehr. Schade, denn es gab dort bis hin zur Imkerausrüstung einfach alles. Offenbar eine Firma, die sich nach den Bedürfnissen ihrer Kunden zu richten versteht. Einmal habe ich ein Gerät aus einer Fernsehwerbung gekauft, das ich jedoch nie aus der Verpackung herausgenommen habe. Zählt das dann überhaupt? Nach allem, was ich in der Werbung gesehen habe, muß es ein wunderbares Gerät sein und so praktisch, daß man es für tausendundeinen Zweck verwenden kann – nur leider konnte ich es einfach nicht aus der Verpackung herauskriegen. Wahrscheinlich muß ich irgendein Werkzeug zu Hilfe nehmen. Ich habe von welchen gehört, die selbst in Winkel hineinkommen, in die nicht einmal ein Schraubenzieher paßt.

Am besten finde ich jedoch das magische Gleitmittel, das die Reklamefritzen auf die Zündkerzen und die Verteilerkappe eines laufenden Motors spritzten. Dann richteten sie einen Feuerwehrschlauch darauf. Die meisten Motoren gehen aus, wenn man schnell genug durch eine Pfütze fährt, dieser aber lief einfach weiter.

Wieso ist so etwas nicht bekannt? Hat dies schon einmal jemand den Fahrern in Indy mitgeteilt? Ich werde höchstpersönlich die NASA anrufen.

Echte Männer werden sehr schmutzig, deshalb brauchen sie starke Reinigungsmittel. Ich persönlich mag Lava-Seife, die Seife für Männer. Mit Lava kriegt man die ölverschmierten Handflächen, haarigen Arme und schmutzigen Fingernägel sauber. Es gibt auch Go-Jo, eine Creme, die von Automechanikern verwendet wird. Man trägt sie auf und wischt sie dann mit einem Lappen ab – Wasser ist überflüssig. Ich nehme an, daß ihre Wirksamkeit darauf beruht, daß die oberste Hautschicht abgetragen wird. Dennoch fühlt sie sich auf der Haut angenehm an, weil sie Lanolin enthält. Lanolin stammt von Schafen, das weiß ich. (Wissen die Schafe, daß Lanolin von Schafen stammt?) Und ich glaube, daß Go-Jo-Creme aus einem ganzen zermahlenen Tier hergestellt wird. Sie ist ölig und stinkt fürchterlich. Aber sie wirkt, und wenn man nur einen Funken Fantasie hat, fühlt man sich dabei wie ein echter Mechaniker. Go-Jo entfernt alles, sogar Chrom. Sie wirkt auch Wunder bei der Produktion von Pommes frites.

Jerky, getrocknetes Fleisch vom Rind, Büffel oder sogar vom Truthahn, ist das perfekteste Nahrungsmittel, das uns die Natur zu bieten hat. Rinderjerky ist der Multivitaminsaft der Erwachsenen. Wenn man es zu sich nimmt, kommt man sich wie ein echter Cowboy vor. Ich greife nach meinem Jerky, wenn ich etwas essen will, was sättigt, aber nicht süß ist. Was mich an eine Geschichte erinnert.

Ich habe einmal einen Typ in einem Club in Texas getroffen, der ein Wildschwein erlegt hatte. Das war gesetzlich verboten, aber er behauptete, das Wildschwein habe seinen Hund angegriffen. Wahrscheinlich war es eher so gelaufen: »Schatz, laß doch jetzt mal den Hund raus, okay?«

Als das Wildschwein tot war, brachte er es in Handtücher eingewickelt in den Club. Warum er zum Einwickeln die guten roten Handtücher seiner Frau verwendet hatte, weiß ich nicht, aber als er es auf den Tisch knallte, ging aus seinem Gesichtsausdruck klar hervor, daß er mich für einen Feigling halten und mir eine knallen würde, wenn ich nichts davon äße. »Willst du jetzt ein Stück davon kosten? Es schmeckt gut.«

»Äh … ja, klar.«

Und so probierte ich. Es war das Köstlichste, was ich jemals im Leben gegessen hatte. Ich ließ es gerade im Mund zergehen, als er mir in die Augen sah und sagte: »Du glaubst doch nicht etwa, ich würde es wagen, einen *Entertainer* zum Narren zu halten?«

Mein erster Gedanke war, daß er wahrscheinlich nur darauf gewartet hatte, daß ich zu Boden stürze und mir den Magen halte, um dann sagen zu können: »Ich hasse Typen wie dich.« Und jetzt entschuldigen Sie mich bitte einen Augenblick.

»Schatz, laß den Hund raus.«

Der Victoria's-Secret-Katalog ist eines der besten Beispiele für moderne Männerangelegenheiten. Warum manche glauben, er enthielt Dinge für Frauen, ist mir ein Rätsel.
In Gesellschaft von Frauen sind Männer ganz anders als unter sich. Stellen Sie sich einmal vier Männer vor, die sich mit ihren Frauen zusammen den Victoria's-Secret-Katalog anschauen.

»Das würde dir gut stehen, Schatz.«

»Das ist ein schönes … äh, wie nennt man so ein Ding?«

»Ein Mieder.«

»Ja. Ja. Das ist was für dich. Sollen wir es bestellen?«

»Wie lieb von dir! Gib mir deine Kreditkarte!«

Und jetzt: vier Typen unter sich.

»Wow. Was man mit der alles anstellen könnte.«

»Schade, daß meine Frau nicht so aussieht.«

»Das Bustier da ist enger als … oh, oh, hier kommen die Frauen. Hallo, Schatz. Sieht das nicht toll aus?«

»Gib mir einfach deine Kreditkarte, und die Sache ist erledigt.«
Die Victoria's-Secret-Katalogrevolution fand schnell und unauffällig statt. Sie begann einfach, und es tauchten keine Moralapostel auf, die sich darüber beschwert hätten, daß der Katalog zu sexy oder zu pornographisch sei, wie das bei anderen Zeitschriften der Fall war. Er wird problemlos mit der Post der Vereinigten Staaten versandt. Jeder Mann kennt die Namen der

Models auswendig. Das ist auch der Grund, warum Männer, egal, wie sehr sie es hassen, mit ihren Frauen oder Freundinnen einkaufen zu gehen, immer bereit sind, eine Ausnahme zu machen, wenn es um das Victoria's-Secret-Geschäft im Einkaufszentrum geht. Dort fühlt man sich nie so, als würde man gleich einschlafen.

Es könnte ja in jedem Moment Jill Goodacre dort auftauchen.

Männer haben ihr Werkzeug, Frauen aber auch. Es gilt die Regel, daß Frauen andere Prioritäten setzen. Ihre Werkzeuge befinden sich in der Kosmetiktasche, die so in etwa die Angelzubehörtasche der Frauen ist. Da ich das Prinzip befolge »Echte Männer schauen nicht in die Handtasche einer Frau«, würde ich nie auch nur einen Blick in ihre Kosmetiktasche werfen. Ich habe Angst davor, was ich dort finden könnte. Shampoo, Kämme und Bürsten sind ja nicht weiter schlimm, aber welchem Zweck dient wohl dieses scherenähnliche Ding mit der halbmondförmigen Schaumkrone? Ich habe so etwas einmal herumliegen sehen, weiß aber immer noch nicht, wozu es gut ist. Um den Augapfel herauszunehmen und ihn abzustauben vielleicht? Fummeln Sie auch nie an den Sachen einer Frau herum, wenn sie nicht dabei ist.

»Was ist denn mit meinem Eyelinerstift passiert? Hast du ihn angefaßt?«

»Ohh. Das Telefon hat geklingelt. Ich hatte nichts anderes zum Schreiben zur Hand. Es ist doch nur ein Stift, ich werde dir einen neuen besorgen.« Was dich 38 Dollar kostet und eine anständige Beherrschung der französischen Sprache voraussetzt …

Epilady ist ein Frauenwerkzeug, das mich schon immer sehr

verwirrt hat. Ihre Schreie, wenn ihr das Ding die Haare vom Körper reißt, sind noch lauter als die Maschine selbst. Es ist das Gerät, das im K-Markt am häufigsten umgetauscht wurde. Und obwohl im allgemeinen persönliche Hygieneartikel nicht zurückgenommen werden, machten sie in diesem Fall eine Ausnahme – und das aus gutem Grund. Denn die Frauen ahnten einfach nicht, wie grob Epilady war. Und als sie es merkten und den Apparat ihren Männern andrehen wollten, fanden sie in ihnen auch keine Abnehmer.

»Nein, danke. Ich möchte mir die Haare lieber nicht aus dem Gesicht *reißen* lassen. Ich brauche mein Gesicht noch.«

Ein guter Tip: Stülpen Sie sich keine Frauenunterwäsche über den Kopf, um dann grimassenschneidend damit herumzurennen. Wenn Sie schon derartige Experimente veranstalten müssen, dann tun Sie das, wenn Ihre Frau aus dem Haus ist. Sie können so länger in den Spiegel sehen und haben größere Ausdrucksfreiheit. Ich empfehle ihre Bikinihöschen. Stecken Sie die Ohren durch die Beinlöcher und hören Sie sich dazu das Album von Tujuana Brass »Whipped Cream on Top« an. Sie wissen ja, das Album mit dem grünen Cover, auf dem sich ein nacktes Mädchen hinter Fertigsahne versteckt? Und, um Himmels willen, machen Sie die Fensterläden zu. Wow.

Das habe ich alles nur erfunden. Sie haben doch nicht etwa geglaubt, daß ich … Das habe ich nur so dahingesagt. So etwas tue ich nicht. Es sei denn, Sie tun es. Tun Sie es? Wenn ja, dann habe ich es vielleicht auch einmal getan – oder auch zweimal. Es sei denn, Sie tun es nicht. Dann habe ich wirklich nur Spaß gemacht.

Frauen benutzen so merkwürdige Dinge wie Gesichtspuder. Lammplazenta. Lammplazenta von der verdammten Estée Lauder. Ich gehe davon aus, daß es Lammplazenta von einem Lamm ist, aber das wissen die am besten.

»Es ist aus Europa!«

»Ja. Ich wette, es ist ein Hit in Bulgarien.« Dort gibt es attraktive Frauen.

Ich kann meiner Frau nichts mehr kaufen, was keine Edelsteine enthält. Sie sagt mir oft, ich solle ihr etwas kaufen, das ich gern an ihr sehen möchte.

»Wir sind jetzt schon seit Jahren verheiratet. Folge einfach deiner Eingebung.«

Also kaufte ich ihr einen Fleischwolf. Da war sie beleidigt.

»Wenn du ihn nicht benutzt, bewahre ich ihn in meiner Werkstatt auf.«

Da ich die Wogen wieder glätten wollte, kaufte ich ihr einen Scherenschleifer aus dem QVC. »Ab jetzt können Sie Ihre Scheren problemlos zu Hause schleifen!« Als ich das hörte, war ich ganz benommen vor lauter Vorfreude. Meine Visakarte war so aufgeregt, daß sie völlig selbsttätig die Nummer 800 wählte. Mit dem Scherenschleifen zu Hause würde ich unheimlich viel Zeit sparen. Ich hatte nicht bedacht, daß ich noch nie in meinem Leben eine einzige Schere geschliffen hatte! Ich habe noch immer meine alte verbogene Schere von der High-School. Als ich klein war, hatte meine Mutter eine *gute* Schere in einer kleinen Samtschachtel, die sie im Safe aufbewahrte, seit ich versucht hatte, damit die Ohrläppchen meines kleinen Bruders abzuschneiden.

Als sie mich dabei ertappte, schrie sie: »Faß um Himmels willen die gute Schere nicht an! Sie ist aus Europa!«

Einige Leute halten den Vibrator für *das* Frauengerät schlechthin. Ich glaube dagegen, daß Frauen den Lippenstift dem Vibrator vorziehen. Mit Lippenstift sehen sie hübsch aus. Mit einem Vibrator hingegen furchterregend. Ich bin etwas mißtrauisch diesen Halsvibratoren und Körpermassagegeräten gegenüber, die in den Geschenkkatalogen abgebildet sind. Warum stehen Größenangaben dabei: sieben, neun, elf Zentimeter? Ist das nicht ein bißchen seltsam? Ich habe noch nie von einem Sturm

auf Vibratoren gehört, dafür aber von neuen Lippenstiftschattie-
rungen mit einem »Gratis«-Make-up-Täschchen für dreißig Dollar, die Verkaufsergebnisse von 6000 Dollar oder mehr erziel-
ten. So etwas wollen Frauen. Ein Tip: Halten Sie sich während
der Kosmetikwerbewochen von Kaufhäusern fern. Es ist weniger
schmerzhaft, von einer wilden Büffelherde überrannt zu werden.

Einmal ging ich zu Sears, um eine Werkbank zu
kaufen. Ich war der Meinung, es wäre allmählich Zeit dafür.
Sears hatte eine im Sonderangebot. Sie war in einer riesigen
Schachtel verpackt, und für die Montage benötigte man einiges
an Werkzeug. Die beiliegende Gebrauchsanweisung dagegen
brauchte ich nicht. Ich bin schließlich ein Mann, und meine Eier
werden mir schon helfen, alles richtig zusammenzubauen. Zu
diesem Zeitpunkt hatte ich nur sehr wenig Werkzeug, das in der
Schublade neben dem Küchentelefon untergebracht war. Leider
klemmte die Schublade, und ich bekam sie nicht auf. Nach einer
Weile öffnete sie sich dann doch mit einem leisen Knacken, und
ich fand darin neben dem Foto einer anderen Familie Stifte, die
nicht mehr schrieben, zerrissene Gummibänder und sieben
Batterien. Vier davon waren noch gut, die anderen drei nicht
mehr, und es würde nie gelingen, herauszufinden, welches die
guten und welches die schlechten waren.
Es war also ganz klar, daß ich Werkzeug brauchte, und so ging
ich zurück zu Sears. Da ich viel Werkzeug kaufen mußte und
nicht zweimal fahren wollte, mietete ich einen Ryder-LKW,
einen Turbodiesel, fuhr mit ihm rückwärts an die Laderampe
und lud die Hälfte des Werkzeugbestands aus der Werkzeugab-

teilung auf. Jetzt habe ich das schraubengriffige, nadelköpfige Stemmeisen, den Dreiviertelbohrer und das Laubsägendrehkreuz zum Steckdosenherausreißen ... Ja, ich kaufte mir gutes Werkzeug. Werkzeug zum Werkzeugreparieren, das meiste davon aus Sicherheitsgründen gummibeschichtet.

Und Isolierband. Kein Werkraum in Amerika ist vollständig ohne dreißig Meter drei Zentimeter breites Isolierband, made in USA, silberglänzend. Meine Frau findet, daß es auch gut aussieht, wenn man es mir über den Mund klebt. Paßt zu ihrem Schmuck. Mein Motto: Was man nicht reparieren kann, muß man isolieren!

Einmal schenkte mir meine Mutter einen Gasgrill, einen Sunbeam 3200. Zwei Brenner, Drehgrill, herunterklappbarer Servierbereich, und das alles in einem handlichen Gartenwägelchen. Aber er war noch nicht montiert und sah aus wie eine Autobombe.

Ich beschloß, ihn im Wohnzimmer zusammenzubauen und so der ganzen Familie die Möglichkeit zu geben, daran teilzuhaben. Außerdem war die Beleuchtung drinnen besser. Ich ging ganz instinktiv vor. Woher hätte ich auch wissen sollen, daß bei der ganzen Prozedur ein Haken war? Jedem Mann ist es schon einmal ergangen wie mir. Man ist mit dem Zusammenbauen fertig, es sieht toll aus, aber es ist eine kleine Tüte mit wichtig aussehenden Teilen übrig.

»Schatz? Probier doch mal den Grill aus. Ich bin im Keller mit meinem Schweißhelm auf dem Kopf.«

Sie schob ihn auf die Veranda und zündete ihn an. Plötzlich sah es dort aus wie auf einem Atomtestgelände. Peng!

»Ahhhh!«

»Schatz, lauf in Richtung meiner Stimme!«

»Beim Rennen werden die Flammen noch heißer!«

»Offenbar waren es die Teile für den Gasregulator, die übriggeblieben sind! Du solltest dein Haar nicht sosehr einsprayen! Das muß ich dir jetzt nicht mehr eigens sagen, oder? Komm doch rein, dann kann ich dich mit Brandsalbe einschmieren.«

Was ich an Männersachen von Werkzeug bis hin zu Stereoanlagen besonders mag, ist die Tatsache, daß sie intensiv auf die persönliche Gegenwart ihres Besitzers reagieren. Wenn sie versagen, dann wahrscheinlich deshalb, weil man in Eile oder schlechter Laune ist. Ich habe zu Hause zwei Fernseher, die nicht funktionieren, wenn ich wirklich schlechte Laune habe. Ich habe deswegen schon bei Sony angerufen, wo mir der zuständige Herr sagte: »Wenn Sie *so* eine Laune haben, sollten Sie das Ding nicht anfassen. Das gleiche gilt für Ihre Stereoanlage.«

Ich beschloß, auch den Zimmerpflanzen aus dem Weg zu gehen.

Und dann kapiert man endlich, daß der ganze Männerkram stupid geworden ist. Das hätte mir schon klarwerden müssen, als ich zum ersten Mal öfter die VCR-Gebrauchsanweisung lesen mußte, als ich Videos anschauen konnte. Und noch etwas Seltsames: In meinem Videoraum ist es immer zwölf Uhr.

Wenn Männerapparate erst einmal die Zeitzonen beeinträchtigen, dann *weiß* man, daß es an der Zeit ist, mehr Zeit mit der Familie zu verbringen.

Maskulinismus

Wie die meisten Männer verwirrt mich der Feminismus. Er verwirrt auch viele Frauen, aber das gehört in ein anderes Buch. Sehr lange wußte ich nicht, was dieses Wort überhaupt bedeuten sollte. Zunächst dachte ich, es bezeichne eine »Studie über die Fehler der Männer«, was daran lag, daß viele der ersten und lautesten feministischen Stimmen offenbar von Männerhasserinnen kamen. Sie mochten uns nicht. Sie behaupteten, wir hätten alles vermasselt. Sie waren der Meinung, dem Planeten ginge es ohne uns besser. Wenn sie in großzügiger Stimmung waren, sagten sie höchstens einmal, die Männer seien sowieso nur für eine Sache zu gebrauchen, aber noch nicht einmal darin besonders gut. Ich weiß nicht, warum, aber ich habe das persönlich genommen.

Der Feminismus hat inzwischen sehr viel Zulauf erhalten. Die meisten Frauen sind allerdings nicht der Meinung, daß die Männer gänzlich vernichtet werden sollten. Sie wären schon zufrieden, wenn wir unser Gehirn einem gründlichen Frühjahrsputz unterzögen und dafür eine nicht registrierte Außerirdische anheuerten und deren Sozialabgaben bezahlten.

Ich hatte schon immer den Wunsch, den Feminismus zu verstehen, also nahm ich eine Reihe von intensiven Studien auf diesem Gebiet in Angriff. Schließlich erwarb ich mir einen Doktortitel in fortgeschrittenen Frauenstudien, und zwar per Fernkurs. Das kostete mich lediglich einen meiner freien Tage zwischen dem Ende der Fernsehsaison und dem Beginn meiner Tournee, dem Schreiben dieses Buch und der Produktion meines Films. Jetzt habe ich begriffen, daß *Feminismus* eine Ideologie beschreibt, die es sich zum Ziel gesetzt hat, schrittweise das Selbstverständnis der Frauen zu fördern, Gleichheit am Arbeitsplatz zu schaffen und den Frauen mehr Wahlmöglichkeiten in allen Lebensbereichen zu eröffnen. Wie schon die ehemalige Vorsitzende des National Organization for Women (NOW), Patricia Ireland, meinte, ist es, kurz gesagt, das Ziel des Feminismus, die Anerkennung einer ganz einfachen Tatsache voranzutreiben: Frauen sind auch Menschen.

Leider gibt es kein Gegenstück zum Feminismus, nichts Vergleichbares – und zwar weder als Begriff noch als Ethos –, das die Männer verbindet. Hmmm. Manche werden sagen, daß Männer das nicht brauchen, weil uns bereits alles gehört. Wir leiten alles. Wir haben die besten Arbeitsplätze. Wir dürfen machen, was wir wollen und wann immer wir wollen. Wir *brauchen* keine Philosophie, um an die Spitze zu gelangen. Männer sind Schweine. Grrrr. Das ist natürlich alles Quatsch. Ich halte viel von Männern, die ihre angebliche Überlegenheit nicht genießen, ausnützen oder auch nur erkennen.

Trotzdem war ich der Meinung, daß Männer ein Credo haben sollten, also hörte ich mich einmal um. Ich las alle großen Philosophen. Ich drückte mich in Bars für Lederfans herum. Ich suchte im Wörterbuch nach einem Begriff, der uns definieren könnte. Das einzige Wort, das der Sache nahekam, war »Philanthrop«, was soviel wie »Liebe oder Wohlwollen gegenüber der Menschheit im allgemeinen« bedeutet. Natürlich ist diese Definition dadurch hinfällig geworden, daß die Frauen mit der Entstehung des Feminismus vor etwa dreißig Jahren ein Teil der Menschheit geworden sind. Aber immer noch enthält sie die Idee, daß ein Philanthrop es sich »zur Aufgabe macht, das Glück und den sozialen Aufstieg der Menschheit zu fördern«. Das kann ganz schön verwirrend werden. Ein Philanthrop ist jemand, der Menschen liebt, aber eine Feministin ist keine Frau, die Frauen liebt. Ein Frauenliebhaber dagegen fällt unter den Begriff »Philanderer*«, was bequemerweise im Wörterbuch gleich vor der Philanthropie kommt. Ein Philanderer ist jemand, der »den Liebesakt ohne ernsthafte Absichten vollzieht«.

Aber davon verstehe ich ebensowenig wie von Unterwäsche, die man sich über den Kopf stülpt.

Ein guter Freund half mir, die Wörterbücher nach Antworten zu durchsuchen, bis er schließlich sagte: »Du hast ganz offensichtlich eine epistemologische Lücke entdeckt.« Dieses Wort wollte ich nicht einmal nachschlagen. Ich hatte Angst, es könnte etwas mit Männerklos oder mit einer Sache zu tun haben, wegen der ich meinen Arzt konsultieren müßte.

Ich habe mir schon genug erlaubt; ich muß mich nicht auch noch lächerlich machen.

Schließlich, nach tiefem, schwerem Nachdenken an dem einzigen Ort, an dem ein Mann ein bißchen Seelenfrieden finden kann, wurde mir klar, daß ich meinen eigenen Begriff würde prägen müssen, damit sich die Männer nicht übergangen fühlen. Ich habe die Bezeichnung »Maskulinismus« gewählt.

Der Feminismus feiert die weiblichen Eigenschaften, der Maskulinismus die männlichen. Im Zusammentreffen der beiden entsteht die Impulsivität des Lebens. *Sturm und Drang*. Die wunderbaren Leidenschaften. Die beunruhigenden Spannungen. Die Familienstreitigkeiten darüber, wer den Abfall hinausträgt und den Müllwagen fährt.

Die Unterschiede sind um so größer, je mehr Bücher in den Buchhandlungen stehen, die den traurigen Zustand der Geschlechterbeziehungen und das grundsätzliche Nichtverstehen zwischen Männern und Frauen bejammern. Ein Schriftsteller nach dem anderen hat versucht, diesen Zustand und die daraus resultierenden verbotenen Affären zu erklären. Ein Schriftsteller

---

* Im Englischen bezeichnet das Wort »philanderer« einen Schwerenöter. *(Anm. d. Übers.)*

nach dem anderen bringt ständig Bücher in dem Bewußtsein heraus, daß der weibliche Markt für Selbsthilfebücher ein Faß ohne Boden ist.

Ich bin es leid, auf das vollständige Mann-Frau-Wörterbuch zu warten. Ich glaube, ich werde es selbst verfassen müssen.

Manche empfinden die Unterschiede zwischen den Geschlechtern – zwischen den Einstellungen, den sexuellen Gewohnheiten, den Umgangsformen und den persönlichen Hygienegewohnheiten – als ein unlösbares Durcheinander, das Männer und Frauen für immer und ewig dazu verdammt, miteinander in Feindschaft zu leben.

Das klingt in etwa richtig.

Maskulinismus und Feminismus verkörpern diese Unterschiede. Wir hassen sie, wir lieben sie, und wir können nicht viel daran ändern. Also können wir sie ebensogut genießen.

Schließlich sind sie verflixt unterhaltsam.

Männer sind Schweine. Das wissen wir alle. Merkwürdigerweise scheint es den Männern nichts auszumachen, wenn ich das sage. Es gibt nicht viele Bezeichnungen, mit denen man einen Mann beleidigen könnte. Jedenfalls nicht, nachdem wir seit inzwischen vierzig Jahren die Art und Weise ertragen, wie Männer in den Fernsehkomödien dargestellt werden. Das Fernsehen macht uns nieder, und wir lassen es uns gefallen. Man hält uns für dumme Kraftprotze. Idioten. Beunruhigend ist das vor allem deshalb, weil lange Zeit auch Männer für das Fernsehen schrieben, produzierten und Regie führten. Vielleicht hatten wir Schuldgefühle.

Aber eigentlich glaube ich das nicht. Wenn ich Männer

»Schweine« nenne, sagen sie: »Ja, so ist es!« Wir wehren uns ganz einfach nicht, wenn uns das Fernsehen herabwürdigt. Statt dessen nehmen wir es als Entschuldigung für noch absonderlicheres Verhalten. Strengen Sie also einen Prozeß gegen mich an.

Gesellschaft und Kultur – okay, die Frauen – können Männer herabsetzen, solange sie wollen, aber fragen Sie sich doch einmal, wer den Computer erfunden hat, auf dem ich dieses Buch tippe?

Diese Frage unterstützt eine grundlegende maskulinistische Theorie: Wenn sich die Frauen ständig über die Männer beklagen, dann sagen Sie mir bitte, wer die Männer großgezogen hat? Die Frauen haben uns zu dem gemacht, was wir sind. Wenn die Frauen – das ihnen zustehende – Lob dafür erwarten, daß sie zu Hause geblieben sind und die Kinder großgezogen haben (eine Arbeit, die ein hohes Gehalt verdient), dann sollten sie auch die Verantwortung dafür übernehmen, daß sie einen großen Einfluß auf die Jungens ausgeübt haben, die weite Bereiche in Kultur und Gesellschaft schaffen und beherrschen.

Frauen denken lateral. Sie leben in Gemeinschaften. Sie teilen Informationen und helfen einander. Sie hören zu. Jedenfalls meinte ich, das irgendwann einmal von irgend jemandem gehört zu haben.

Männer hören nicht zu, insbesondere nicht den Frauen. Das sollte keine große Überraschung sein. Eine Frau redet so lange ohne Unterlaß über jedes beliebige Problem, bis ein Mann ihr das Wort abschneidet und sagt: »So würde ich das machen.« Männer erteilen gute Ratschläge immer auf der Basis ihres eigenen Erfahrungsschatzes. Männer denken vertikal. Irgendein anderer Mann ist immer größer, schlimmer, besser. Sein Auto ist schöner, seine Arbeit gewinnbringender, seine Frau hübscher. Männer leben, um diese Herausforderungen zu bestehen. Es macht ihnen nichts aus, einer Frau bei der Lösung ihrer Probleme zu helfen, sofern sie bereit ist, auf sie zu hören. Männer wollen, daß Frauen im Leben weiterkommen, damit sie wieder zu ihrer Fernsehwiederholung von »Combat« zurückkehren können.

Die Frauen *wollen* unseren Rat aber nicht hören. Sie wollen keine Lösungen für ihre Krisen. Sie wollen lediglich einen Arm um ihre Schulter und ein sanft geflüstertes: »Ich verstehe dich. So empfinde ich es auch.« Deswegen ist es besser, wenn Frauen in Gruppen leiden. Es scheint den Frauen nichts auszumachen, zu leiden, solange sie nicht allein leiden müssen.

Wenn es das ist, was Frauen wollen, so werde ich nicht versuchen, sie zu ändern. Schließlich sind Männer noch besser im Leiden, insbesondere wenn sie krank sind. Ich habe jedoch den Verdacht, daß Frauen diese Machtstellung genießen. Wenn sie nicht gerade im angrenzenden Raum sind, hören sie unser Gewimmere und Gestöhne nicht allzu deutlich.

»Tim? Hast du etwas gesagt?«

»Ohhhhhh. Ahhhh.«

»Versuche, dich ein wenig auszuruhen, Schatz.«

Wenn ich etwas an den Frauen ändern könnte, würde ich sie davon abbringen wollen, vor sich hinzumurmeln, wenn sie schon um die Ecke sind. Sie sollten die Unterhaltung beschließen, indem sie einem in die Augen sehen.

»Oh, übrigens, murmel, murmel …«

»Ja, am wichtigsten ist murmel, murmel.«

Meine Frau macht das ständig, und dann ist sie weg. Eine Woche später schaut sie mich an wie eine Katze, wenn es donnert, und sagt: »Das habe ich dir doch alles schon gesagt.« Und ich kann nicht einmal behaupten, daß es nicht so ist. Ich habe es nur nicht gehört.

»Das habe ich dir doch gestern gesagt.«

»Ja, aber da war ich draußen!« Eigentlich saß ich bei geschlossenen Fenstern im Auto und fuhr die Auffahrt hinunter. Sie stand in der Tür, und ihre Lippen bewegten sich. Ich war der Meinung, sie hätte gesagt: »Du bist ein sehr männlicher Mann. Komm schnell zurück. Im Schlafzimmer wartet eine große Überraschung auf dich.«

In Wirklichkeit sagte sie aber: »Vergiß nicht, Milch mitzubringen.«

Warum erledigen Frauen alle Näharbeiten, während Männer Couturiers sind? Warum kochen Frauen, und Männer sind Chefköche? Wenn Frauen Flecken entfernen, dann von Hemden, Hosen und Teppichen. Wenn Männer Flecken entfernen, dann von Granitfassaden, der Freiheitsstatue, oder – hm, hm – sie entfernen Sprühfarbe von den Wänden einer High-School. Wenn Frauen saubermachen, verwenden sie Haushaltsreiniger und tragen gelbe Gummihandschuhe. Wenn Männer saubermachen, verwenden sie Sand und Dampf und tragen gelbe Schutzanzüge aus Plastik und einen Sichtschutz. Frauen machen Waschbecken sauber. Männer Atomreaktoren. Ein Ketchupspritzer auf einem Hemd wird einen Mann nicht zu einer großen Aktion veranlassen, um ihn wieder herauszukriegen.

Wenn ich das Haus saubermachen müßte, würde ich mir einen Motorstaubsauger und nicht einen von diesen zierlichen Supersaugern wünschen. Ich hasse diese armseligen Pseudostaubsauger, die meine Frau anschleppt, nur weil sie im Sonderangebot waren und sie dadurch fünfzig Dollar gespart hat.

Eines Tages raffte ich mich auf, ging ins Holiday Inn und fragte den Leiter der Reinigungsabteilung: »Was benutzen Sie denn, um täglich fünfzehn Stockwerke zu saugen?« Ich erhielt die Antwort: »Industriestaubsauger.« Sie verwendeten eine Mischung aus Sandstrahler und Flippermaschine, verchromt und mit Gummistoßstangen versehen. Die Räder waren aus Gummi statt aus Plastik mit Kugellager. Der Staubfänger war aus Leder statt aus Stoff. Man konnte das Gerät auseinandernehmen und sehen, wieviel Arbeit in ihm steckte. Es diente einem Zweck. Jemand hatte bei der Planung bedacht, daß es sich um einen Gebrauchs- und nicht um einen *Verkaufs*gegenstand handelte, den man zwei Monate später gegen einen neuen eintauschen muß.

Ich hätte einen solchen Staubsauger gekauft, aber der Hersteller teilte mir mit, es gäbe sie nur im Hunderterpack – auf gute Hotels zugeschnitten. Nachdem ich mein Haus nicht neu gestalten, einen Motelflügel mit sechzig Zimmern anbauen und Reinigungspersonal für ganztags anstellen wollte, begnügte ich mich mit einem Staubsauger aus dem Geschäft. Ich bin so stolz darauf, daß ich ihn nicht einmal im Besenschrank verstecke. Ich lasse ihn draußen. Wenn mich die Leute fragen: »Wo ist denn Ihr Staubsauger?«, antworte ich: »Sie sitzen gerade darauf.«

Männer und Frauen verrichten dieselbe Arbeit auf völlig verschiedene Weise. Ich wasche das Geschirr nicht gern einzeln ab – als ob ich überhaupt gern abwaschen würde. Mir ist ein Spülbecken voll Geschirr lieber, das ich in einem Aufwasch abspülen kann. Aber wenn ich einen ungespülten Teller im Spülbecken hinterlasse, führt sich meine Frau auf, als hätte ich ihrer Mutter den Arm abgehackt.

Sie behauptet, daß ich überall Unordnung hinterlasse. Ich habe versucht, ihr das zu erklären.

»Ich kann schließlich nicht jede Minute stehenbleiben, um meine Fußspuren zu entfernen. Aber ich komme schon wieder an derselben Stelle vorbei, und wenn der Fußabdruck dann braun genug ist, mache ich mich ans Werk.«

Eine mir bekannte Unterhaltungskünstlerin, Diane Ford, hat das am besten auf den Punkt gebracht: Eine Frau arbeitet sich ständig den Arsch ab. Wenn Männer im Haushalt eine Kleinigkeit gemacht haben, müssen sie gleich darauf hinweisen: »Schatz, schau mal! Ich habe das Fliegengitter repariert! Und schau mal, da drüben: Ich habe meinen Teller abgespült! Ich habe mein Hemd aufgehängt!«

Was soll eine Ehefrau dazu sagen? »Warum machen wir nicht einen kleinen Stern an den Kühlschrank?«

Ganz ehrlich, ich versuche nicht, mich davonzustehlen, ohne meinen Beitrag geleistet zu haben. Ich mache lieber gleich gar nichts. Aber hat man erst einmal ein bestimmtes Niveau häuslicher Sauberkeit erreicht, ist es schwer, wieder davon herunterzukommen. Meine Frau ist ein absoluter Putzteufel, und deswegen ist das Leben bei uns zu Hause so angenehm.

Außer, wenn ich da bin.

Frauen sind davon abhängig, daß die Männer sie verteidigen, vor allem gegen Insekten. Wenn ich in einem anderen Zimmer bin und meine Frau schreien höre, dann weiß ich, daß es entweder einem Schurken gelungen ist, unser großartiges Sicherheitssystem lahmzulegen oder gar die zahlreichen Landminen zu entschärfen, die ich um die Grundstücksgrenzen herum ausgelegt habe, oder daß sie einen Ameisenpfad entdeckt hat.

Das letzte Mal verlief die Prozession quer durch unser Schlafzimmer bis hinein in den Wandschrank. Es war vergleichbar mit dem Einmarsch der Alliierten in Berlin im Jahr 1945. Für mich persönlich sind Ameisen eigentlich kein Problem. Sie tun, was sie tun, und das ist in Ordnung. Aber meiner Frau zuliebe beschloß ich, sie zu ermutigen, ihre Geschäfte an einen anderen Ort zu verlegen.

Zuerst bemerkte ich, daß sich ein paar Dutzend von der Hauptgruppe abgespalten hatten, um mit der winzigen 3000-Dollar-Handtasche meiner Frau wiederzukehren. Eigentlich war das ganz süß. Sie wirkten so stolz, daß ich es nicht übers Herz brachte, ihnen zu sagen, daß nichts in die Handtasche hineinpaßte.

Eine Ameise ist ein würdiger Gegner. Sie kann über eine Distanz hüpfen, die das Vierzigfache ihrer eigenen Länge beträgt. Sie ist nicht kleinzukriegen. Selbst wenn man sie quer durchs Zimmer schleudert – was ungefähr so ist, als würde man mich über die Straße schleudern –, macht es ihr nichts aus. Sie läuft einfach weg – und ist dumm genug, nicht zu wissen, daß sie nicht auf dem Rücken liegend laufen kann.

Deshalb bin ich froh, daß Ameisen nicht so groß sind wie Hunde. Wäre es so, könnten sie mich nämlich leicht aufheben und wegschleppen. Das weiß ich, weil ich im Verlauf meiner Zerstörungsmission eine Ameise sah, die Deckung suchte und beim Wegrennen ein riesiges Stück Brot mit sich schleppte. Im Vergleich zu ihren Mitkämpfern sah sie aus wie der Held der Schlacht. Sie hatte die fetteste Beute, trug eine Menge Orden und war so aufgeregt, daß sie im Kreis herumlief und rief: »Schaut euch das an! Jetzt haben wir auf Monate hinaus genug zu fressen!« Hin und her rannte sie. Ich erhob meinen Fuß. Sie schaute mich an. Ihre Fühler hingen herunter. »Nein. Nein. Nein.« Sie erhob ihren kleinen Ameisenfuß. »Bitte. Das ist ein großer Augenblick für mich. Das Brot ... die Kinder ... mein Orden ...«

Quetsch. Sofort war sie von einer Unterabteilung umringt, eine aus der Gruppe trug eine Robe und ein Kreuz.

Ich fühlte mich miserabel beim Töten dieser Ameisen. Wenn sie mich fragen, war es ein Holocaust. Noch tausend Ameisenjahre lang werden sie in ihrer Gemeinschaft darüber reden. Ich denke nicht gerne an das Karma, das ich mir dadurch erworben habe. Aber wir können einfach nicht gemeinsam existieren. Es tut mir leid. Und so löschte ich eine ganze Ameisengeneration aus. Andererseits wird jetzt jeden Moment eine neue Generation geboren.

Spinnen mag ich auch nicht, aber je mehr ich über sie erfahre, desto mehr verwandelt sich meine Furcht in Respekt. Schon seit langem habe ich keine mehr absichtlich getötet. Ich transportiere sie in Einmachgläsern nach draußen und lasse ihre Spinnweben drei oder vier Jahre hängen. Was *machen* sie bloß mit ihren Netzen, wenn sie erst einmal fertig sind? Recyceln sie sie? Positiv ist zu vermerken, daß mich in letzter Zeit auch keine gebissen hat. Wahrscheinlich sagen sie zueinander: »Tim ist okay. Er hätte schon Millionen von uns umbringen können.« Echt wahr. Habt ihr die Geschichte von den Ameisen gelesen?

Männer- und Frauenzeitschriften sind ganz und gar verschieden. Am Interessantesten an den Veröffentlichungen für Frauen ist, daß sie sich vornehmlich mit Männern befassen:

– Wie Sie herausfinden, ob er lügt.
– Wie Sie ihn vom Schnarchen abbringen.
– Wie Sie einen besseren Menschen aus ihm machen.

Den Artikeln liegt immer die gleiche Philosophie zugrunde: Nachdem wir ohne Männer nicht leben können, sollten wir zumindest versuchen, sie zu ändern.

Auch Frauen werden in Verlegenheit gebracht:

– Sechs Übungen für Ihren Liebesmuskel.
– Die Sportmedizin und Ihr Liebesmuskel.

Ersteres stand doch tatsächlich auf der Titelseite von »Cosmos«. Helen Gurley Brown macht mir angst.

Männermagazine erteilen den Männern nicht ständig gute Ratschläge, wie sie mit ihrer Periode umzugehen haben. Oder wie man sich den Unsinn, den sie verzapft, nicht so zu Herzen nimmt. Oder wie man sie ändert.

Männermagazine zeigen uns, daß Männer dazu neigen, sich mit ihren eigenen Angelegenheiten zu beschäftigen. Frauen bedeuten uns etwas, ja, wir feiern sie sogar. Wir feiern auch den kleinen Schlappschwanz, der das tolle Model abkriegt. Aber das ist es dann auch schon. Männermagazine bieten keine ganzseitigen Frage- und Antwortspiele an, mittels deren man feststellen kann, ob ein Paar zusammenpaßt. Wir fragen nicht, ob eine Ehe noch zu retten ist. Wir bieten keine Tips für ein rasches Make-up an. In Männermagazinen geht es eher um Mode und darum, wie man im Geschäftsleben vorankommt. Wahrscheinlich sind Motorradmagazine die einzigen Männerzeitschriften, in denen es ernstlich um Frauen geht, zum Beispiel in Artikeln wie: »Wie Ihr Mädchen auf einer Harley groß herauskommt.«

Ich habe einen Ratschlag für Frauen, die sich in Frauenzeitschriften vertiefen: Lesen Sie ab und zu »Mit dem Lastwagen unterwegs«. Lassen Sie sich metallisch anstreichen und kaufen Sie sich Boss-Felgen. Dann schenken wir Ihnen eventuell Aufmerksamkeit.

Männer lieben salziges Essen, und so werden Sie uns bevorzugt in Imbißstuben beim Essen antreffen. Frauen lieben Restaurants mit gutem Service, mir dagegen bedeutet das gar nichts. Essen ist für mich immer noch Brennstoff. Die Franzosen betrachten das Essen als Kunst, die Amerikaner haben Fast food erfunden. Frauen mögen Restaurants, in denen sie speisen können. Männer essen – und genau das ist das Wort, das man in einer höflichen Konversation verwenden kann. Einmal ging ich in ein Restaurant, das so teuer war, daß nur die Speisekarte für Männer ein Preisverzeichnis hatte.
Natürlich bin ich nie wieder hingegangen.

Männer tanzen eigentlich nicht gern. Man kann uns zwar auf die Tanzfläche schleppen, wir werden unsere Pflicht tun, aber wir können der Sache nichts abgewinnen. Für Männer bedeutet Tanzen »Zeit totschlagen«.
»Wann gehen wir endlich nach Hause? Wie lange müssen wir hier weitermachen, bevor wir heimgehen und etwas anderes machen können?« Natürlich gibt es immer Spielverderber – Typen, die sich wirklich ins Tanzen vertiefen und den Rest von uns lächerlich machen.
»Schau dir an, wie die tanzen«, sagt meine Frau immer. Sie fragt mich ständig, warum wir nicht mehr zum Tanzen gehen.
Warum muß ich sie immer wieder daran erinnern, daß es mir mit meinem Holzbein schwerfällt, einen sorglosen Walzer hinzulegen?

Früher einmal tanzten wir. Während meiner Collegezeit schossen die Diskos wie Pilze aus dem Boden. Ich nahm »Saturday Night Fever« so ernst, daß ich mir sogar einen weißen Anzug kaufte. Zu dieser Zeit hatte ich noch keine Ahnung, daß es keine scheußlichere Ära geben würde als die siebziger Jahre. Halskettchen über Halskettchen.

Wir lernten, in Gruppen zu tanzen, was dem Volkstanzen in Reihen ähnelte, das jetzt betrieben wird. Es war eine herrliche Zeit. Anstatt zu saufen oder Ärger zu machen, tanzten wir. Verschwitzt und todmüde kamen wir um zwei Uhr morgens aus dem Club.

Nicht alle mochten Diskos. Es gab weiterhin Dichterclubs, in die viele Frauen gingen, um sich zu unterhalten, zu singen und über ihre stille Verzweiflung nachzudenken. Aber der Rest von uns, müde von den Kämpfen der sechziger Jahre, wollte ganz einfach die Sau rauslassen, bevor die achtziger Jahre kamen und wir haufenweise Geld verdienen mußten. Wir wußten, daß die Zeit der Verzweiflung früh genug kommen würde. Wir wollten Partys feiern, solange wir noch zu dumm waren, um zu bemerken, wie albern wir in der Mode der Partridge-Family aussahen.

Haben Sie eine Sekunde Zeit? Ich habe ein paar Phantasien, die ich Ihnen wahnsinnig gerne mitteilen möchte. Ich bin mir sicher, daß keine Frau jemals eine ähnliche Phantasie hatte, was Ihnen nur einmal mehr beweist, wie verschieden wir sind.

Ich hätte gern schottische Leibwächter, die Ian und Ion und Ogor heißen und Kilts tragen müßten. Jeder von ihnen würde

dreihundert Pfund wiegen. Wenn wir auf Empfänge gingen, würden sie sagen: »Hey! Zurück, Laddie! Timmy kommt!«
Ich frage mich auch, einfach nur so zum Spaß, was wäre, wenn ich Brüste hätte. Ein Typ wie ich mit Brüsten, einfach nur, um damit an den Strand gehen und meinen Freunden ein unbehagliches Gefühl einflößen zu können.
»Himmel, Tim, Mann, du hast aber schöne Titten.«
Und da ich ein Mann bin, kann man mir auch nicht befehlen, ein Oberteil zu tragen. Ich könnte herumlaufen, mein Hemd ausziehen und in die Werkstatt gehen. Der Mechaniker würde sagen: »Gott, haben Sie aber einen schönen Busen! Hat Ihnen das schon einmal jemand gesagt? Ich weiß nicht, wie ich es sonst ausdrücken sollte. Ich bin nicht schwul, Mann, aber Sie haben vielleicht einen *Busen*! Schöne Titten!«
Ich weiß gar nicht, wie ich darauf gekommen bin.

Auch wenn sie selbst es »Flunkern« nennen, wissen wir sehr wohl, daß Männer ununterbrochen lügen.
Ein Grund dafür ist, daß wir dazu gezwungen werden. Das ist die Wahrheit! Wir lügen um so mehr, je länger wir verheiratet sind, weil unsere Ehepartnerinnen von uns so lächerliche Dinge verlangen. Sie wollen uns dazu bringen, unser Verhalten zu verändern. Frauen glauben, daß Verhaltensänderungen, wie sie von gelegentlichen Lunchpartnern vorgeschlagen werden, ihnen helfen würden, sich besser zu fühlen. Männer dagegen haben das Gefühl, man würde ihnen befehlen, was sie tun und lassen sollen.
Frauen zum Beispiel versenden gerne Danksagungen. Frauen versenden sogar Danksagungen als Antwort auf Danksagungen.

»Danke für die Danksagung, wo haben Sie sie denn her? Wir könnten einmal bei einem gemeinsamen Essen darüber sprechen.«

Eine Danksagung? Moment mal, es war doch nur ein Geschenk, oder? Die Bibel sagt, daß man aus vollem Herzen geben soll. Man verschenkt etwas, und die Sache ist damit erledigt. Wer will schon eine Danksagung mit Hänsel-und-Gretel-Motiv, auf der es heißt: »Danke, ich habe Ihr Geschenk erhalten.« Das ist ein weibliches Ritual. Und die Frauen meckern ihre Ehemänner an, daß sie es ihnen gleichtun sollen.

»Verschick doch bitte eine Danksagung.«

»Ich will aber nicht.«

»Schicke zum Teufel noch mal eine Danksagung!«

»Ich will aber nicht.«

»Du schickst das Ding jetzt, schließlich sind es deine Freunde.« Und schon bald wird der Mann sagen: »Schon gut, schon gut. Wenn du nur aufhörst, mich anzubrüllen!« Also fängt man an zu lügen, und das Ganze wird zur Routine: Meckern, lügen, meckern, lügen, meckern, lügen.

»Okay, ich schick' ja eine!« Bei sich denkt er: »Gar nichts werde ich schicken.«

Ist das schon immer so gewesen? Schon bei den Steinzeitmenschen? In neolithischen Zeiten? Im Gwandatal? Grog nimmt ein reichliches Abendessen zu sich. Hmmmm. Später, ein schriller Schrei von der Frau: »He, wer hat in die Höhle gekackt?«

»Wer in die Höhle gekackt hat?« Man weiß, daß ein Mann eine Lüge plant, wenn er die Frage wiederholt. Das läßt ihm einen Augenblick Zeit zum Nachdenken. Heutzutage ist es nicht anders.

»Schatz, wo ist der Nachttopf?«

»Unser Nachttopf?«

»Nein, der vom Papst!«

»Dann müßte er in Italien sein, oder?« Man soll, wann immer

möglich, eine schlaue Antwort geben, weil das die Frauen von ihrer ursprünglichen Frage ablenkt. Männer müssen lügen, um sich die Frauen vom Hals zu halten.

Nachdem Frauen sich auf das Kommunikationsnetz verlassen, verabscheuen sie Lügen. Natürlich lügen sie *auch*. Genauso wie Männer, aber sie hassen es trotzdem, weil es das Vertrauen zerstört. Männer wissen das und nennen ihre Lügen deshalb oft »Flunkern«.

»Dein Großvater *hat nicht* mit Mussolini gerungen.«

»Er hat nur geflunkert.«

Ich habe einen Freund, von dem ich nicht glaube, daß er auch nur *ein einziges Mal* die Wahrheit gesagt hat. Natürlich war er niemals Panzergeschwaderkommandant im Zweiten Weltkrieg, aber wenn es sich gut in seiner Geschichte macht, warum nicht? Manchmal verwickelt er sich so in seine Märchen, daß er beim Beschreiben des Durcheinanders hinter den deutschen Linien plötzlich meint: »Und als ich dann nach Vietnam mußte …«

Noch nicht einmal ich würde gerne diese Art von Flunkerei unterstützen.

Aber es gibt sie überall, sogar im Verlagswesen. Haben Sie schon »The Celestine Prophecy« gelesen? – Jede Menge New-Age-Geschwafel in Form eines Reiseberichts. Carlos Castaneda wollte uns etwas mitteilen, wußte aber, daß wir es ihm nicht abnehmen würden, wenn er es einfach einem Professor an der Universität von Kalifornien sagen würde. Also schrieb er seine ausgefeilten Fiktionen. Kann man das lügen nennen? Flunkern? (Rechtsanwälte und Schauspieler leben davon.) Ich glaube, in allen drei Fällen handelt es sich um dasselbe Phänomen.

Deswegen glaubt mir meine Frau wahrscheinlich nicht, egal, wie oft ich es ihr sage, daß ich an Bord des Spaceshuttle war.

Jedem Mann, der auch nur fünf Minuten mit einer Frau zusammengelebt hat, wird klar, daß die beiden Geschlechter die Welt mit völlig verschiedenen Augen betrachteten, obwohl sie die gleichen fünf Sinne haben. Frauen reagieren auf manche Dinge überempfindlich und auf andere wieder total abgestumpft. Dasselbe würden sie von uns sagen.

Ich kann das Geräusch eines Motorenlagers aus etwa einer Meile Entfernung hören. Ich wohne in einem großen Haus und »spürte« eines Tages, daß der Kompressor im Ofen nicht richtig funktionierte. Ich wiederholte ein paarmal: »Was ist denn das für ein Geräusch?«

Meine Frau antwortete: »Was für ein Geräusch?«

»Hörst du es nicht? Ack, ack, ack, ack …«

Schließlich sagte sie: »Na ja, Suzie hat gestern den Heizkessel saubergemacht.«

Den Heizkessel saubergemacht! Ich hatte es ja gewußt. Ich raste in den Keller, sah mir den Heizkessel genau an und sah, daß ganz offensichtlich die Isolierung vom Filter weggerissen worden war. Sie hing in das Gebläse hinein, das dadurch auf einer Seite sehr schwer wurde, was wiederum die Halterung so versengte, daß sie zirpte wie ein kleiner Vogel im Maul der Katze. Wenn das so weitergegangen wäre, hätte sie sich festgefressen, der Heizkessel wäre explodiert und wir alle wären in einem Inferno umgekommen, heißer noch als die Oberfläche der Sonne. Ich flunkere nicht. Gott sei Dank war ich da, um dem Problem auf den Grund zu gehen. Selbst wenn meine Frau das Geräusch gehört hätte, hätte sie die Zugangsklappe zum Kessel ebensowenig entfernt wie irgendein anderer Mensch, der bei Verstand ist. Ich aber entfernte sie, weil man leichter etwas begreift, das man sich von innen angeschaut hat. Als ich wieder

228

aus dem Krankenhaus entlassen war, wußte ich, daß ich besser die Finger davon gelassen hätte.

Frauen haben ein Problem mit laut und leise. Es hat keinen Sinn, eine Stereoanlage zu kaufen, wenn eine Frau im Hause ist. Sie ist niemals leise genug, es sei denn, die Anlage ist abgeschaltet oder Ihre Frau trinkt gerade ein Gläschen mit ihren Freundinnen.

»Schatz? Stell doch mal das Lied lauter. Es gefällt mir.«

Und dann, wenn sie wieder bei Bewußtsein ist: »Um Himmels willen, ist das laut!«

»Du hast mich doch vor einer Minute gebeten, es lauter zu stellen.«

Ich hasse es, wenn die Stereoanlage so leise gestellt ist, daß ich meinen eigenen Atem hören kann.

Am schlimmsten ist es, wenn man nachts im Bett versucht, fernzusehen. Alles ist immer zu laut. Nicht nur der Fernseher, der *in der Tat* beim Herumzappen die Neigung hat, die Lautstärke drastisch zu verändern. Ich darf auch nicht lesen. Das Umblättern macht zuviel Lärm. Ich würde auch gerne einen fahren lassen, aber ich fürchte, sie könnte dann senkrecht im Bett sitzen und im Halbschlaf die Nummer des Notrufs wählen. Schließlich kaufte ich Kopfhörer, um das Problem auf diese Weise zu lösen.

Jetzt stört sie der flimmernde Bildschirm. Hell, dunkel, hell, dunkel. Ich war eigentlich der Meinung, daß Menschen mit *geschlossenen* Augen schlafen.

Ich glaube, meine Frau will mir damit sagen: »Entweder du schläfst um dieselbe Zeit wie ich, oder du tust, was du tun willst, im Wohnzimmer.«

Frauen frieren immer. Ihnen ist kühl. »Sie ist erkältet. Ist dir kalt? Mir ist ein bißchen kühl.«

Männer verwenden dieses Wort nicht einmal. »Ich friere mir den Arsch ab. Okay?«

Meine Frau meint, ich sei naßgeschwitzt. Wenn wir im Bett liegen, sagt sie: »Du bist warm. Du bist naßgeschwitzt. Mir ist kühl. Ist es hier drinnen nicht etwas kühl?«

Ich bin immer ein bißchen verschwitzt, daran kann ich nicht viel ändern. Gott sei Dank gibt es inzwischen Autos mit schlauen dualen Thermostaten. Meine Seite bleibt kühl, während ich ihre Seite heize. Ihr wäre es lieber, das ganze Auto wäre warm, nur damit es mir unbehaglich wird, aber das hat mit Macht und Kontrolle zu tun.

Wenn Sie verstehen wollen, was ich mit diesen unterschiedlichen Temperaturempfindungen meine, versuchen Sie doch einmal, mit einer Frau ein Bad zu nehmen. Im Badewasser einer Frau könnte man einen Fisch kochen. Sie müssen Ihre Eier als Thermometer benutzen und Kniebeugen machen wie Sumoringer, um festzustellen, ob die Familienerbstücke zu warm werden. Bis Sie drin sind, ist das Wasser lauwarm, und sie ist draußen.

Einmal waren meine Frau und ich in einem Hotel in Miami und versuchten zu schlafen, aber der Wind setzte den Raumthermostat in Gang. Als ich ihn schließlich abschaltete, waren es dreißig Grad im Zimmer. Es war Hochsommer, die Luftfeuchtigkeit war erheblich, und es war so verflucht heiß, daß ich aussah, als hätte ich Malaria. Meine Augen waren glasig, gelbe Fliegen umschwirrten mein Haupt. Ich brauchte eine große Flasche Chinin auf dem Nachttisch.

Sie aber hatte die Bettdecke bis über das Kinn gezogen und sagte: »Ist es dir denn gar nicht kühl?«

Ich antwortete: »Schau mich doch an. Ich habe aufgesprungene Lippen und die Wüstenblässe.« Ich sah furchtbar aus. Wie sich herausstellte, war ihr kalt, weil sie ihre Periode hatte. Wie wir schon wissen, kann ein Mann das nicht verstehen, solange er nicht im Körper einer Frau steckt.

Also versuchen Sie es erst gar nicht.

Ich bin sicher, daß keine Frau, die dieses Buch liest, schon jemals ihren Hintern in die Luft gestreckt und daraus eine Flamme hat entweichen lassen. Das ist ein grundlegender Unterschied zwischen Männern und Frauen. Männer bringen es fertig, *einen flammenden Furz zu lassen.* Ja, ich höre euch Frauen jetzt schon sagen: »Nun mach aber mal halblang!« Aber es ist wahr. Fragen Sie Ihren Mann.

Frauen kommen gar nicht auf solche Gedanken. In den zwölf Jahren, die ich meine Frau jetzt schon kenne, hat sie noch niemals gefurzt, geschweige denn eine Fackel aus ihrem Hintern fahren lassen. Jedenfalls ist mir nichts davon bekannt. Dabei verlange ich nicht von ihr, daß sie es mir mitteilt, falls es doch einmal geschieht, aber man denkt einfach, man müßte einmal alle paar Jahre ein Geräusch zu hören bekommen. Und man *weiß* schließlich, daß Frauen nicht zu anderen Frauen sagen: »Helen, komm mal her und zieh meinen Finger raus!«

Können Sie sich vielleicht vorstellen, daß Frauen ihre Fürze anzünden?

»Hey, Janet! Steck dir einen Korken rein. Wir sind hier in einem Bridgeclub, nicht in einer Raffinerie.«

Frauen verlassen auch niemals mit einem Popel in der Nase das Haus. Denken Sie einmal darüber nach. Sie haben das sicher noch nie gesehen. Ich habe immer Popel in der Nase. Vor wichtigen Besprechungen sagt meine Frau: »Tim ...«

»Was? Oh, oh.« Wie kann man einen Popel übersehen, der so groß ist wie ein Rentier? Ganz einfach. Ich schaue nicht in den Spiegel. Ich habe Mitesser und Haare in den Ohren, und meine Frau verhält sich wie ein Affe und pflückt und klaubt an mir herum.

»Laß mich in Ruhe!«

Frauen schauen sich ständig im Spiegel an. Männer tun das ab und zu. Wir nehmen in etwa fünf Metern Entfernung Aufstellung und wechseln so oft den Winkel, bis wir eine Position finden, die einigermaßen cool aussieht, und damit hat sich's dann auch schon. Frauen finden sich im allgemeinen weit häßlicher, als sie tatsächlich sind. Männer erstarren in einer bestimmten Pose: »Von diesem Blickwinkel aus sehe ich verdammt gut aus!« Deshalb können auch glatzköpfige Männer das Haus verlassen. Es ist alles eine Frage des Blickwinkels.

Frauen kneifen ungefähr einen Millimeter vom Spiegel entfernt die Augen zusammen und finden Dinge, die sich nicht einmal Dermatologen ansehen würden. Sie quetschen, fummeln und drücken auf. Sie kommen mit einem Gesicht aus dem Badezimmer, als hätte man sie grün und blau geschlagen! Sie haben kleine blaue Flecken im ganzen Gesicht.

»Wie sehe ich aus?«

Eigentlich würde ich am liebsten sagen: »Scheußlich.« Aber wenn man ihnen das sagt, hat man wieder Ärger, also sagt man: »Ja, du siehst toll aus.«

Frauen glauben einem das sowieso nicht. Nicht, solange sie Spiegel haben, in denen ihre Nasenhärchen wie Baumstämme aussehen.

Frauen rülpsen auch nicht: »Hey, Helen, bääääääh!«

Männer sind chronische Rülpser. Mein Bruder hat es damit zu einer olympiareifen Darbietung gebracht. An einem Erntedankfest blies er einen unglaublichen Rülpser quer über den Tisch, nichts weiter als ein »blaaaah«.

»Oh, Mann. Warst du das? Der war aber gut! Ich glaube, damit hast du die Oma in die Suppe geblasen. Ja, tatsächlich, sie liegt drinnen!«

Und Frauen werden auch nie das Spucken lernen, im Gegensatz zu den Männern, die das schon früh beherrschen müssen. Sonst kann man kein richtiger Mann werden. Ich würde gerne einmal meine Oma und Tante Rose spucken und rülpsen sehen.

»Meine Güte, der Käse war aber reichhaltig, nicht wahr?«

»Pffft.«

Manchmal können Männer von Frauen auch Wichtiges lernen.

An einem Montagabend kam ich früh nach Hause, nachdem ich mir ein Footballspiel bei einem Freund angeschaut hatte. Die Damen waren zu Hause und schauten sich gemeinsam einen wissenschaftlichen Bericht über Brustkrebs an. Ich hatte keine Ahnung, um was es ging. Ich sah nur, daß an Brüsten herumgegrapscht wurde.

»Na so was. Ihr Mädels seid ja cooler, als ich dachte.«

Du Idiot!

Ich mußte mich ganz schnell dazusetzen, den Mund halten und etwas über Brustkrebs lernen. Es heißt, daß Brustkrebs um vierzig Prozent reduziert werden könnte, wenn Frauen ab dem Alter von fünfunddreißig Jahren einmal im Jahr ihre Brust untersuchen ließen. Ich glaube, das Problem dabei ist, daß Männer sich gar nicht vorstellen können, wie erniedrigend eine solche Untersuchung für Frauen ist. Haben Sie schon einmal einen

Mammographieapparat gesehen? Er sieht aus wie ein Preßluftbohrer für Titten.

»Hey, hey, hey! Holen Sie sie da raus!«

Ich glaube nicht, daß eine Frau diese Maschine erfunden hat.

Ich bin froh, daß es keine Penogramme gibt.

Oder gibt es sie doch?

Ich will es gar nicht wissen. Die Prostatauntersuchung ist schlimm (und notwendig) genug.

Was Frauen alles auf sich nehmen, um sich für ihre Freunde oder Männer schön zu machen, erstaunt mich immer wieder. Sie zupfen sich die Augenbrauen. Sie tragen Bikinizonenwachs auf. Sie reißen sich die Haare aus der Schamgegend. Ein Mann würde so etwas nie tun. Die Härchen auf den Eiern bleiben da, wo sie sind. Obwohl wir alle zugeben müssen, daß Hodenbehaarung zum Häßlichsten gehört, was es auf der Welt gibt. Keine Frau, die nicht schon einmal beim Anblick ihres Mannes, der sich nackt über die Badewanne beugte, zu Tode erschrocken wäre. Sie kommt ins Badezimmer und ... »AAAHHHH« ...Oh, du bist es. Und ich dachte schon, ein wildes Steppentier sei hier hereingekommen. Schatz, ich liebe dich ja wirklich, aber das will ich nicht noch einmal sehen!«

Etwas will ich ganz klarstellen – nachdem Richard Nixon nicht mehr im Amt ist, steht dieser Satz ja zur freien Verfügung, und jetzt bin ich dran! –, bevor ich jede Menge Ärger bekomme. Es ist nicht korrekt, in bezug auf eine andere Person von »dein« oder »deine« zu sprechen. Das ganze Buch hindurch habe ich immer »meine Frau« gesagt.

Laura ist nicht *meine* Frau. Sie ist auch nicht die Frau von *irgend jemand anderem.*

»Hallo, ich bin Tim, und das ist Laura, die Frau von niemand anderem.«

Mit folgender Frage will ich nicht leichtfertig umgehen. Es handelt sich um ein philosophisches Kernproblem, das den Unterschied zwischen Mann und Frau, zwischen ideologischen Gruppierungen, sogar zwischen den einzelnen Ländern verkörpert. Im Zentrum aller Streitigkeiten steht irgendwie immer die eine Frage: Sitz hoch oder runter?

»Denke dran, den Sitz herunterzuklappen, wenn du fertig bist.«

»Warum? Klappst du ihn hoch, nachdem *du* fertig bist?«

»Klapp ihn einfach herunter.«

»Warum?«

Glauben Sie mir, die Frauen werden einen Grund finden.

»Es sieht besser aus, wenn er heruntergeklappt ist. Er muß heruntergeklappt sein.«

»Ja? Dann muß ich ihn immer wieder hochklappen, sonst tröpfle ich auf den Sitz …«

»Wenn du ihn oben läßt«, sagt meine Frau, »dann falle ich ins Klo.«

Ich kann ja verstehen, daß es eine Frau nicht schätzt, wenn sie mitten in der Nacht zufällig in den Lokus fällt, weil sie natürlich in diesem Augenblick nicht daran denkt, ob der Sitz gerade hoch- oder runtergeklappt ist.

Aber warum soll es meine Aufgabe sein, ihn herunterzuklappen, und nicht ihre, ihn hochzuklappen? Manchmal setze auch ich mich hin.

Okay, okay. Wenn die Sitze hochgeklappt sein sollten, wozu brauchte man dann überhaupt Klobrillen? Richtig? Schrumpft mein Macho jetzt in Ihren Augen? Die normale Position ist die heruntergeklappte Brille. Sie lassen ja auch nicht die Autotür offen, um das nächste Mal gleich einsteigen zu können.

Aber bei der Diskussion um hoch- oder heruntergeklappt: »Ja, stimmt, haha.« Aber Frauen gehen davon aus, daß sie sowieso recht und wir immer unrecht haben. Sie lachen darüber: Bei Klobrillen geht es um ein weitreichenderes Thema: Wer hat recht und wer unrecht?

Aus der männlichen Perspektive scheint es so, als wären Männer immer im Unrecht. Von Natur aus. Frauen witzeln darüber: »Nimm es dir nicht zu Herzen. Das macht einen Teil deines Charmes aus.«

Natürlich war es der Sinn dieses Buches, sich über die vielen Unterschiede zu amüsieren – sich darüber zu amüsieren und dann zu anderen Dingen überzugehen.

Geheimnisse, die Männer ihren Frauen nie verraten würden

Halten Sie mich für so dumm? Warum wohl heißen sie »Geheimnisse«?

Der Mann
und seine Familie

Wenn man ein Kind hat, verändert sich alles. Das wird den meisten von Ihnen nicht neu sein, aber mir war es neu. Sogar verblüffend neu. Ich hatte diese Worte schon tausendfach gehört, und dennoch konnte ich mir die Folgen nicht vorstellen. Niemand hätte sie mir genau beschreiben können, obwohl es viele Leute versucht haben.

Ich möchte meine Erfahrungen gerne mit Ihnen teilen.

Und nachdem das mein Buch ist und nicht Ihres, müssen Sie es einfach ertragen, daß ich jetzt eine Weile davon sprechen werde. Sonst nehme ich meine Flaschen und meine Windeln, gehe nach Hause und lege mich zum Mittagsschlaf hin.

Sehen Sie. Kaum hat man ein Kind, fängt man an, sich wie eines zu benehmen.

Wir haben nie große Anstrengungen unternommen, damit meine Frau schwanger wird. Es ist einfach so passiert. In unserem Lebenskonzept waren Kinder vorgesehen, aber der Irre in meiner Frau und in mir hatte immer Angst davor und war wohl auch ein bißchen selbstsüchtig. Wir brauchten acht Jahre, um überhaupt zu heiraten. Ich dachte: »Was sollte ich mit einem Kind anfangen? Was sollte ein Kind mit mir anfangen?«

Und dann änderte sich eines Nachts innerhalb weniger Sekunden meine Perspektive vollkommen. Ich war bei einer alten

Freundin aus der Kinderzeit, die ihren Vater zu Besuch hatte. Wir saßen in ihrem Wohnzimmer und lachten über irgend etwas, als ich plötzlich bemerkte, daß ihr Vater sie mit einem Ausdruck ansah, in dem sich (obwohl Worte diesen Blick nicht wirklich beschreiben können) strahlender Stolz, Liebe und Freundschaft mischten. Plötzlich wollte er eine Umarmung und einen Kuß. Ich sagte: »Umarmen kann ich Sie, aber ein Kuß kommt nicht in Frage.« Erst später erfuhr ich, daß er mit ihr gesprochen hatte.

Dieser unvergeßliche Augenblick zwischen Vater und Tochter ließ mich alles noch einmal überdenken. Wir wußten – oberflächlich gesehen –, daß sich mit einem Kind unser Leben, der Sex und alles verändern würde.

Raten Sie mal, wie es dann tatsächlich war – etwas Besseres hätte uns gar nicht passieren können. Wir würden es um nichts in der Welt anders haben wollen.

Als ich erfuhr, daß Laura schwanger war, reagierte ich darauf mit lautem, anhaltendem Schreien.

Meine Frau fragte: »Ist irgend etwas nicht in Ordnung?«

»Nein, nein. Ich schreie nur vor Aufregung.« Nuancen können so fein sein.

Rückblickend war das alles ein Heidenspaß. Ich habe mich noch nie so männlich gefühlt, sowohl im Hinblick auf sie als auch im Hinblick auf mich selbst. Laura sah noch nie strahlender aus. Manche schwangere Frauen sind so hübsch, daß man sich sogar in fremde schwangere Frauen verliebt.

Natürlich hatten wir schreckliche Angst. Laura sagte: »Was machen wir jetzt bloß?« Wir machten uns Sorgen: »O Gott, was, wenn das Baby nicht überlebt? Was, wenn es krank oder mißgebildet ist?« Ständig ist man in Angst und Schrecken, sogar nachdem es auf der Welt ist. *Vor allem*, nachdem es auf der Welt ist.

Als ich die Nachricht bekam, daß wir Eltern werden sollten, rief ich meinen älteren Bruder an und bat ihn um Rat. Er sagte: »Am besten geht ihr erst einmal zum Essen.«

»Ist das etwa alles, was du mir über das Kinderkriegen sagen kannst?«

»Ich sage es dir doch: Sucht euch *sofort* ein schönes Restaurant und geht aus, denn das könnt ihr nachher eine lange, lange Zeit nicht mehr tun, und ihr wißt gar nicht, wie cool es ist, zum Essen gehen zu können. Auch wenn ihr einen Babysitter habt, ist es das erste Mal fast unerträglich, wenn das Kind brüllend an der Tür steht, weil es nicht will, daß ihr ausgeht, während ihr versucht, ins Auto zu steigen. Versucht *dann* einmal, euer Essen zu genießen!«

Wie sehr das Vaterwerden mein Leben verändern sollte, war mir erst in dem Augenblick richtig klargeworden, als mir am Tag der Geburt meiner Tochter das Essen wieder hochkam. Ich hatte im Krankenhaus gegessen und mußte auf dem Parkplatz anhalten, um mich zu übergeben: erstens wegen des Babys und zweitens wegen des Essens. Als ich schließlich nach Hause kam, war mein erster Instinkt, meinen Koffer zu packen, eine Zettel zu hinterlassen – »Ich komme damit nicht zurecht« – und wegzulaufen.

Bevor meine Tochter geboren wurde, erfuhren wir, daß sie möglicherweise einen genetischen Defekt hatte. Das ist ein Horrorszenario, das viele Menschen durchmachen. Ich verstehe das. Unsere Ärztin war äußerst besorgt. Ein Spezialist sagte: »Dieses gewisse Enzym liegt noch im Bereich des Normalen, aber es ist ein Grenzwert.«

Alles verlief gut.

Während der Tests hatte die Ärztin eine Tafel mit den Chromosomen unserer Tochter an der Wand hängen.

»Da ist sie. Sie müssen sehr stolz sein.«

»Gott, sie sieht so … klein aus.«

»Diese ganzen Stäbchen werden jede Einzelheit an ihr bestimmen.«

Also fragte ich, ob es eine Möglichkeit gäbe, ihr größere Titten zu verschaffen. Die Ärztin nahm mich ernst.

»Nein!«

»Und was ist mit besseren Augen?«

Jetzt wurde sie wirklich zornig. »Sie können nicht einfach daherkommen und an den Chromosomen Ihres Kindes herumpfuschen, junger Mann!« Daraufhin nahmen meine Frau und ich unsere Chromosomen und gingen. Später sagte mir Laura, daß die Ärztin auch mich hatte testen wollen. Vor unserem Termin hatte mich Laura ständig daran erinnert, saubere Unterwäsche anzuziehen.

»Ist sie sauber?«

»Ich weiß nicht.«

»Was willst du damit sagen, du weißt nicht? Wie kann man so etwas nicht wissen?«

»Anfangs war sie sauber, aber dann war ich in der Sporthalle und bin viel herumgerannt.«

Laura erklärte mir, daß die Ärztin meinen Penis würde sehen wollen. Das klang ja ganz vernünftig. Außerdem wollte ich ihn ihr sowieso zeigen. Nein, eigentlich doch nicht. Ich fühlte mich ganz im Gegenteil sogar sehr unbehaglich. Jedesmal, wenn mir die Ärztin eine Frage stellte, wurde ich aufmüpfig.

Schließlich sagte ich: »Genug gefragt jetzt. Wann kann ich Ihnen endlich meinen Penis zeigen?«

Die Ärztin antwortete nicht.

Dann meldete sich Laura zu Wort. »Tut mir leid, Doktor. So ist er zu *allen* Leuten.« Dann fingen beide zu lachen an.

Später fand ich heraus, daß die beiden ein Komplott geschmie-
det hatten, mit dem sie sich wegen des Chromosomenwitzes an
mir rächen wollten.
Ich mußte beide umbringen.
In meinem nächsten Buch werde ich über das Alleinerziehen
schreiben.

Es war eine natürliche Geburt, was bedeutet, daß
sich im Kreißsaal keine Satansanhänger befanden. Wir verwendeten die Lamaze-Methode. Schauen Sie sich das Wort einmal
genau an. Mit ein bißchen männlicher Erfindungsgabe, einem
gutplazierten Apostroph und Französisch als Zweitsprache kann
man Lamaze auch L'Amaze schreiben (was an das englische
Wort »amazing« – erstaunlich – erinnert). Und genau das ist
eine Geburt: erstaunlich.
Damals dachte ich jedoch, es hieße La Fromage oder La Decou-
page oder so etwas.
Meine Frau wollte während der Geburt keine schmerzstillenden
Mittel nehmen, bis ich ihr sagte: »Du bist nicht bei der Olym-
piade oder in einem Gladiatorenfilm. Wenn es anfängt weh zu
tun, nimm doch das verdammte Demerol.«
Ich warf einen strengen Blick auf die diensthabende Schwester
und mußte es nicht noch einmal sagen.
Meine Frau war wirklich gut. Wir hatten zusammen geburtsvor-
bereitende Kurse besucht, und sie wollte mich dabeihaben.
Natürlich hätte sie auch die Schwestern verfluchen können,
wenn der Schmerz zu stark wurde, aber es war hilfreicher für
sie, jemanden beschimpfen zu können, der es persönlich nahm.
Gott sei Dank war ich da. Laura atmete völlig falsch, und das

243

Baby wollte herauskommen, bevor es soweit war. Ich mußte sie bremsen.

»Schatz, Schatz. Halt den Atem an. Wir müssen waren, bis der Arzt bereit ist, am achtzehnten Grün zum Schlag auszuholen.«

Bevor mein Kind geboren wurde, hatte ich noch ganz andere Vorstellungen davon, wie es im Kreißsaal sein würde. Zum Beispiel sah ich eigentlich keinen Grund für meine Anwesenheit. Ich dachte, daß ich dasein würde, um meine Frau zu unterstützen, im Grunde aber nur nerven würde. Ich würde gurren, aufmunternd flüstern und völlig vergeblich versuchen, meiner Frau bei der Konzentration auf die Atmung zu helfen.

Ich war der Meinung, wenn ich gebären müßte, würde ich mir ein Männerlied zum Mitsingen wünschen: »1814 machten wir eine kleine Fahrt den mächtigen Mississippi hinunter, zusammen mit Colonel Jackson. Wir nahmen etwas Speck und auch ein bißchen Bohnen mit …« So könnte ich im Rhythmus der Trommeln atmen.

Und ich dachte, Männer gäben im Kreißsaal nur Blödsinn von sich, sie seien einfach geistige Lahmärsche. Sie liegt da, und uns fällt nichts anderes ein als: »Gott, Schatz, das muß ja weh tun«, oder »Ob ich jemals wieder etwas mit diesem Körperteil von dir anfangen kann?«

Die Frau ist wütend, aber da sie vollgepumpt mit Drogen und angeschnallt ist, kann sie schlecht etwas dagegen sagen.

Deshalb muß man die Lage ausnützen, solange man kann.

»Übrigens schmeckt mir deine Küche auch nicht besonders, *Schatz*. Und am Sonntagmorgen siehst du immer scheußlich aus.«

Aber diese Einstellung änderte sich, sobald wir in den Kreißsaal kamen. Ich begann zu begreifen, daß der Geburtsvorgang für Männer eine tiefere Bedeutung hat, als wir uns träumen lassen. Daß ich den Vorgang als Augenzeuge miterlebte, bestärkte mich in meinem Glauben, daß Männer auf die Gebärfähigkeit der

Frauen viel eifersüchtiger sind, als sie zugeben möchten. Männer können einen Wolkenkratzer bauen, aber den kann man nicht umarmen, füttern, wickeln, seine Juniorliga betreuen, über Sex informieren oder aus dem Gefängnis auslösen, wenn er um drei Uhr morgens bei der Spritztour mit dem Familienkombi erwischt worden ist.

Ich habe irgendwo gelesen, daß Männer wie Bienen sind, die den Uterus belagern und versuchen, sich zu reproduzieren. Ich habe auch gehört, daß Männer aus Frauen herauskommen und den Rest ihres Lebens mit dem Versuch verbringen, wieder in sie hineinzukommen. Ich glaube, die Sache ist ganz einfach. Zwischen Frauen und Männern geht es um Fortpflanzung und um nichts anderes. Die ganzen Streitigkeiten, der ganze Unsinn, die ganzen rhetorischen Verrenkungen hängen im Grunde mit der Fortpflanzung zusammen. Wir können nicht tun, was die Frauen können, also liegt die Macht letztendlich bei ihnen. Wir tun so, als wäre es nicht so. Wir behandeln Frauen schlecht, weil wir keine Kinder bekommen können. Wir setzen sie herab – nicht etwa, weil sie das so wollen, sondern damit sie wissen, wo ihr Platz ist. Wenn die Frauen wüßten, wieviel Macht sie haben, weiß ich nicht, was wir tun würden.

Vielleicht wissen sie es ja. Nein, daran darf ich nicht einmal denken. Er ist zu furchterregend.

Ich kann mir absolut nicht vorstellen, wie es wäre, wenn ich ein Kind gebären müßte. Ich habe das Kind herauskommen sehen und war stolzgeschwellt, verspürte aber auch Zorn und Konkurrenzdenken. Ich erlebte etwas mit, was meiner Frau Schmerzen bereitete, ohne daß ich etwas dagegen hätte tun können. Und zu allem Überfluß machte sie das auch noch so glücklich, wie ich sie nie hatte glücklich machen können.

Das soll nicht heißen, daß ich bei ihren Schreien dachte: »Mensch, bin ich froh, ein Mann zu sein!«

Es stimmt. Es tut mir nicht leid, daß ich ein Mann bin. Zwar haben alle Männer zerstörerische Neigungen. Von Geburt an werden wir dazu ermutigt, kleine Zerstörer zu sein. Das hat jedoch auch seine praktischen Seiten. Wenn wir erst einmal eine Familie haben, zerstören wir alles, was sie bedroht. Deswegen mögen uns die Frauen. Es gibt aber auch Männer, die so aus der Bahn geraten, daß sie die eigene Familie zerstören.

Einige Männer möchten so unbedingt das Phänomen Schwangerschaft verstehen können (oder einfach ihre Frau dazu bringen, daß sie den Mund hält, wenn ihre Knöchel auf die Größe eines Käselaibs anschwellen), daß sie sich einen von diesen falschen Bäuchen umschnallen und eine Weile damit herumlaufen. Das geht ein bißchen zu weit. Wenn jemand darüber schreiben will, um uns anderen verstehen zu helfen, ist das okay. Das ist dann wie bei der Sendung »Schwarz wie ich«. Aber wer es nur tut, um zu wissen, wie es ist, achtzig Pfund mehr zu wiegen, kann genausogut eine entsprechende Menge Käselaibe vertilgen oder einen Film wie »Santa Clause« drehen.

Wenn man Vater wird, verändert sich seltsamerweise die freundschaftliche Beziehung zu anderen männlichen Elternteilen, besonders, wenn die Kinder noch sehr klein sind. Man schließt einander an, aber das verbindende Element ist nicht das stereotype Machogehabe im Hinblick auf die Fähigkeit zur Fortpflanzung oder zum Bezahlen der späteren Collegeausbildung des Kindes. Damit ist es schon seit den achtziger Jahren vorbei. Jetzt ist die Beziehung durchdrungen von Zärtlichkeit, Verletzlichkeit und ein wenig Trauer. Ich weiß nicht, warum. Es ist einfach so – vielleicht, weil die Tatsache, ein Kind zu haben, einen Mann an etwas bindet, das er bedingungslos lieben und das ihn, im Gegensatz zu seinem Auto oder seinen Werkzeugen, zurücklieben kann.

Ein mir bekannter Mann hat Angst davor, eines Tages könnte jemand, der einen Anzug und eine Waffe trägt, aus der Menge auf ihn zukommen und sagen: »Wir wissen Bescheid. Wir wissen, daß du nicht weißt, was du tust. Wir haben dich überwacht.« Ich weiß, was er damit meint, und es hat gar nichts mit Überwachungsgeräten zu tun, es ist die Realitätspolizei, die hier am Werk ist. Mein ganzes Leben scheint mir ein Zufall zu sein. Ich gestalte es, während ich es lebe, und finde es erstaunlich, daß Gott mich Entscheidungen treffen, daß das Leben sich einfach entfaltet und mich nach meinen Fähigkeiten schalten und walten läßt. Das gilt insbesondere für die Vaterschaft, bei der man die absolute Verantwortung für ein völlig abhängiges Wesen übernimmt. Man kann nicht in der Zeit zurückgehen und das, was man getan hat, noch einmal anders machen, aber man kann auch nicht wissen, ob man es beim ersten Mal schon richtig macht.

Es gibt jedoch einige Regeln.

»Geh nicht an den Swimmingpool. Schlag mich nicht in den Magen. Du mußt mehr essen.« Ich will mich ganz einfach um meine Tochter kümmern. Ich möchte nicht, daß sie krank wird. Und ich habe Angst, wenn sie hinfällt.

Meine Frau kann ihr viel besser etwas beibringen als ich. Sie findet zwar, daß sie darin schlecht ist, aber da täuscht sie sich. Deswegen kann sie sich ohne jede Verlegenheit in ihrem Stolz sonnen, wenn die Schule anruft und sagt: »Ihr Kind ist ausgezeichnet bei den Feuerwehrübungen. Und beim Zubodenwerfen bei den Erdbebenübungen. Auch scheint Ihre Tochter über Militärübungen gut Bescheid zu wissen. Sie salutiert. Was machen sie denn mit ihr zu Hause?«

Nachdem ich soviel arbeite, fühlte ich mich seltsam weit entfernt von dem ganzen Geschehen. Ich tue, was ich kann. Dabei spielen auch eine Menge Schuldgefühle mit. Meine Frau sagt: »Wenn du ihr mehr Zeit widmen würdest ...« Dabei verbringe ich so viel Zeit mit ihr, wie ich kann. Ich bessere mich jedoch. Anstatt ihr aus Büchern über militärische Strategien und Beschlagnahmung von Zubehör vorzulesen, lade ich sie jetzt zum Essen ein. Wir trinken ein paar Kindercocktails und amüsieren uns köstlich miteinander. Das findet normalerweise statt, wenn Mama nicht da ist. Dann ist die Beziehung zwischen meiner kleinen Tochter und mir besser. Mutter und Tochter sind so oft allein. Wir sind so selten allein. Wenn wir allein sind, benehmen wir uns irgendwie anders. Wir erfahren etwas über einander. Sie erfährt, daß ich ihr Vater bin. Ich erfahre, daß sie meine Tochter ist. Das ist ein komisches Gefühl, aber alle Eltern wissen, was ich meine, wenn ich sage, daß ich mir oft meine Tochter ansehe und mich frage, wessen Kind sie wohl ist. Woher war sie so plötzlich gekommen? Und warum um Himmels willen hatte sie sich Laura und mich als Eltern ausgesucht?

Wenn meine Tochter und ich allein sind, hängt sie sich an mein Bein und sagt: »Ich hab' dich so lieb, Papa!« Sie ist an meine ständige Abwesenheit so gewöhnt, daß sie immer, wenn ich ihr sage, daß sie und ich jetzt die ganze Nacht ausgehen werden, diesen herrlichen Gesichtsausdruck bekommt und antwortet: »Wir haben *so viel* zu tun, Papa!« Das ist mit nichts auf der Welt vergleichbar.

Da ich möchte, daß meine Beziehung zu meiner Tochter sich weiterentwickelt, gebe ich meiner Frau seit einiger Zeit ein paar hundert Dollar die Woche und schicke sie mit ihren Freundinnen ins Einkaufszentrum oder sonstwohin – egal, wohin!

Aber diese Nähe bringt auch Probleme mit sich. Wenn ich so mit meiner Tochter dasitze, mit Barbiepuppen spiele oder ihr Haar wasche, meldet sich der Irre in mir plötzlich zu Wort: »Ich brauche unbedingt einen Scotch und muß zum Teufel noch mal machen, daß ich hier heraus...« Wenn wir mitten in dieser angenehmen Stimmung sind, sagt der Irre: »Schau dich doch einmal an! Du badest ja Puppen!«

Meine Tochter badet gern mit mir. Sie sagt: »Jacuuuzi!« und bekommt dann Angst, wenn ich die Jetdüsen anstelle. Sie mag es, will aber, daß ich mit ihr in die Wanne gehe. Ich *muß* dabeisein. Aber ich muß auch wissen: Wann ist der Zeitpunkt gekommen, ab dem man nicht mehr mit seiner eigenen Tochter baden sollte? Es gibt einen solchen Zeitpunkt. Er nähert sich schon. Ich will ihn in meinem Kalender notieren. Oprah muß das doch wissen. Phil muß es wissen. Geraldo muß … nein. Ich frage alle möglichen Leute, weil ich diesen Zeitpunkt auch nicht um einen Tag verpassen möchte, bekomme aber immer nur zu hören: »Ach, das wirst du dann schon merken.«

Ich bin mir da nicht so sicher. Ich will damit Schluß machen, bevor *Sie wissen schon* … Was auch immer *Sie wissen schon* heißen soll. Ich will nicht noch einmal in eine Situation geraten wie damals, als meine Brüder und ich Mama unter der Dusche sahen und einen Augenblick zu lange hinstarrten.

Meine Tochter mag es, wenn ich mit ihr Fangen spiele – was für Mädchen sehr typisch ist. Diese Vorliebe bleibt ihnen bis zu dem Tag erhalten, an dem sie es endlich einem glücklichen Typen gestatten, sie zu fangen. Ich bringe ihr jedoch schon frühzeitig bei, schnell zu laufen. Lieber bastele ich allerdings mit ihr am Auto herum. Wann immer ich kann, schleppe ich sie in mein Reich. Sie hat mir bereitwillig dabei geholfen, die Reliefbuchstaben auf meinen Reifen neu anzumalen. Sie fährt gern mit mir spazieren. Sie fährt gern schnell. Sie glaubt, daß mein Mustang ein Ferrari ist. Und das ist eigentlich gar nicht so schlecht, denn mit etwas Glück wird mir das viel Geld sparen, wenn sie sich zu ihrem sechzehnten Geburtstag einen Ferrari wünscht.

Seit ich ein Kind habe, tue ich Dinge, die ich niemals für möglich gehalten hätte. Ich kümmere mich sogar um die Kinder *anderer* Leute. Als ich noch kein Kind hatte, verhielt ich mich gegenüber Leuten mit Kindern wie ein richtiger Klugscheißer. Jetzt dagegen verstehe ich sie, egal, was sie auch tun. Ich kann mich mit einem Erwachsenen unterhalten und dabei seinem Kind den Rotz abwischen. Ich hole einem Kind die Popel aus der Nase und schmiere sie unter den Tisch oder auf die Couch. Nur keine Aufregung, wenn ich es nicht tue, tut es das Kind.

Meine Frau und ich haben es früher immer vermieden, uns im Flugzeug neben Leute mit kleinen Kindern zu setzen. Ein schreiendes Baby war für uns damals das Allerschlimmste.

»Können die nicht etwas unternehmen, damit es aufhört zu schreien? Ihm etwas geben? Warum sitzen sie nicht hinten bei den Motoren im Flugzeug? Mit ein paar Sauerstoffmasken und einer Decke könnten sie sogar im Gepäckraum fliegen. Jedenfalls solange es schreit. Wir haben schließlich für unsere Plätze bezahlt!« Als ob sie nicht bezahlt hätten. Als ob sie sie geschenkt bekommen hätten. (Wirken Eltern in Not nicht immer wie Asoziale, selbst wenn sie reich sind?) Sie verstecken das Kind und entschuldigen sich bei allen Fluggästen, als wollten sie sagen: »Entschuldigen Sie, daß wir dieses Kind haben! Wir wollten Sie nicht bei der Lektüre des Bordmagazins stören.«

Geht es aber erst einmal um das eigene Kind, schaut man jeden, der ungeduldig wird, an, als wollte man sagen: »Was ist denn mit *Ihnen* los? Wieso haben Sie kein Kind? Schließen Sie sich doch endlich der Menschenfamilie an!«

In den ersten zwei Monaten nach der Geburt sagt und denkt man all die Dinge, von denen man gedacht hatte, daß man sie niemals sagen oder denken würde. Alle.

Ich wünsche mir inzwischen ein besseres Leben für *alle* Kinder. Ein besseres Schul- und Erziehungssystem. Eine bessere Gesundheitsfürsorge und die Anerkennung der Tatsache, daß Ketchup beim Essen noch keine Gemüsebeilage ist. (Danke, Ronald Reagan.) Mein ganzes Leben ist zurechtgerückt worden. Und dennoch sagt der Irre in mir von Zeit zu Zeit: »Ja, ja, schon gut! Du könntest sie alle beide überfahren, das Geld nehmen, das du bei den Fernsehshows verdienst, mit ein paar Inselschönheiten leben und Limonencocktails auf den Bahamas trinken!« Der Irre in mir lebt. Aber sein Einfluß ist nicht mehr so stark wie früher. Außerdem höre ich ihn bei dem Kindergeschrei auch nicht mehr so deutlich.

Wenn man Kinder großzieht, ist es nützlich, in seiner Kindheit gut auf seine Eltern gehört zu haben. Man kann nur hoffen, daß sie wiederum ihren Eltern gut zugehört haben. Es wird auf einmal sehr wichtig, daß Weisheiten zur Kindererziehung von Generation zu Generation weitergegeben werden. Zum Beispiel: »Du kannst doch nicht dein ganzes Leben damit verbringen, Partys zu feiern.« Natürlich kann man, aber schließlich wird einem klar, daß man damit seine Energie verschwendet.

Wenn ich mich als Kind schlecht benahm, sagte meine Mutter: »Ich kann es gar nicht erwarten, daß du ein eigenes Kind hast.« Richtig.

»Wenn ich erst einmal ein eigenes Kind habe, werde ich alles *ganz anders* machen«, pflegte ich zu antworten. Ich war ein Idiot. Eltern warten auf diesen Tag nur und reiben es dir dann mit Begeisterung unter die Nase.

Wie oft habe ich inzwischen schon gefragt: »Wer hat das Fahrrad hierher gestellt?«, auch wenn ich genau wußte, wer es war.

»Wer hat die Popel an die Wand geschmiert? Wer hat die ganze Wand damit beschmiert?«

An einem Weihnachten machte meine Tochter gerade die Nasenbohrphase durch. Was herauskam, schmierte sie überall herum. Meine Frau, eine wirklich kluge Mutter, sagte: »Weißt du eigentlich, daß man diese Dinger auch essen kann!«

Wenigstens schmierte meine Frau nicht ihre Popel an die Wand. Gefährlich ist es auch, zuviel zu Hause herumzufluchen, wenn man ein kleines Kind hat. Ich habe schon die unmöglichsten Dinge gesagt und dann erst bemerkt, daß meine Tochter zuhörte. Sogar bei ganz normalen Unterhaltungen muß man vorsichtig sein. Kinder haben etwas mit bekannten Persönlichkeiten gemeinsam. Auch wenn sie im gleichen Raum sind, spricht man über sie, als wären sie nicht da. Man trifft Entscheidungen über und für das Kind und vergißt dabei ganz, daß sie zuhören. Sie sind schließlich nicht dumm. Und dann, wenn man es am wenigsten erwartet, wiederholen sie wie kleine Papageien, was man gesagt hat.

Vor kurzem gingen meine Tochter und ich in einen Supermarkt, aber nicht in denselben, in den ihre Mutter immer mit ihr geht, weil dort normalerweise zu einer bestimmten Tageszeit weniger Leute sind. Ich kaufe sonst nicht ein, aber in diesem Fall mußte ich es tun, weil ich versprochen hatte, mich um das Abendessen zu kümmern. Auf dem Weg dorthin sagte meine Tochter: »Da geht die Mama aber nicht hin!«

»Ich weiß, aber wir gehen dahin.«

Worauf sie antwortete: »Ach. Eher kommt man mit einem langsamen Boot nach China als schnell durch diese Schlange an der Kasse.«

Das Leben ist so ungerecht. Carol ist gestorben. Das ist der Fisch meiner Tochter. Wir versuchten, ihr die Sache mit dem Tod zu erklären. Sie weinte, als sie Carol so herumtreiben sah. Wir hätten ihr das gern erspart, aber andererseits war uns klar, daß sie irgendwann einmal damit konfrontiert werden würde, und da konnte es ebensogut der Fisch sein, den meine Frau umgebracht hatte! Ich verteile hier keine Schuldzuweisungen, aber sie war es, die in diesem Zimmer das Insektenvertilgungsmittel gesprüht hat. Es ist ins Wasser gelangt und hat den Fisch getötet. Wir waren alle miteinander ziemlich traurig, besonders ich. Ich hatte mich nämlich um Carol gekümmert, weil ich diesen Fisch mochte. Er hatte sogar das große Erdbeben in Los Angeles überlebt. Erst zwei Stunden später hatten wir bemerkt, daß er auf dem Teppich lag. Was für ein Kerl! Ich hätte alles getan, um diesen Fisch zu retten, lange nachdem er für meine Tochter schon langweilig geworden war.

Aber der Fisch war tot.

Wir beschlossen, ihn zu beerdigen. Ich versuchte zu erklären, daß auch Menschen nicht ewig leben. Meine Tochter schien dies zu verstehen und zu akzeptieren. Danach hörte ich zwei Wochen lang ununterbrochen: »*Du* stirbst vielleicht einmal, aber Mama nicht.« Das machte mich immer sehr glücklich. Ich antwortete: »Nein, wir sterben beide eines Tages.«

»Nein! Nicht Mama, nur *du*. Du kannst ruhig sterben, aber Mama stirbt nicht.« Nie um eine Antwort verlegen, sagte ich: »Bringe mich bloß nicht dazu, das Gegenteil zu beweisen.«

Ich gebe es zu. Als wir die erste Ultraschalluntersuchung machen ließen und man uns mitteilte: »Es ist ein kleines Mädchen«, sagte ich: »Ohhh.« Ich gab tatsächlich diesen Laut von mir. Also ob ich das falsche Weihnachtsgeschenk geöffnet hätte. Die im Raum Anwesenden fragten: »Was soll denn *das* heißen?« Und meine Frau fragte: »Was meinst du mit ›Ohhh‹?« »Oh – ähem – ich habe mich nur geräuspert. Schau nur! Ein Mädchen! Ohh! Kleider und Partys und eine Freundin für dich! Schau dir das an!«

Ich war sehr enttäuscht. Und jetzt fühle ich mich natürlich vor Gott schuldig. Dieses Mädchen macht mir unglaublich viel Freude. Und wenn ich andere Männer besuche, sehe ich, daß deren Buben kleine Ungeheuer sind. Es ist ein Unterschied wie Tag und Nacht.

Mädchen lieben Puppen. Wenn in einem Bubenzimmer eine Puppe ist, dann hat sie keinen Kopf mehr. Buben lieben Autos. Meine Tochter besitzt Automodelle, weil ich ihr ganz, ganz langsam beibringen will, einen Mustang von einem Ferrari zu unterscheiden. Ich habe ihr sogar ein Modellauto gekauft, das *fünfzig Dollar* gekostet hat. Ich sagte: »Es ist wirklich super.« Einige Wochen später fragte ich sie, wo es denn wäre. Sie brachte es mir. Alle Spiegel waren abgebrochen. Aber sie liebt es. Sie trägt es in ihrem Täschchen umher. Es ist etwas falsch daran, daß ein kleines Mädchen ein Volkswagenmodell in ihrer Handtasche herumschleppt, wo es sich in Gesellschaft einer Trollpuppe und eines Lippenstifts befindet. Und nicht in seinem Schächtelchen, wo es sein sollte. Ihr ist das egal. Für sie ist es wie Schmuck.

Ich weiß zwar nicht, was das bedeuten soll, aber es macht mir Sorgen.

Wenn ich mich an einem warmen Abend, umschmeichelt von einer sanften Brise, in meinem Stuhl zurücklehne, ein Glas Wein schlürfe und meiner Tochter beim Spielen im Garten zusehe, halte ich einen Augenblick lang inne und denke: »Auf mich wartet eine Menge Schmerz.«

Im Laufe des Heranwachsens wird sie mir Schmerz zufügen, ohne es zu wollen. Schon jetzt tut sie das und weiß gar nicht, wie sehr.

Liebe tut weh.

Wieder einmal erfuhr ich, was ich schon immer wußte: Frauen sind aus vielen verschiedenen Gründen wichtig. Das mußte ich nicht erst von meiner Tochter lernen, aber von ihr muß ich es mir gefallen lassen. Und vielleicht kann ich ihr auch ein bißchen Verständnis für die Männer mit auf den Weg geben.

Männer haben ihren Ursprung nicht an dem Ort des Zorns oder der Überlegenheit, an dem die Frauen ihn immer vermuten. Wir gehen aus unserer eigenen Kultur hervor, die auf bestimmten Regeln und Vorschriften über die Art männlichen Lebens beruht. Für mich bedeutet das nicht Macht über Frauen, aber Frauen sind der Meinung, daß Männer es so auffassen.

Ein Mann bleibt drinnen immer ein Außenseiter, da mag er noch so viel zu Hause sein, kochen, putzen, bügeln, staubsaugen und füttern. Seit etwa sechs Monaten renne ich jetzt in einer Schürze herum. Das hat mir gar nichts genützt. Aber trotzdem bleibe ich bei den Pfennigabsätzen.

Am liebsten wäre es mir, wenn meine Tochter würde wie meine Frau, aber zusätzlich von meinem Einfluß geprägt wäre. Ich war nicht dabei, als meine Frau großgezogen wurde, kann sie also nicht ändern, auch wenn ich manchmal Lust dazu hätte. Aber mit meiner Tochter stehe ich ganz am Anfang. Natürlich ist sie jetzt schon ihrer Mutter sehr ähnlich, nur zappliger und emotionaler. Und kleiner. Wie auch immer, ich weiß jetzt schon, daß ich auch sie nicht werde ändern können. Und im tiefsten Inneren bin ich auch gar nicht sicher, ob ich das überhaupt will.

Die Tatsache, ein Kind zu haben, hat auch meine Beziehung zu meiner Frau verändert. Wir wissen jetzt die Zeit mehr zu schätzen, die wir miteinander verbringen. Ich liebe sie mehr denn je, weil sie dieses wundervolle Kind in mein Leben gebracht und sich als wunderbare Mutter entpuppt hat. Aber wir können nicht mehr soviel streiten wie früher, weil wir nicht wollen, daß unsere Tochter es mit anhört.

Statt dessen beißen wir die Zähne zusammen und zischen uns zu: »Lächle!«

Früher haben wir beim Streiten nicht soviel gelächelt.

Das Problem ist nur, daß meine Tochter immer mir die Schuld gibt, wenn wir streiten. Sollte das die Lektion sein, die es zu lernen gilt? Mädchen halten immer zusammen?

Wir sind eine Familie, und das ist schön. Bei uns ist jetzt alles anders. Meine Tochter schreibt in der Schule Briefe, in denen steht: »Ich liebe meine Mama. Ich liebe meinen Papa. Ich liebe unsere Familie.« Und auch ich fange an, sie zu lieben. Ich fange an, es zu lieben, daß wir drei gemeinsam etwas unternehmen. Ich liebe unsere Dynamik. Ich wünschte, ich hätte schon drei Kinder. Ich wünschte, zwei wären schon viel älter. Dann könnten Laura und ich ihnen die Verantwortung für die Aufzucht des Kleinsten übertragen, uns auf die Veranda setzen und bei Sonnenuntergang Cocktails trinken.

Unsere Beziehung ist dadurch stimmiger geworden, daß wir

eine Familie sind. Wir sind jetzt ein Teil der Menschenfamilie. Meine Tochter ist erst viereinhalb, aber schon jetzt liebe ich unsere Unterhaltungen. Und ich liebe es, wenn sie mir Fragen über das Leben stellt.

Ich hoffe, daß meine Tochter weiterhin an ihrer Familie interessiert bleibt und sich nicht von der Schule so sehr in Beschlag nehmen läßt, daß ich sie nie mehr zu sehen kriege. (Ja, stimmt schon.) Oder, daß sie nicht eines Tages sagt: »Iiii, meine Eltern wollen, daß ich mit ihnen nach Italien fahre. Dabei würde ich viel lieber zu Hause bleiben und einfach herumhängen.« (Viel Glück!) Und ich hoffe wirklich, sie sagt niemals zu irgend jemandem: »Mein Vater ist vielleicht schwierig. Wenn ich ihn nur einmal verstehen könnte!«

Wenn ich so recht darüber nachdenke, würde mir das alles vielleicht *doch* nichts ausmachen.

Nachwort:
Männer und ihr Werkzeug

Mein ganzes Leben lang kämpfe ich schon mit der männlichen Neigung, Dinge zu zerstören. Aber ich habe auch schon immer unsere Fähigkeit bewundert, das Zerstörte wieder aufzubauen. Die Schaffenskraft der Männer ist in vielerlei Hinsicht und in vielen Momenten ihre beste Seite. Natürlich können wir nicht auf dieselbe Weise wie Frauen schöpferisch tätig sein – eine Wahrheit, die auf den verschiedenen Ebenen eine tiefe Wirkung auf Männer hat. Schlimmstenfalls führt sie zu Gefühlen der Nutzlosigkeit, des Mißtrauens, sogar der Feindseligkeit. Und bestenfalls sehnen wir uns danach, zu beschützen, zu versorgen und zu schaffen.

Die Schöpfungen der Männer sind herrlich anzuschauen. Beobachten Sie doch nur einmal einen Mann dabei, wie er einen Rennwagen baut oder eine Angelrute mit einer Fliege versieht. Sehen Sie für einen Augenblick darüber hinweg, daß wir auch die fürchterlichsten Waffen herstellen können. Schauen Sie lieber dem Anstreicher bei der Arbeit, dem Maurer beim Bauen zu. Deshalb ist Werkzeug wundervoll und der Werkunterricht großartig. Wenn Männer bauen, sind sie nicht bedrohlich. Wenn Männer niemanden bedrohen, pflegen und erhalten sie ihre Schöpfungen. Ich hoffe, die Frauen verstehen das. Es gibt viel über das Tier im Mann zu lernen, vor allem durch die Dinge, die wir schaffen.

Gehen Sie zu einer Automesse, und schauen Sie sich die heißen Öfen an. Wenn Sie noch nie auf einer waren, gehen Sie wenigstens einmal hin. Ich weiß, ich weiß: die meisten Frauen mögen das nicht. Aber tun Sie es trotzdem, und Sie werden verstehen, was Männer anturnt. Sie werden es im Detail begreifen. Schauen Sie unter eines dieser Autos. Sie werden sehen, wie poliert und chromglänzend es ist. Es ist so sauber und bunt. Und zwar obwohl es nur die *Unterseite* eines Autos ist.

Was immer ein Mann erschafft, er kann es auch wieder vernichten. Was auch immer wir zerstört haben, können wir neu erschaffen. Was auch immer wir schlecht entworfen haben, können wir neu konzipieren. Was wir vergessen haben, können wir aufs neue erlernen. Das ist das männliche Genie.

Männer müssen nicht gezähmt werden. Man muß uns nur zuhören, genau wie den Frauen. Ab und zu müssen wir in Ruhe gelassen werden, genau wie die Frauen. Auch Männer haben Klasse.

Und jetzt entschuldigen Sie mich bitte, ich muß pinkeln.

Ich werde versuchen, daran zu denken, daß ich danach den Sitz wieder runterklappen muß.

Danke fürs Lesen.

Dank

Männer denken immer, sie könnten alles alleine schaffen, ein richtiger Mann aber weiß, daß Hilfe, Unterstützung, Ermutigung oder eine Dienstleistungscrew unersetzlich sind.

Besonderen Dank also an David Rensin für seine Hilfe bei der sinnvollen Strukturierung meiner Gedanken und Erinnerungen, für seine Geduld im rechten Augenblick und vor allem dafür, daß er mir beigebracht hat, mein Modem zu benützen.

Mein Dank geht auch an:
Kim »Bacca« Flagg für ihre brillanten linken und rechten Haken.
All meine Geschwister, besonders Becky, Geoff und Steve für ihre Notizen.
Die Filmcrew von »Santa Clause«, die mich ertragen mußte, als ich mein erstes Buch während der Dreharbeiten zu meinem ersten Film zu Ende schrieb.
Leslie Wells vom Hyperion-Verlag.
Peg und Mia.
Bobby Click und den netten Brief aus der Vergangenheit.
Entschuldigung an alle, die ich mit dem gedruckten Wort »umbringen« mußte.

Und all die vielen Menschen, die in meinem Leben aufgetaucht sind und es zu etwas gemacht haben, worüber es sich lohnt zu schreiben – obwohl ich der Meinung bin, daß auch ich meinen Beitrag dazu geleistet habe.

Sollte ich jemanden vergessen haben, dann nur deshalb, weil ich völlig egozentrisch bin. Wenn es nach mir gegangen wäre, hätte ich dieses Buch mir selbst gewidmet und allen anderen gesagt, sie sollen zum … gehen.

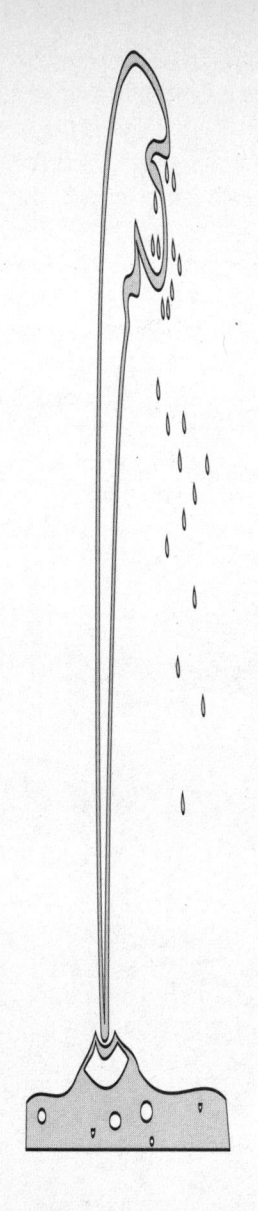

THAT'S IT!

Das einzig Wahre ist die Phantasie

(60215)

(60019)

(60056)

(75058)

(60283)

(60151)

THAT'S IT!

Das einzig Wahre ist die Phantasie

Philippe Labro
FÜNFZEHN
Roman

(60264)

MEIN NAME IST B. MONKEY
ANDREW DAVIES
ROMAN

(60233)

ROLF SILBER
Helter Skelter
ROMAN

(60240)

PIZZA FACE
ROMAN
KEN SIMAN

(60270)

Franz-Olivier Giesbert
Du bist echt ätzend, Aristide!
ROMAN

(60231)

KISS OUT
ROMAN
JILL EISENSTADT

(60263)

Michael
Crichton

(60021)

(60223)

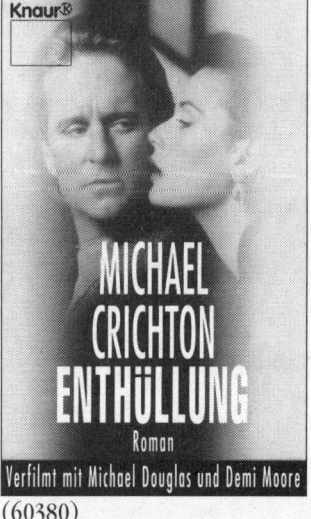

(60380)